Das
Sparbuch

Entspannt mehr Zeit und Geld

Linda Freutel

Compact Verlag

© 2009 Compact Verlag, München
Chefredaktion: Dr. Angela Sendlinger
Redaktion: Lea Hoy
Produktion: Wolfram Friedrich
Illustrationen: Doris Oppenauer (S.6, 41, 83, 122, 159);
MasterClips, IMSI USA, Novato, CA (Geldbeutel, Uhr)
Typografischer Entwurf: h3a GmbH, München
Umschlaggestaltung: h3a GmbH, München

ISBN 978-3-8174-6935-2
5369352

Besuchen Sie uns im Internet: www.compactverlag.de

Vorwort

Sparen deluxe

Sparen ist heutzutage nicht nur angebracht, sondern auch absolut angesagt. Schlaue Sparfüchse wissen: Sparen bedeutet Luxus! Denn nur mit einem schlichten Lebenswandel erhalten Sie wahren Luxus: Ruhe, Zeit und Gelassenheit! Dieses Sparbuch richtet sich an alle, die mehr Zeit, Energie, Nerven und auch mehr Geld übrig haben wollen! Wie? Dafür lesen Sie am besten einfach weiter!

Moderne Sparer müssen dabei aber auf nichts verzichten. Im Gegenteil, sie gewinnen nur dazu. Da sie wissen, dass dauerhafter und sturer Verzicht unglücklich macht, unterscheiden sich Sparer von starren Geizhälsen vor allem durch eines: ihre Gelassenheit. Indem sie Sparsamkeit in ihren Alltag integrieren, leben sie Effizienz statt Entsagung! Mit leichten Tricks und gutem Willen können auch Sie Ihren Alltag wirkungsvoller und sparsamer gestalten. Oder: weniger verschwenden und mehr Luxus gewinnen!

Auf den folgenden Seiten finden Sie Spartipps, die in fünf Themenbereiche des Alltags gegliedert sind: Essen und Trinken, Haushalt und Garten, Kleidung und Schönheit, Hobby und Freizeit, Mobilität und Reisen. Die Symbole neben jedem Tipp zeigen, wie viel Zeit 🕐, Nerven 🙂 oder Geld 🥔 Sie durch den Trick einsparen könnten. Und für alle, die über ihre Sparerfolge Buch führen wollen, gibt es am jeweiligen Kapitelende eine Kontostandsanzeige, in der Sie Ihre persönlichen Erfolge notieren können.

Probieren Sie es gleich aus. Der Versuch kostet Sie schließlich nichts!

Inhalts-verzeichnis

Essen und Trinken

  ## Avocado

Früchte aus fremden Ländern sind lecker, haben aber oft einen Nachteil. Weil sie aus der Ferne geliefert werden, werden sie besonders früh geerntet, damit sie nicht schon überreif in den hiesigen Supermärkten ankommen. Leider kommen viele Früchte deshalb in den Supermarkt, ehe sie überhaupt reif sind. Besonders Avocados sind oft noch ganz hart und ungenießbar. Wenn Sie eine unreife Avocado erwischt haben, ärgern Sie sich nicht, sondern wickeln Sie die Avocado einfach in Zeitungspapier ein und lassen Sie sie einen halben Tag liegen. Auf diese Weise wird die Frucht von ganz allein weich und lässt sich leicht und einfach verarbeiten. Sie müssen sich eben nur zu helfen wissen, dann sparen Sie sich auch jede Menge Ärger.

 ## Blätterteig

Essensreste sind für Sparfüchse kein Müll, sondern eine Herausforderung. Denn oft lässt sich noch etwas Leckeres daraus zaubern. Sie wegzuwerfen wäre deshalb nicht nur schade, sondern auch (Geld-)Verschwendung. Zum Beispiel eignen sich die Reste von Blätterteig noch gut zur Weiterverwendung. Sie bestreichen die Blätterteigteilchen einfach mit etwas Eigelb und bestreuen sie dann mit Käse, Gewürzen oder Schinken und backen sie anschließend wie gewohnt im Ofen. Die fertigen Blätterteig-Kreationen eignen sich als schmackhafte und günstige Knabbereien vor dem Fernseher. Guten Appetit!

Braten

Das Braten von Fleisch ist eine Wissenschaft für sich. Die einen sagen, man soll Butter zum Anbraten verwenden, die anderen schwören auf Öl. Einig sind sich alle in einem Punkt: Verwenden Sie nur ganz wenig Fett – das ist gesünder (und unterm Strich auch noch günstiger). Sparfüchse kennen aber noch einen Trick, wie man nicht nur gesund lebt und Geld spart, sondern wie es obendrein sogar noch besser schmeckt. Sie schneiden einfach die Fettränder vom Fleisch ab und lassen diese, anstatt Öl oder Butter, in der Pfanne aus. Der Fettsud, der sich daraus ergibt, genügt zum Anbraten vollkommen. So sparen Sie sich nicht nur extra Öl oder Butter, sondern intensivieren sogar noch den Geschmack Ihrer Mahlzeit. Das Eigenfett des Fleisches ist nämlich besonders aromatisch und durch das Braten zieht dieser Geschmack ins Fleisch ein. Der Trick ist simpel und das Ergebnis ist gut, günstig und gesund.

Braunes Obst

Wenn man eine Feier vorbereitet, möchte man, dass alles perfekt ist. Den letzten Nerv raubt es einem dann, wenn der Obstsalat, den man gerade erst in mühevoller Kleinarbeit geschnitten hat, matschig wird und bräunlich angelaufen ist. Dann ist die ganze Mühe dahin. Dem Geschmack oder der Qualität des Obstes machen die Verfärbungen zwar nichts aus, Ihren Nerven allerdings schon. Schließlich isst das Auge mit und besonders das der Gäste. Wenn Sie auf diesen Ärger gut verzichten können, machen Sie daher einfach Folgendes: Pressen Sie eine halbe Zitrone oder Orange aus und träufeln Sie den Saft gleichmäßig über den Salat, sobald Sie ihn fertig geschnitten haben. Die Säure dieser Früchte legt sich über die Obstoberfläche und hält sie optisch schön frisch. Außerdem stecken in den Fruchtsäften zusätzliche Vitamine, die den Salat noch gesünder machen. Wenn Sie den leicht säuerlichen Geschmack der Säfte nicht mögen, mischen Sie unter den Salat noch einen Teelöffel Honig. Der Salat bekommt eine schmackhafte Süße, die obendrein sogar noch gesünder ist als raffinierter Zucker.

Brot

Eine ordentliche Brotzeit ist eine Köstlichkeit. Allerdings nur, wenn das Brot frisch und saftig ist. Leider trocknet Brot schnell aus, wird hart und ungenießbar. Das ist nicht nur schade um die schöne Mahlzeit, sondern letztlich auch um das Geld. Retten Sie Ihre Laune und Ihre Finanzen daher mit einem simplen Trick: Wickeln Sie das Brot in ein feuchtes Leinentuch und legen Sie das Ganze für circa 24 Stunden in den Kühlschrank. Holen Sie es anschließend wieder heraus und legen Sie es für wenige Minuten bei 140 Grad Celsius in den Backofen. Danach ist das Brot wieder frisch und knusprig wie am ersten Tag. Ziehen Sie diesen Trick doch als Alternative für ein gemütliches Sonntagsfrühstück in Betracht. Auf diese Weise verwerten Sie die Brotreste des Vortags und zaubern gleichzeitig ein frisches Frühstück, ohne auch nur einen Fuß vor die Tür setzen zu müssen.

Brötchen

Wenn Sie ein großes Frühstück mit der Familie oder Freunden veranstalten, haben Sie vor allem eine Aufgabe zu bewältigen: ständig frische und möglichst noch dampfende Brötchen auf den Tisch zu bringen. Das ist Stress pur und leider steht man als Gastgeber mehr in der Küche als bei seinen Gästen. Jetzt heißt es ruhig bleiben und folgenden Trick beherzigen: Legen Sie den Boden des Brotkorbs mit Alufolie aus und bedecken Sie die darin liegenden Brötchen ebenfalls mit Alufolie. Über das Ganze legen Sie außerdem noch eine hübsche, dekorative Serviette – und siehe da: Der Brotkorb sieht nicht nur hübsch aus, sondern hält die Brötchen auch noch frisch, warm und knusprig. Die Alufolie strahlt die Wärme der Brötchen ab, sodass diese gar nicht erst kalt werden können. Ihr Vorteil: Sie können alle Brötchen gleichzeitig aufbacken und sparen sich das ständige In-die-Küche-rennen. Ihre Gäste werden begeistert sein, und Sie können die Feier genießen. So schlagen Sie zwei Fliegen mit einer Klappe.

Brote fürs Büro

Was in der Schulzeit geklappt hat, funktioniert im Erwachsenenleben erst recht. Brote für das Büro sind die gesunde Alternative zu fettem Kantinenessen und oft sogar günstiger als jeden Mittag mit den Kollegen auswärts zu essen. Wer das Glück hat, die belegten Köstlichkeiten geschmiert zu bekommen, der schont sogar noch seine Nerven. Ein zeitsparender und sehr gesunder Snack für Zwischendurch sind auch Nüsse. Sie enthalten spezielle Fettsäuren, die die Hirnaktivität in Schwung bringen, und man kann sie schnell und einfach nebenbei naschen.

Chips

Gerade weil Chips so knusprig und trocken sind, unterschätzen viele Menschen, dass sie auch sehr fetthaltig und damit weder gut für die Figur noch für die Gesundheit sind. Wenn Sie etwas Gutes für Ihren Körper - und gleichzeitig auch für Ihr Portemonnaie - tun möchten, stellen Sie Ihre herzhaften Knabbereien daher selbst her. Schneiden Sie hierfür Kartoffeln in besonders dünne Scheiben. Am besten geht das, wenn Sie eine Hobelreibe benutzen. Legen Sie diese Scheiben auf ein mit Backpapier ausgelegtes Backblech und bepinseln Sie sie mit einer dünnen Schicht Olivenöl. Anschließend bestreuen Sie das Ganze mit Salz und Paprikagewürz und schieben es bei 140 Grad Celsius so lange in den Ofen, bis die Scheiben kross und leicht bräunlich sind. Fertig ist die gesunde und günstige Fernsehknabberei.

Crème fraîche

Sahne, Crème fraîche, Joghurt und Milch stehen im Kühlregal dicht nebeneinander. Da kann es leicht passieren, dass Sie sich vergreifen und statt Crème fraîche eine Packung Sahne nehmen. Zu Hause beim Kochen ärgern Sie sich dann natürlich. Doch damit ist jetzt Schluss. Denn genau für dieses Malheur gibt es einen rettenden Sparfuchstrick: Mischen Sie unter die Sahne ein paar Spritzer Zitronensaft. Geschmacklich werden Sie keinen Unterschied merken und Sie können in Ruhe Ihr Gericht weiterkochen, ohne die Nerven zu verlieren.

Dauerfilter

Kaffeetrinken ist eine Tradition. Meistens geht es dabei gar nicht um das Getränk als solches, sondern darum, sich gemütlich und in Ruhe mit jemandem zu unterhalten. Besonders in Büros, aber auch im Haushalt steht die Kaffeemaschine daher kaum still. Einziger Nachteil: Die regelmäßigen Kaffeepausen gehen auf die Dauer leider ganz schön ins Geld. Wenn Sie Ihren lieb gewonnenen Kaffeeklatsch deshalb zwar nicht aufgeben, aber trotzdem ein paar Euro sparen wollen, befolgen Sie die Sparfuchs-Kaffee-Strategie: Anstatt Einwegfilter zu kaufen, sollten Sie überlegen, ob es sich nicht lohnen würde einen Dauerfilter aus Kunststoff anzuschaffen. Diese kosten in der Anschaffung nicht viel und vermeiden auf Dauer, dass ständig neue Papierfilter gekauft werden müssen. Ihr Kaffeeklatsch findet also wie gewohnt statt – nur in Ihrem Portemonnaie werden Sie einen Unterschied merken.

 ## Dosenobst
Ein Grundsatz beim schlauen Sparen besagt, dass Sie alle Produkte bis auf den letzten Tropfen auskosten sollten. Im Fall von Dosenobst ist dieser Grundsatz durchaus wörtlich zu verstehen. Denn sobald das Obst aufgegessen ist, werfen viele die Dose einfach weg. Was sie dabei nicht sehen, ist, dass sie noch mit wertvollem Saft gefüllt ist. Und den können Sie auf zweierlei Weise gut weiterverwenden. Entweder Sie verdünnen ihn mit Wasser und haben dann ein leckeres, fruchtiges Getränk oder Sie verkochen ihn gemeinsam mit etwas Gelierpulver zu leckerem Gelee als Brotaufstrich. Es wäre also wirklich zu schade, den Saft einfach wegzugießen. Kosten Sie in Zukunft die Dosen bis zum letzten Tropfen aus – Ihren Geldbeutel wird das auch freuen.

 ## Eier
Rohe Eier sollten Sie nicht nur sprichwörtlich vorsichtig behandeln. Denn schneller als Sie sich versehen, hat die dünne Schale einen Sprung, und aus ist es mit den weich gekochten Frühstückseiern. Wenn Sie aber dennoch auf Ihr weiches Ei bestehen und nicht auf Rührei ausweichen möchten, müssen Sie in solchen Momenten weder verzagen noch zu einem neuen Ei greifen. Das wäre pure Nerven- und Geldverschwendung. Umwickeln Sie das gesprungene Ei einfach mit etwas Alufolie und kochen Sie es dann wie gewohnt. Die Alufolie hält das Ei

zusammen und dieses lässt sich kochen als sei nichts passiert. Ei gut, alles gut – das Frühstück ist gerettet.

Eier-Test

Verdorbene Eier sind nicht nur unappetitlich; sie sind vor allem sehr gefährlich. Schlimmstenfalls bekommt man davon eine Salmonellenvergiftung. Wer die Haltbarkeits-überschreitung seiner Frühstückseier daher nicht erst dann feststellen möchte, wenn die Eier übel riechen, sondern frühzeitig gewarnt sein will, wendet folgenden Trick an: Legen Sie das Ei in eine Schale mit Wasser. Steigt es nach oben, hat sich im Inneren bereits Luft gebildet, und das Ei ist im Begriff zu gären. Sinkt es dagegen zum Boden, ist das Ei noch haltbar und absolut genieß-bar. Dieser Trick kostet Sie nur wenig Zeit und Aufwand, erspart Ihnen aber eine Menge Ärger. Tipp: Schlaue Sparer wenden die-sen Trick immer(!) an, bevor sie ein Ei essen. Denn selbst wenn das Haltbarkeitsdatum laut Verpackung noch nicht überschritten ist, kann es passieren, dass sich im Ei schon Gärstoffe gebildet haben – sicher ist schließlich sicher.

Eigenmarken

Beim Einkaufen können Sie jede Menge Geld sparen – vorausgesetzt Sie achten auf Kleinig-keiten. Denn oft wird im Supermarkt die Ware so platziert, dass es bequemer ist, zu den teuren Artikeln zu greifen, weil sie auf Augenhöhe sind. Produkte, die etwas versteckt im Regal stehen oder weniger auffällig bedruckt sind, sind dabei meist viel günstiger – ohne dass sie sich qualitativ von der Markenware unterscheiden. Das beste Beispiel sind Eigenmarken, also Pro-dukte, die von der Supermarktkette produziert werden. Sie sind in der Regel viel günstiger, unterscheiden sich aber in Qualität und Geschmack nicht von der Markenware. Der Preisvorteil ent-steht allein dadurch, dass solche Produkte nicht großartig beworben oder aufwendig verpackt werden. Der Hersteller spart an dieser Stelle, weshalb er das Produkt letztlich günstiger anbieten kann. So spart nicht nur der Hersteller Geld, sondern auch Sie.

Einkaufskorb

Wenn Sie nur wenige Sachen einzukaufen haben, verzichten Sie auf den Einkaufswagen. Meistens hat man ohnehin kein Euro-Stück bei sich, mit dem man den Wagen aus dem Schloss lösen kann, und ärgert sich, dass man zunächst Geld wechseln muss. Zum anderen dauert es viel länger mit dem sperrigen Einkaufswagen durch den Supermarkt zu gehen als mit einem kleinen Körbchen. Solche Körbe stehen meistens am Eingang des Supermarktes bereit. Weiterer Vorteil: Sie sparen nicht nur Zeit, sondern auch Geld. Ein Einkaufskorb verleitet nämlich – im Gegensatz zu einem großen Wagen – nicht dazu, übermäßig viel zu kaufen. Schließlich ist der Korb schnell voll und Sie können gar nicht mehr mitnehmen als das Nötigste. Für kleine Einkäufe ist es daher günstiger, einen Korb zu nehmen und sich nicht von den Möglichkeiten eines großen Einkaufswagens verführen zu lassen.

Einkaufstüten

Der Kassenbereich im Supermarkt ist für Sparer eine gefährliche Zone. Hier locken allerlei kleine Verführungen, die am Ende viel Geld kosten. Das ist zum einen die berühmte „Quengelware", also Süßigkeiten, die Kinder beim Warten entdecken und so lange darum betteln, bis ihre Eltern schließlich nachgeben und diesen kleinen, nicht ganz billigen Schokoriegel kaufen. Zum anderen – und das ist für Erwachsene viel gefährlicher – gibt es dort die Plastiktüten-Falle. Eine Tüte kostet für sich genommen zwar nur ein paar Cent, hochgerechnet auf jeden Einkauf werden daraus aber ein paar Euro und aufs Jahr gesehen sogar noch mehr. Abgesehen davon schadet ein übermäßiger Plastikverbrauch der Umwelt. Dem Ganzen können Sie leicht entgehen, indem Sie immer einen Jutebeutel mit zum Einkauf nehmen. Lagern Sie immer einen Beutel im Auto. So haben Sie ihn auch dann bei sich, wenn Sie mal spontan am Supermarkt halten. Sollten Sie den Beutel doch einmal vergessen haben, müssen Sie trotzdem nicht auf teure Plastiktüten zurückgreifen. Überall im Supermarkt liegen leere Kartons herum. Sie eignen sich prima als Transportmittel.

Eis

Ein riesiger Eisbecher ist (nicht nur für Kinder) das Größte im Sommer. Er ist gleichzeitig leider auch eine große Kalorienbombe. Sparfüchse kennen einen Trick, der nicht nur Kalorien, sondern auch Geld spart: Sie füllen einfach Fruchtsaft in Eiswürfelbehälter (die gibt es in verschiedenen Größen), stecken einen Stiel hinein (gibt es im Supermarkt), stellen das Ganze ins Eisfach, warten zwei Stunden und schon haben sie ein extrem leckeres, kalorienarmes und gesundes Eis. Fruchteis ist im Sommer ohnehin erfrischender als schweres Sahneeis. Tipp: Wer mag, mischt den Saft mit etwas Milch oder Buttermilch – das Eis schmeckt dann etwas sahniger.

Elektroherd

Wie so oft ist Sparen auch beim Kochen eine Frage des Timings. Besonders bei Elektroherden können Sie durch geschicktes Zeitmanagement bares Geld sparen. Hier genügt es schon, die Herdplatte ein paar Minuten bevor das Essen fertig ist, abzuschalten. Das spart Energie und damit Kosten, und das Essen wird trotzdem gar. Denn die Platte gibt (anders als ein Gasherd) auch dann noch Wärme ab, wenn Sie sie ausschalten. Bis diese zur Gänze abgekühlt ist, vergehen noch einige Minuten. Diese Restenergie kostet kein Geld, gart das Essen aber ebenso gut. Übrigens: Das Gleiche gilt auch für den Backofen. Auch er bleibt noch lange warm, nachdem Sie ihn abgeschaltet haben. Diese Energie genügt vollkommen, um den Kuchen oder den Auflauf zu Ende zu backen.

Erdbeeren

Obst schmeckt am besten, wenn es direkt aus Omas Garten kommt – frische Früchte vom Bauern aus der Region sind aber auch sehr lecker. Besonders frische Erdbeeren sind Leckerbissen, die nach Sommer pur schmecken. Schlaue Sparfüchse kosten die Erdbeersaison daher – im wahrsten Sinne des Wortes – richtig aus und genießen die kleinen, roten Früchtchen gleich haufenweise und zwar frisch, lecker und vor allem günstig. Der Trick ist nämlich, die Beeren nicht im Supermarkt oder bei den Verkaufswagen an den Straßenrändern zu kaufen, sondern direkt vom Bauern. Viele Landwirte bieten Erdbeeren zum Selberpflücken an. Hier gehen Sie mit einem Körbchen direkt auf das Erdbeerfeld und suchen sich Ihre Erdbeeren selbst aus, pflücken und naschen diese und bezahlen die gesammelten Beeren anschließend beim Bauern. Der Preis berechnet sich nach dem Gewicht der gepflückten Beeren. Für den Bauern hat das den Vorteil, dass er kein Personal einsetzen muss, das die Früchte pflückt. Und das schlägt sich wiederum auf den Preis nieder. Verbinden Sie doch das Erdbeerpflücken mit einem netten Sonntagsausflug mit Freunden oder Familie. So bekommen Sie Ihr Obst nicht nur günstig, sondern haben auch einen netten Tag. Weiterer Vorteil: Sie können sich jede Erdbeere genau ansehen und prüfen, ob sie schon matschig ist. Im Supermarkt bekommen Sie nur fertig gepackte Schalen, in denen viele Früchte bereits schlecht sind. Das kostet Nerven und Geld.

Feierabendbrötchen

Sie denken eine „Happy Hour" gibt es nur in einer Cocktailbar? Das stimmt nicht. Schlaue Sparer besuchen auch die „Happy Hour" beim Bäcker. Diese findet meist kurz vor Ladenschluss statt, denn zu diesem Zeitpunkt werden die restlichen Waren des Tages zu etwa der Hälfte des Preises verkauft. Es lohnt sich jetzt auch, mehr mitzunehmen als Sie eigentlich im Moment brauchen, denn Brot, Brötchen und Kuchen lassen sich wunderbar einfrieren. Die eingefrorenen Backwaren können Sie zu einem beliebigen Zeitpunkt wieder herausholen und haben dann sofort frische Brötchen im Haus – und mehr Geld im Portemonnaie.

Fisch

Fisch ist gesund. In ihm stecken gute Fette, wie die sogenannten Omega-3-Fettsäuren, die wichtig für Gehirn und Blutfette sind. Ideal wäre es daher, mindestens einmal pro Woche Fisch zu essen. Allerdings ist es gerade bei Fisch enorm wichtig, dass er besonders frisch ist. Verdorbenes Fischfleisch kann zu schlimmen Vergiftungen führen. Achten Sie also beim Kauf darauf, dass die Ware absolut makellos ist. Sie können deren

Zustand überprüfen, indem Sie beim Händler auf einen kleinen Test bestehen: Bitten Sie den Verkäufer den Fisch in einen Eimer oder eine Schüssel mit Wasser zu legen (Fischhändler haben immer einen Eimer da). Sinkt der Fisch zu Boden, ist er noch gut. Schwimmt er dagegen an der Wasseroberfläche, hat sich durch den Gärungsprozess bereits Luft in seinem Körper gebildet und er ist nicht mehr frisch. In diesem Fall sollte der Händler Verständnis zeigen, wenn Sie diese Ware nicht mehr kaufen. Das schont Nerven und Geldbeutel.

Fleisch

Die Redewendung „jemanden weich klopfen" muss ein Metzger erfunden haben. Denn es stimmt tatsächlich: Klopfen Sie auf ein Stück Fleisch mit einem Holzhammer, wird es weich und zart. Weich geklopftes Fleisch schmeckt nicht nur besser, es hat auch noch einen entscheidenden Vorteil, den vor allem Sparer zu schätzen wissen: Durch das Klopfen wird das Fleisch dünner und die Kochzeit verkürzt sich. So sparen Sie nicht nur Zeit, sondern auch Geld, da Sie weniger Energie verbrauchen, und so klopfen Sie zwei Fliegen mit einem Hammer.

Fleischabfälle

Ein Hund ist ein toller Kamerad, aber auch einer, der ständig Hunger hat. Wenn Sie einmal auf den Monat hochrechnen, was Sie für Hundefutter ausgeben, werden Sie merken, dass das Futter eine ordentliche Größe auf dem Haushaltskonto darstellt. Dabei muss das nicht sein. Ihr Hund kann auch gutes Futter bekommen, ohne Ihnen dabei die Haare vom Kopf zu fressen. Fragen Sie doch einfach bei Ihrem Metzger nach Fleischabfällen. Das sind keine Abfälle im herkömmlichen Sinn, sondern Ränder oder Eckstücke, die optisch nicht ganz einwandfrei sind und sich deshalb schlecht verkaufen lassen. Auch Innereien, die beim Verarbeiten des Fleisches übrig bleiben, gehören dazu. Der Metzger würde die Produkte ohnehin nur entsorgen. Er freut sich, wenn er sie Ihnen für wenig Geld überlassen kann. Das wird nicht nur Ihrem vierbeinigen Freund schmecken, sondern auch Ihrem Portemonnaie.

Fruchtsäfte
Wenn Sie künftig Fruchtsäfte nur noch verdünnt mit Mineralwasser, am besten im Verhältnis 1 : 3, trinken, schlagen Sie gleich zwei Fliegen mit einer Klappe. Denn Fruchtsäfte sind oft teuer. Trinken Sie sie aber verdünnt, verbrauchen Sie weniger vom kostbaren Nektar, haben dabei den gleichen Geschmack – und unterm Strich mehr Geld. Beauty-Bonus: Mit der Wasser-Misch-Methode sparen Sie außerdem noch Kalorien. Denn der Zuckergehalt von Fruchtsäften wird von vielen unterschätzt. Sie enthalten im Idealfall zwar natürlichen Fruchtzucker, im Kaloriengehalt unterscheidet der sich aber kaum von seinen industriellen Kollegen. Vermischt mit Wasser nehmen Sie jedoch weniger Zucker und damit weniger Kalorien zu sich. Lecker schmeckt es auch, wenn Sie sich ein paar Scheiben frisches Obst (Äpfel, Birnen oder Ananas) in Ihr Mineralwasser schneiden. Das Obst verleiht dem Wasser etwas Geschmack, hat null Kalorien – und ein gesunder Snack ist auch noch drin.

 # Gasherd
Echte Profiköche schwören auf Gasherde, denn anders als bei Elektroherden können Sie die Hitze punktgenau dosieren. Beim Anschalten sind die Töpfe im Nu heiß, stellen Sie die Platte wieder ab, sind die Töpfe ebenso schnell wieder kühl, da keine Restenergie mehr in den Topf oder in die Pfanne geleitet wird, die dazu führt, dass das Essen noch weiter gart und dadurch zäh oder weich wird. Vor allem Steaks gelingen mit Gasherden deshalb besonders saftig und lecker. Neben Köchen lieben auch Sparfüchse das Kochen mit Gas, obwohl Gasherde in der Anschaffung oft teurer sind. Durch die geringen Kosten für den Unterhalt rentiert sich der finanzielle Anschaffungsaufwand aber schnell wieder. Denn Gas ist günstiger als Strom, hochgerechnet bleiben da einige Euro für Steaks und andere Köstlichkeiten im Geldbeutel übrig. Und außerdem schmeckt es auch noch besser.

 # Gebrannte Mandeln
Mal ehrlich: Der Grund, warum man einen Jahrmarkt besucht, sind doch eigentlich nicht die Fahrgeschäfte, sondern vielmehr die vielen bunten

und schmackhaften Köstlichkeiten, die es dort zu naschen gibt. Besonders dem Geruch gebrannter Mandeln kann kaum jemand widerstehen. Jedenfalls so lange nicht, bis man den Preis sieht. Denn von dem wird einem manchmal schwindeliger als von so mancher Achterbahn. Wer sich diesen Ärger und obendrein Geld sparen will, ohne auf die leckeren Naschereien zu verzichten, der macht sich die gebrannten Mandeln einfach selbst. Das ist simpel, lecker und günstig. Sie geben die Mandeln einfach in einen Topf und rösten sie bei mittlerer Hitze an. Nach circa vier Minuten erhöhen Sie die Temperatur und geben nach Belieben unter Rühren eine gute Prise Zucker hinzu. Sobald der Zucker goldbraun wird, holen Sie die Mandeln aus dem Topf und füllen sie in eine schöne Schüssel. Fertig ist die günstige und leckere Nascherei.

Gemüsefach

Damit Obst und Gemüse lange frisch und genießbar bleibt, muss es richtig gelagert werden. In Kühlschränken gibt es dafür extra ein Fach für das Gemüse, damit es separat von anderen Lebensmitteln gelagert werden kann. Viele wundern sich, warum ihr Gemüse und Obst dennoch nach einigen Tagen weich und welk zu werden beginnt. Oft liegt es daran, dass sich im Gemüsefach die Feuchtigkeit staut, die von dem Obst und Gemüse verdunstet wird. Um diese Wasseransammlung in Zukunft zu umgehen, ist es sinnvoll, einen Schwamm in das Gemüsefach zu legen. Dieser saugt das Wasser auf und hält das Gemüse trocken und knackig. Das schont nicht nur Nerven, sondern spart letztlich auch Zeit und Geld, da das Gemüse nicht so schnell welk wird und man kein neues kaufen muss.

Gemüse kochen

Wer Gemüse isst, der möchte damit auch etwas für seine Gesundheit tun. Was aber die wenigsten wissen, ist, dass Gemüse seine Vitamine verliert, wenn es zu lange gekocht wird. Wer das Gemüse dagegen nur für kurze Zeit in wenig kochendes Wasser gibt, erhält die Vitamine, und das Gemüse bleibt knackig. Sparfüchse wissen, dass dieses Vorgehen einen weiteren Vorteil bringt: Eine kürzere

Kochzeit verbraucht auch weniger Strom und kostet damit weniger Geld. Besonders hungrige Sparer freuen sich des Weiteren über die zeitliche Ersparnis. Wer viel Gemüse isst, sollte sogar überlegen, sich einen Dampfgarer zuzulegen. Das Gemüse wird hier nur mit Wasserdampf gedünstet – das geht schnell, ist gesund und günstig, da wenig Strom und Wasser verbraucht werden.

Gesundheitstrunk
Einem gesunden Körper folgt ein gesunder Geiz. Besonders Erkältungssparer leben nicht nur gesünder, sondern auch günstiger. Statt teurer Vitaminpräparate setzen sie auf eine günstigere Alternative – made by Mutter Natur: Ein Ingwer-Drink – jeden Morgen genossen – wirkt besser als jede Vitaminpille, ist wesentlich günstiger und das Beste: Die Erkältung können Sie sich auch sparen. Ingwer gilt als natürlicher Entzündungshemmer und ist derart reich an Vitamin C, dass er eigentlich apothekenpflichtig sein müsste. So bleiben Sie fit: Hacken Sie eine Scheibe Ingwer klein, mixen Sie sie mit etwas Öl und einem kleinen Spritzer Zitronensaft. Das Ganze kurz im Mund zerkauen, dann Augen zu – und herunterschlucken. Schmeckt nicht jedem, wirkt aber ausnahmslos. Fazit: Ein Ingwer-Drink a day keeps the doctor away.

Gewürze
Da heute kaum jemand einen eigenen Kräutergarten hat, ist es selbstverständlich, getrocknete Gewürze zu verwenden. Das ist zwar praktisch, einen kleinen Haken gibt es aber: Getrocknete Gewürze schmecken nicht so aromatisch wie frische Kräuter aus Omas Garten. In diesem Fall wenden Sie einen simplen Trick an, mit dem Sie aus den Trockenkräutern das maximale Aroma herausholen können. Dafür müssen Sie die Kräuter vor ihrem Gebrauch nur kurz (für maximal ein bis zwei Minuten) in einer beschichteten Pfanne ohne Öl anbraten. Durch die Wärme entfalten sich die Aromen besser. Das bringt nicht nur geschmacklich einen Vorteil, sondern auch finanziell. Denn schmecken die Gewürze intensiver, müssen Sie weniger davon verwenden und sparen damit Geld.

Gratinkäse
Supermärkte haben sich den modernen Lebensumständen angepasst und bieten viele Waren an, die bereits fix und fertig verarbeitet sind. Es gibt Grillfleisch, das bereits mariniert ist, Salate, die bereits geschnitten und gewaschen sind, und auch Gratinkäse, der schon fix und fertig gerieben ist. Das ist zwar eine Arbeitserleichterung, im Fall von Gratinkäse bedeutet das aber auch eine Erleichterung Ihres Geldbeutels. Denn den Mehraufwand, den die Herstellerfirmen dadurch haben, dass der Käse noch gerieben werden muss, lassen sie sich auch bezahlen. Schlaue Sparfüchse reiben ihren Käse daher noch in alter Manier selbst. Und sie wissen sogar, wie sie den Käse günstig bekommen können. Sie fragen nämlich an der Käsetheke nach den übrig gebliebenen Endstücken. Diese eignen sich hervorragend zum Reiben und unterscheiden sich geschmacklich nicht vom Mittelstück des Käses. Nur im Preis bemerken Sie einen Unterschied – der ist nämlich deutlich geringer. Und wenn Sie Glück haben, gibt Ihnen die nette Käseverkäuferin das Endstück sogar umsonst mit.

Großpackungen
Hamster legen sich Vorräte an. Warum? Weil sie schlau sind und weil sie sparen. Eine Idee, die Sie den kleinen Nagern abschauen sollten. Ihre Lebensmittel müssen Sie deshalb nicht verbuddeln. Sie hamstern am besten, indem Sie Großpackungen kaufen. Denn diese sparen nicht nur Geld (in großen Mengen ist Ware immer günstiger), sie sparen auch Zeit und Nerven. Wenn Sie einmal im Monat einen Großeinkauf hinter sich bringen, haben Sie für den Rest des Monats Ruhe. Das lohnt sich besonders bei gängigen und schnell verbrauchten Produkten wie Wasser, Nudeln oder Milch. Auch bei Drogerieartikeln sparen Sie durch Hamsterkäufe viel Geld und schonen Nerven. Sogar verderbliche Ware wie zum Beispiel Fleisch können Sie in großen Mengen kaufen. Zu Hause schneiden Sie es dann in einzelne Portionen und frieren es ein. Das beste daran: Sie haben immer etwas Leckeres zu Hause, falls Sie spontan Hunger oder Gäste bekommen.

Herdplatten

Wenn Sie ein Menü mit mehreren Gängen zubereiten wollen, stoßen Sie wahrscheinlich platztechnisch schnell an die Grenzen Ihrer Küche. Vor allem die üblichen vier Herdplatten genügen plötzlich hinten und vorne nicht mehr. Wenn Sie mehrere Platten gleichzeitig benötigen, sollten Sie versuchen, möglichst viele Gerichte im Ofen zuzubereiten. So sparen Sie Platz auf dem Herd, den Sie für die Zubereitung anderer Gerichte nutzen können und das spart Zeit und schont die Nerven. Vor allem bei der Zubereitung von Fleisch und Kartoffeln funktioniert diese Auslagerung in den Ofen optimal. Das Fleisch müssen Sie nur kurz und besonders scharf von allen Seiten anbraten, sodass sich die Poren schließen, und dann geben Sie es bei geringer Temperatur (etwa 80 bis 100 Grad Celsius) in den Ofen. Auf diese Weise wird es gar und bleibt aufgrund der niedrigen Temperatur sogar noch schön saftig. Stechen Sie es hin und wieder mit einem Fleischthermometer an, um zu schauen, ob es schon durch ist. Bei einem mitteldicken Stück können Sie eine Schmorzeit von circa 30 Minuten einplanen. Die Kartoffeln können Sie ebenfalls im Ofen zubereiten: Wickeln Sie sie dafür einfach in Alufolie ein und geben Sie sie zum Fleisch in den Ofen. Die Garzeit ist hier etwas länger. Rechnen Sie mit circa 40 Minuten.

Honig

Dass Honig im Volksmund auch „flüssiges Gold" genannt wird, liegt wohl nicht nur an seiner Farbe, sondern auch an seinem Preis, denn er ist teuer. Umso ärgerlicher ist es, wenn er nach längerem Stehen und nicht ganz verschlossenem Deckel eingetrocknet und hart geworden ist. Deshalb das ganze Glas wegzuwerfen wäre jedoch eine (Geld-)Verschwendung. Tun Sie Ihrem Geldbeutel, Ihren Nerven und letztlich auch dem Honig lieber etwas Gutes und stellen Sie das Honigglas für circa fünf bis zehn Minuten in ein heißes Wasserbad. Der Honig wird auf diese Weise schnell wieder flüssig.

Joghurt

Auf dem Speiseplan ernährungsbewusster Sparfüchse darf Joghurt natürlich nicht fehlen. Er ist fettarm und reich an Eiweiß, das wichtig für den Muskelaufbau und für die Knochen ist. Joghurt ist daher auch ein idealer Ersatz für Naschereien. Schneiden Sie einfach Ihr Lieblingsobst in den Joghurt und schon haben Sie eine gesunde Süßigkeit, die sogar Ihre Kinder mögen werden. Sparfüchse erkennen aber nicht nur den gesundheitlichen Vorteil von Joghurt, sondern auch den finanziellen. Sie denken darüber nach, ob sie sich eine Joghurt-maschine zulegen. Denn dann können sie ihre gesunden Nasche-reien leicht selbst herstellen und müssen keine teuren (und stark gezuckerten) Fertigprodukte mehr kaufen. Vor allem wenn mehrere Familienmitglieder gern Joghurt essen, macht diese Anschaffung Sinn.

Kaffeefilter

Auch wenn Kaffee angeblich nicht unbedingt gesund ist – er schmeckt einfach gut und macht munter. Kaffee ist des Deutschen Lieblingsgetränk – gleich nach Bier. Leider ist guter Kaffee teuer. Hinzu kommen dann noch die Filtertüten, die, besonders in der Summe, viel Geld kosten. Dabei ist es leicht, seinen Kaffeefilterverbrauch um die Hälfte zu reduzieren. Keine Sorge, Sie müssen deshalb nicht die Hälfte an Kaffee trinken. Viel einfacher: Benutzen Sie die Filtertüten zwei-mal. Dazu entsorgen Sie einfach den alten Kaffeesatz, spülen die Tüten vorsichtig mit lauwarmem Wasser aus und legen sie an einen trockenen Platz oder auf die Heizung zum Trocknen. Dem Kaffee und seinem Geschmack macht das gar nichts aus. Der Einzige, der einen Unterschied bemerkt, ist Ihr Geldbeutel, und Sie sparen Zeit, da Sie keine neuen kaufen müssen.

Kaffeelagerung

Egal ob Sie viel oder nur wenig Kaffee verbrauchen, in jedem Fall wollen Sie, dass er immer schön frisch schmeckt. Das ist gar nicht so einfach, da das Aroma schnell verloren geht und der Kaffee dadurch an Geschmack verliert. Statt stark und aromatisch schmeckt er schlaff und langweilig. Und das ist nicht nur ärgerlich, sondern letztlich auch teuer, da Sie mehr Pulver verwenden müssen, um einen aromatischen Kaffee zu bekommen. Schlaue Sparer verhindern daher mit einem simplen Trick, dass ihr Kaffee nicht an Geschmack verliert: Sie lagern ihn einfach im Gefrierfach. Die Kälte verhindert, dass Duftstoffe entweichen, der Kaffee bleibt frisch und ihr Geldbeutel voll.

Karotten
Wenn Sie Bugs Bunny fragen, wie Sie Karotten am besten vor dem Welkwerden bewahren, würde er sagen: Einfach wegmümmeln. Fragen Sie dagegen einen Sparfuchs, bekommen Sie eine andere, vielleicht effektivere Lösung: Sie schneiden bei den Möhren das Grünzeug weg. Denn das braucht Wasser, welches es den Karotten entzieht. Die Karotten werden durch diesen Feuchtigkeitsverlust schneller weich und welk. Entfernen Sie hingegen das Grünzeug, bleiben die Karotten lange knackig und frisch. Sie schonen damit nicht Ihre Nerven, weil Sie sich nicht ärgern müssen, dass die Möhren, die Sie erst vor ein paar Tagen gekauft haben, schon welk sind, sondern auch bares Geld und Zeit, weil Sie nicht so schnell neue kaufen müssen.

Kartoffelpüree
Viele Speisereste ergeben am nächsten Tag noch ein schmackhaftes Mahl, wenn Sie sie in einer Pfanne anbraten. Die einzige Ausnahme bildet Kartoffel-püree – hier können Sie nicht viel anbraten. Sparfüchse werfen Kartoffelpüreereste dennoch nicht weg. Sie halten das (zu Recht) für eine Geldverschwendung und kennen eine bessere Lösung: Die Reste vom Püree eignen sich nämlich prima, um eine Portion Kartoffelsuppe herzustellen. Vermengen Sie das Püree hierfür mit etwas Gemüse- oder Hühnerbrühe. Fertig ist die Suppe. Sie haben am nächsten Tag eine schmackhafte Mahlzeit, die weder viel Geld noch Zeit kostet.

Kartoffelreste
Kartoffeln bleiben im Haushalt oft übrig. Das war schon zu Omas Zeiten so. Damals wusste man diese Kartoffeln wiederzuverwenden, indem man sie als Futter für die Schweine verwendet hat. Heute haben die wenigsten

Menschen einen Schweinestall zu Hause. Trotzdem gibt es einen Weg, um Kartoffelreste sinnvoll und schmackhaft zu nutzen. Entweder Sie pürieren die Kartoffeln oder Sie schneiden sie in Scheiben und braten sie kurz mit Zwiebeln und (falls vorhanden) Speck an. So haben Sie am nächsten Tag noch eine schmackhafte Mahlzeit, ohne Zeit oder Arbeit investieren zu müssen. Das spart Zeit und Stress und letztlich auch Geld, da Sie eine neue Mahlzeit haben, ohne erneut einkaufen gehen zu müssen.

Käse

Wie jedes Lebensmittel schmeckt auch Käse dann am besten, wenn er noch richtig schön frisch ist. Leider ist es damit oft schon nach wenigen Tagen vorbei. Danach wird er hart und trocken. Vor allem dann, wenn man ihn nicht richtig lagert. Sparfüchse kennen einen Trick, wie sie ihren Käse durch richtiges Lagern länger frisch halten können: Man legt unter die Käseglocke einfach ein Stück Würfelzucker. Der Zucker saugt die Feuchtigkeit, die in der Glocke entsteht, auf und hemmt damit das Austrocknen des Käses. Mit diesem Trick begeistert man nicht nur Mäuse und Familienmitglieder, sondern auch sein Portemonnaie. Der Käse hält jetzt nämlich länger, und man muss nicht so schnell neuen kaufen.

Käse reiben

Selbst gemachte Pizza oder Aufläufe schmecken am besten, wenn sie ordentlich mit Käse bestreut werden. Das Reiben von Käse ist allerdings ein echter Kraftaufwand. Wenn Sie ohnehin Probleme mit schmerzenden Händen oder Handgelenken haben, strapazieren Sie schnell Ihre Nerven und verderben sich die Vorfreude auf das schöne Essen. Sparen Sie sich das. Es gibt einen einfachen Trick, wie Sie sich das Reiben von Käse erleichtern. Legen Sie das Stück Käse 20 Minuten, bevor Sie es reiben wollen, in den Gefrierschrank. In dieser Zeit friert der Käse leicht an und wird hart. So können Sie ihn viel leichter reiben. Geschmacklich macht es keinen Unterschied. Das Einzige, was Sie merken, ist, dass sich Ihre Laune bessert und Sie sich stundenlanges, mühsames Reiben ersparen.

Käsereste

Auch wenn Sie sich noch so viel Mühe geben und den Käse immer ordentlich in Frischhaltefolie wickeln, passiert es doch: Der Käse wird hart und ungenießbar. Das ist nicht nur unappetitlich, sondern auch reine Geldverschwendung. Guter Käse ist schließlich teuer. Harte Käsereste einfach zu entsorgen, wäre deshalb nicht nur ärgerlich, sondern – und das ist die gute Nachricht – auch unnötig. Sie können den Käse nämlich auch im harten Zustand noch gut verwenden. Frieren Sie ihn einfach ein und holen Sie das Stück dann wieder heraus, wenn Sie ein Gericht zubereiten, das man mit Käse überbacken muss, etwa einen Auflauf, Pizza oder Ähnliches. Hierfür eignet sich der hart gewordene Käse ideal, ohne sich geschmacklich von frischem Käse zu unterscheiden. Das spart Geld und schont Nerven.

Kastenkuchen

Ein schöner, frisch gebackener Kastenkuchen ist für jeden eine Freude. Damit das auch lange so bleibt, ist es wichtig, ihn saftig und frisch zu halten. Trocken und krümelig schmeckt er nicht mehr so lecker. Damit Sie sich diese Freude nicht verderben, wenden Sie einen einfachen Trick an: Schneiden Sie den Kuchen nicht, wie gewohnt, an einem Ende an, sondern beginnen Sie den ersten Schnitt in der Mitte. Nachdem Sie ein Stück herausgenommen haben, schieben Sie die beiden Hälften einfach zusammen. So verhindern Sie, dass ein Ende offen steht und auszutrocknen beginnt. Der Kuchen bleibt saftig und hält dadurch auch länger. Sie schonen Nerven und sparen Geld, da der Kuchen länger als gewöhnlich genießbar ist.

Kekse

Was können Sparfüchse vom Krümelmonster lernen? Nein, nicht nur, dass Kekse gut schmecken, sondern auch, dass es nicht auf die Form der Kekse ankommt. Dem Krümelmonster schmecken schließlich sogar Krümel. Schlaue Sparer fragen daher bei ihrem Konditor nach, ob er ihnen nicht die „Keksabfälle" für wenig Geld verkaufen möchte. „Keksabfälle" sind dabei nicht gleichzusetzen mit herkömmlichen Abfällen. Es handelt sich vielmehr um Kekse und Backwaren, die versehentlich zerbrochen oder aus anderen Gründen aus der Form geraten sind. Vom Geschmack unterscheiden sie sich von normalen Keksen überhaupt nicht. Nur beim Preis merken Sie einen Unterschied, aber der schmeckt Sparern gut.

Knäckebrot
Es ist das einzige Brot, das nur dann gut schmeckt, wenn es staubtrocken ist. Knäckebrot ist die knusprigste und leckerste Erfindung, die Schweden zu bieten hat. Leider ist es gar nicht so leicht, Knäckebrot so zu lagern, dass es schön knackig bleibt und nicht weich wird. Wenn es Ihnen doch wieder einmal passiert ist, ärgern Sie sich nicht. Und werfen Sie es keinesfalls weg. Denn Sie müssen es nur für kurze Zeit in den Toaster stecken und schon ist es wieder wie neu und knack-frisch. Das spart Geld und Zeit und schont die Nerven, weil Sie kein neues kaufen müssen.

Knoblauch
Wenn Sie nicht gerade vorhaben Vampire abzuwehren, sollten Sie Knoblauch nur sparsam verwenden. Andernfalls rücken Ihnen nämlich nicht nur die Vampire von der Pelle, sondern auch Ihre Mitmenschen. Es ist nur leider sehr ärgerlich, wenn Sie eine ganze Knolle Knoblauch gekauft haben, aber nur ein bis zwei Zehen verwenden. Die restliche Knolle fristet meist ungenutzt ihr Dasein, bis sie schließlich im Müll landet. Damit werfen Sie aber nicht nur den Knoblauch selbst in den Müll, sondern unterm Strich bares Geld. In Zukunft wird Ihnen so etwas nicht mehr passieren. Ab sofort wissen Sie die übrig gebliebene Knobi-Knolle besser zu nutzen. Schälen Sie einfach auch die restlichen, nicht verwendeten Zehen. Diese legen Sie dann in etwas Olivenöl ein und füllen alles in eine verschraubbare Flasche oder ein Glas. Eingelegt in Öl hält sich der Knoblauch sehr lange. Sie können die Knolle voll verwenden und müssen kein Geld wegwerfen. Netter Neben-effekt: Das Öl, in welchem die Zehen eingelegt sind, nimmt das Knoblaucharoma schnell an und eignet sich später gut zum Dippen mit Brot oder zum Anmachen von Salaten.

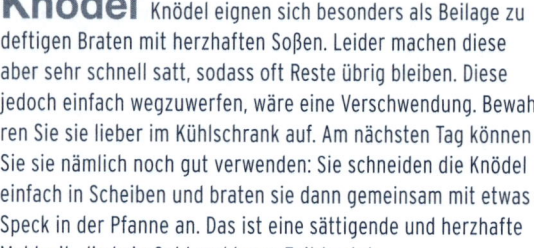

Knödel

Knödel eignen sich besonders als Beilage zu deftigen Braten mit herzhaften Soßen. Leider machen diese aber sehr schnell satt, sodass oft Reste übrig bleiben. Diese jedoch einfach wegzuwerfen, wäre eine Verschwendung. Bewahren Sie sie lieber im Kühlschrank auf. Am nächsten Tag können Sie sie nämlich noch gut verwenden: Sie schneiden die Knödel einfach in Scheiben und braten sie dann gemeinsam mit etwas Speck in der Pfanne an. Das ist eine sättigende und herzhafte Mahlzeit, die kein Geld und kaum Zeit kostet.

Kochtöpfe

Und es kommt doch auf die Größe an. Jedenfalls wenn es um die Wahl des passenden Kochtopfs geht, ist die Größe entscheidend. Denn dabei gilt für schlaue Sparer eine goldene Regel: Je breiter und flacher der Topf, desto besser. Breite und flache Töpfe haben eine größere Kontaktfläche zur Herdplatte und können die Wärme der Herdplatte damit voll ausnutzen. In der Folge wird das Essen schneller heiß, und Sie verbrauchen weniger Strom. Bei schmalen, kleinen und dabei hohen Töpfen verhält es sich genau umgekehrt. Wenn Sie also Zeit und Geld sparen wollen, überlegen Sie sich beim nächsten Mal genau, welchen Topf Sie benutzen.

Kochwasser

Oft sind es die kleinen, alltäglichen Gewohnheiten, die ins Geld gehen. Wenn Sie einen Tag lang genau darauf achten, was Sie aus Gewohnheit tun, werden Sie schnell merken, dass viel Geld den Bach – oder besser gesagt den Abfluss – hinunterfließt. Ein gutes Beispiel dafür ist das Kochwasser. Sie verbrauchen gut fünf Liter, wenn Sie eine Mahlzeit mit Gemüse und Nudeln kochen. Und was passiert danach damit? Richtig, Sie schütten es einfach in den Abfluss. Weg ist es – komplett ungenutzt. In Zukunft passiert Ihnen das aber nicht mehr. Denn Sie wissen ab sofort, wozu Sie dieses Wasser noch ideal verwenden können. Ihre Pflanzen freuen sich nämlich über das restliche Kochwasser besonders. Es ist reich an Vitaminen und Mineralien, die durch das Kochen des Gemüses ins Wasser gelangen. Für die Blumen wirkt es daher wie Dünger und diese bedanken sich mit einer schönen, satten Blüte. Und sogar Ihr Geldbeutel sagt Danke, weil Sie ihm den Kauf teurer Düngemittel ersparen. Wichtig: Das Wasser muss abgekühlt und ungesalzen sein, wenn Sie es für Ihre Blumen verwenden wollen. Ihrer Mahlzeit schadet das nicht. Es ist ohnehin gesünder weniger zu salzen. Sollten Sie dennoch nicht zur Gänze darauf verzichten wollen, dann salzen Sie das Essen einfach, wenn es auf dem Teller ist.

Kräuter

Wenn Sie sich in einem kleinen Kräutergarten auf der Fensterbank oder im Garten Kräuter ziehen, sollten Sie darauf achten, dass Sie die Pflanzen auch regelmäßig ernten. Andernfalls können sie nicht richtig gedeihen, und schlimmstenfalls gehen die Gewächse ein. Ungünstig ist es nur, wenn Sie gerade keine Verwendung für die frischen Kräuter haben. Sie wegzuwerfen wäre schade. Sparfüchse gehen deshalb wie folgt vor: Entweder sie hacken das Grünzeug klein und frieren es ein. Oder aber sie machen sich ein schmackhaftes Öl daraus. Dafür vermischen Sie die Kräuter Ihrer Wahl einfach mit etwas Olivenöl, füllen das Ganze in eine Flasche und lassen es einige Tage ziehen. Das Öl nimmt den Kräutergeschmack an und eignet sich ideal zum Verfeinern von Salaten oder einfach nur zum Dippen mit Brot. Sie sparen sich die Kosten für fertige Kräuteröle und schmackhafter sind die Selbstgemachten oft auch. Diese Öle können Sie einige Monate aufbewahren, sie werden nicht so schnell schlecht. Im Gegenteil: Je länger sie stehen, desto intensiver wird der Geschmack. Geben Sie in die Kräuteröle auch eine Zehe Knoblauch oder eine getrocknete Chillischote. Das verleiht dem Öl den richtigen Pfiff!

Kräuterbutter

Ein Steak oder ein frisches Baguette veredeln Sie am besten mit einem herzhaften Stück Kräuterbutter. Doch anstatt teure Fertigprodukte zu kaufen, die ohnehin oft gar nicht schmecken, stellen schlaue Sparfüchse ihre Kräuterbutter einfach selbst her. Das ist günstig und hat außerdem den Vorteil, dass man sie ganz nach dem eigenen Geschmack zubereiten kann. Das Rezept ist simpel: Legen Sie ein Päckchen Butter für 24 Stunden in die Küche (also nicht in den Kühlschrank). Wenn die Butter weich geworden ist, mischen Sie klein gehackte Kräuter Ihrer Wahl (gegebenenfalls auch Knoblauch), sowie eine Prise Salz und Pfeffer mit einer Gabel oder einem Schneebesen unter die Butter. Dieses Untermischen funktioniert leichter, wenn Sie die Butter zunächst flach auf einem Teller verteilen, dann die Kräuter darüberstreuen und das Ganze mit einer Gabel zerdrücken. Sie können die selbst gemachte Kräuterbutter auch portionsweise in einen Gefrierbeutel geben und einfrieren. So haben Sie immer eine frische, selbst kreierte Leckerei im Haus.

Kuchen
Was ist besser als ein Kuchen? Richtig: zwei Kuchen. Wenn Sie vorhaben zwei Kuchen zu backen, zum Beispiel weil Sie eine Feier vorbereiten, können Sie durch einen einfachen Trick Zeit und Geld sparen: Bereiten Sie beide Teige gleichzeitig zu und schieben Sie sie dann einfach gemeinsam in den Ofen. Vor allem kleine Formen passen leicht versetzt nebeneinander hinein, andernfalls platzieren Sie sie übereinander. Das spart nicht nur Zeit, sondern auch Geld, da Sie den Ofen nur einmal anschalten müssen. Bei Rezepten mit Umlufthitze gelingt dieser Trick besser als bei Ober-Unterhitze-Rezepten, da durch die Umluft die Wärme im Ofen sehr gleichmäßig verteilt wird und so optimal an beide Kuchen gelangt.

Kühlakkus
Picknicks machen Spaß. Spontane Picknicks machen noch mehr Spaß. Wenn Sie sich Sonntagnachmittag überlegen einen netten Ausflug ins Grüne zu machen, ist das eine gute Idee. Meist haben Sie aber nicht die geeigneten Mittel, um den Plan auch in die Tat umzusetzen, aber etwas Leckeres zum Essen wird sich im Kühlschrank schon noch finden lassen. Woher sollen Sie jedoch eine geeignete Picknick-

tasche bekommen, die die Speisen und Getränke frisch und kühl hält? Ganz einfach: Sie machen sie selbst. Das rettet nicht nur das Picknick, sondern auch Ihren Geldbeutel. Füllen Sie einfach leere Plastik- oder Spülmittelflaschen mit Wasser und legen Sie sie ins Gefrierfach. Ruckzuck gefriert das Wasser, und Sie haben super Kühlakkus. Jetzt beladen Sie einfach eine normale Sport- oder Reisetasche mit den Speisen, verteilen die Akkus gleichmäßig zwischen den Speisen und los geht's. Den teuren Picknickkorb können Sie sich sparen und die lästige Schlepperei übrigens auch. Denn sind die Flaschen nach dem Picknick aufgetaut, schütten Sie sie einfach im Wald aus und nehmen die leeren Flaschen wieder mit. So einfach ist das.

Limonade

Kohlensäure bringt ein belebendes Prickeln in jedes Getränk. Besonders bei Limonade darf der Sprudel nicht fehlen, sonst schmeckt die Brause lasch. Leider halten sich die kleinen Blubberbläschen nicht lange. Haben Sie eine Flasche zu lange geöffnet, ist es mit dem Bläschenzauber vorbei. Das ist ärgerlich und außerdem schade ums Geld. Wenn Sie sich dies sparen möchten, gehen Sie besser wie folgt vor: Schrauben Sie die Limonade- und Sprudelflaschen ganz fest zu und stellen Sie sie kopfüber in den Kühlschrank. Die Kohlensäure hat dann keine Chance zu entweichen und Sie haben länger Freude an Ihrem Getränk. Wichtig ist nur, dass Sie die Flaschen wirklich gut zudrehen, andernfalls könnten sie auslaufen. Bei einem fest verschraubten Verschluss müssen Sie aber keine Bedenken haben – es bleibt alles in der Flasche, vor allem die Kohlensäure.

Marzipan

Marzipan schmeckt nicht nur in der Weihnachtszeit gut. Richtige Schleckermäuler genießen es das ganze Jahr und in den verschiedensten Variationen. Selbst gemachter Marzipankuchen gehört dabei zu den Leibspeisen echter Naschkatzen. Wenn Sie dabei in einen doppelten Genuss – den des Essens und den des Geldsparens – kommen möchten, müssen Sie beim Backen nur einen einfachen Sparfuchstrick beachten: Kaufen Sie statt spezieller Marzipanrohmasse zum Backen lieber ein handelsübliches Marzipanbrot. Es eignet sich genauso, ist aber weitaus günstiger. So können Sie gleichzeitig sparen und schlemmen.

Nussöl
Die Ölpreise sind nicht nur auf den Rohöl-märkten in die Höhe geschossen, auch im Supermarkt haben sie Rekordwerte erreicht. Öl ist das neue Gold und damit teuer. Vor allem Nussöl liegt preislich im Luxussegment. Wer solch teures Öl dennoch kauft, ist selbst schuld. Schließlich können Sie Nussöl leicht selbst herstellen. Sie zerhacken einfach eine Handvoll Nüsse Ihrer Wahl und füllen sie mit einem halben Liter Olivenöl auf. Das Ganze lassen Sie dann etwa ein bis zwei Wochen in einer verschlossenen Flasche durchziehen und schon haben Sie ein aromatisches Nussöl, das nicht viel kostet – aber besonders gut schmeckt. Je nach Geschmack können Sie dem Öl auch noch andere Zutaten zusetzen. Getrocknete Gewürze oder Chilischoten eignen sich besonders gut.

Obstsalat
Ein Obstsalat ist eine gesunde Sache. Allerdings stecken darin nicht nur jede Menge Vitamine, sondern auch jede Menge Arbeit. Es ist eine richtige Fummelarbeit, wenn Sie all die verschiedenen Obstsorten erst schälen und dann schneiden müssen. Da können Sie schon mal die Nerven – und auch jede Menge Zeit – verlieren. Stecken Sie außerdem noch im Vorbereitungsstress für eine Party, ist der Ärger perfekt. Dabei gibt es so viele kleine Handgriffe, die Ihnen das Leben etwas erleichtern können. Sie müssen sie nur kennen. Hier ist einer: Um sich das Schälen von Obst einfacher zu machen, müssen Sie die Früchte einfach kurz unter warmes Wasser halten. Die Schale zieht sich dadurch ganz leicht zusammen und löst sich ein wenig vom Fruchtfleisch. Das Schälen geht dann wie von selbst. Der Tipp funktioniert bei allen Obstsorten, die man schälen muss.

Orangensaft

Orangensaft Wer den Tag mit einem guten Frühstück beginnt, lebt gesund. Das behaupten jedenfalls viele Studien. Wer morgens außerdem einen frischen Orangensaft genießt, lebt noch gesünder. Das behaupten noch mehr Studien. Denn im Saft der Orange steckt jede Menge Vitamin C, welches die Abwehrkräfte stärkt und die Haut vor einer frühzeitigen Alterung schützt. Der einzige Nachteil an diesem Gesundheitstrunk ist, dass Sie für ein kleines Gläschen Saft mindestens drei bis vier ganze Orangen brauchen. Und das geht auf die Dauer ins Geld. Wäre es deshalb nicht viel sinnvoller, wenn Sie aus weniger Orangen mehr Saft gewinnen könnten? Ja, wäre es! Und Sparfüchse wissen sogar, wie das geht: Sie rollen die Früchte einfach ein paar Mal auf der Arbeitsplatte hin und her, ehe sie sie auspressen. Dabei üben sie einen leichten Druck auf die Orangen aus. Auf diese Weise löst sich der Saft bereits vor dem Pressen aus dem Fruchtfleisch, das Pressen geht jetzt leichter und ist somit ergiebiger. Das spart Zeit und Geld, da Sie weniger Obst brauchen. Und wer weniger Obst braucht, muss auch weniger Obst nach Hause schleppen.

Puddingform Das Auge isst bekanntlich immer mit. Deshalb wäre es doch umso schöner, wenn Ihnen der leckere Pudding einmal optisch genauso hübsch gelingen würde wie in der Werbung – gestürzt und in der typischen Puddingform. Damit das klappt, können Sie entweder extra Puddingförmchen kaufen, oder aber (und das würden schlaue Sparer machen) Sie heben sich die Deckel von Sahnesprühdosen auf und verwenden sie als Puddingförmchen. Sie sparen Geld und bekommen dafür Ihren Traumpudding. Damit das Stürzen klappt, lassen Sie den Pudding im Kühlschrank gut auskühlen und halten ihn vor dem Stürzen für kurze Zeit (nicht länger als dreißig Sekunden) unter warmes, fließendes Wasser.

Rabatthefte Auswärts essen ist ein Spaß, aber ein besonders teurer leider auch. Vor allem wenn Sie die ganze

Familie schick ausführen möchten, werden dadurch zwar die
Löcher im Magen gestopft, dafür aber große Löcher in Ihren Geldbeutel gerissen. Sparfüchse wissen dies allerdings schlau zu
verhindern: Sie informieren sich in der örtlichen Buchhandlung
über sogenannte Gastronomie-Rabatthefte. Das sind kleine
Heftchen, in denen die Restaurants der Stadt vorgestellt werden
und denen eine Menge Coupons beiliegen, die einen Rabatt für
ein Essen in diesen Restaurants gewähren. Für die Restaurants
ist das ein gutes Werbemittel, da sie auf diese Weise neue
Kunden gewinnen. Aber auch Sie ziehen einen Nutzen: Schließlich bekommen Sie Rabatt auf das Essen und sparen damit beim
Schlemmen eine Menge Geld.

Reis

Die Mengenverhältnisse beim Kochen lassen sich
schwer schätzen. Besonders tückisch ist jedoch das Reiskochen,
da dieser so aufquillt, dass Sie aus wenigen Tassen eine ganze
Menge gekochten Reis erhalten. Sollte es Ihnen (mal wieder) passiert sein, dass Sie zu viel Reis gekocht haben, ärgern Sie sich
nicht. Denn die Reste dienen noch einem guten Zweck. Füllen
Sie die Reisreste in einen Gefrierbeutel, verschließen Sie ihn
gut und frieren Sie sie ein. Wenn Sie dann mal wieder Lust auf
eine Portion Reis haben, müssen Sie den gefrorenen Reis nur
herausnehmen und mit dem Beutel in warmes (nicht kochendes)
Wasser legen. Der Reis wird erwärmt und schon ist er wieder
servierfertig. Das ist eine große Zeit- und Geldersparnis, und
die Reste werden auch noch auf sinnvolle und wirtschaftliche
Art genutzt. Und: Ärgern müssen Sie sich über die Reisreste
auch nicht mehr.

Salat

Der gute Vorsatz mehr Gemüse zu essen, scheitert
meistens nicht am eisernen Willen, sondern am Gemüse selbst.
Vor allem Salat wird schneller welk als einem lieb ist. Wenn Sie
das als willkommene Ausrede betrachten, doch wieder Pasta
und Fleisch zu essen, haben Sie sich aber leider zu früh gefreut.
Denn welken Salat müssen Sie nicht weg werfen. Es gibt eine

leichte und schnelle Möglichkeit, ihn wieder frisch und knackig zu machen. Sie legen ihn einfach in kaltes Wasser, geben den Saft einer ausgepressten Zitrone hinzu und warten zehn Minuten. Danach sieht der Salat wieder schön aus und schmeckt durch das leichte Zitronenaroma sogar noch besser. Sie verzichten damit zwar auf Ihre Ausrede, sparen dafür aber Zeit und Geld und müssen sich nicht mehr über den welken Salat ärgern bzw. einen neuen kaufen.

Salatreste Wie machen Sie kleinen Hasen, Meerschweinchen, Hamstern und anderen Nagern eine große Freude? Das ist ganz einfach. Fragen Sie im Supermarkt nach Resten von Salat und Gemüse. Oft sind im Lager noch Waren, die wegen kleiner brauner Stellen nicht verkauft werden können und auch einzelne Blätter und Grünzeug, das aus optischen Gründen nicht mehr angeboten werden kann. Für den Kunden sind diese Produkte nicht attraktiv – Ihr Nager wird sich aber tierisch freuen. In der Regel bekommen Sie diese Reste kostenlos, manchmal müssen Sie aber einen geringen Betrag zahlen. Im Endeffekt ist das aber immer noch günstiger und gesünder als fertige Leckerlis.

Schnellkochtopf Wenn der Magen knurrt, zählt nur noch eines: Schnell Futter! Im stressigen Alltag müssen Mahlzeiten meist rasch auf den Tisch. Das ist nicht unbedingt schön, leider aber auch nicht selten. Fertigprodukte oder Fast Food sind zwar ruckzuck fertig, doch leider nicht gesund. Weiterer Nachteil: Sie sind meistens nicht gerade günstig. Das heißt, Fertigessen spart vielleicht Zeit, den Geldbeutel schont es jedoch nicht. Schlaue Sparer haben deshalb eine bessere Idee. Sie kochen sich eine große Portion Gemüse in einem Schnellkochtopf. Solche Töpfe sind druckfest verschlossen, sodass sich im Topf eine besonders hohe Temperatur aufbauen kann, wodurch sich die Kochzeit verringert. Das Essen ist ebenso schnell fertig wie bei einem Fertigprodukt. Allerdings ist es

gesünder und vor allem geldsparender. Weiterer Bonus: Nicht nur, dass weniger Geld für das Fertigprodukt ausgegeben wird, auch die Energiekosten werden gesenkt, da ein Schnellkochtopf durch die verkürzte Kochdauer weniger Strom verbraucht als seine normalen Kollegen.

Selbst gemachte Marmelade

Omas selbst gemachte Marmelade ist doch immer das Beste beim ausgiebigen Sonntagsfrühstück. Schauen Sie mal nach, vielleicht haben Sie ja noch irgendwo das Rezept dafür. Denn selbst gemachte Marmelade schmeckt nicht nur besser als gekaufte, sie ist auch noch günstiger. Vor allem, wenn Sie das Obst dafür im eigenen Garten haben. Wenn Sie aber keinen Garten besitzen, kommen Sie so an preiswertes Obst: Fragen Sie einfach im Supermarkt, ob die Ware von gestern noch im Lager ist. Oft bieten Supermärkte Obst, das bereits braune Stellen hat, nicht in der normalen Auslage an. Es sieht nämlich nicht mehr schön aus und verkauft sich dadurch auch schlechter, deshalb ist es aber noch lange nicht von minderer Qualität. Im Gegenteil: Für Marmelade eignet sich reiferes Obst perfekt, da es meist viel süßer ist als frisches. Der Supermarktbesitzer wird sich freuen, wenn Sie ihm das Obst noch für einen geringen Betrag abnehmen. Er spart sich die Entsorgung, und Sie sparen Geld. Übrigens: Ein hübsches Glas selbst gemachte Marmelade ist ein sehr persönliches und ausgesuchtes Mitbringsel für Freunde und Bekannte. Und zwei Fliegen mit einer Klappe schlagen Sie auch, denn Sie müssen sich nicht mehr den Kopf zerbrechen, was Sie mitbringen könnten.

Sparschäler
Bei gewissenhaften Sparern darf im Haushalt einer nicht fehlen: ein Sparschäler. Wie schon der Name sagt, können Sie mit ihm einiges sparen. Er wird zum Schälen von Obst und Gemüse eingesetzt und hat dabei gegenüber dem Schälen mit einem Messer den entscheidenden Vorteil, dass er nur sehr dünne Schichten der Schale abträgt. Sie

haben so wesentlich weniger Abfall und dafür umso mehr Gemüse oder Obst. Außerdem erleichtert es Ihnen die Arbeit in der Küche, und Sie sparen dabei sogar noch eine Menge Zeit. Achten Sie darauf, dass Sie sich ein gutes Modell anschaffen. Gute Sparschäler kosten in der Anschaffung etwas mehr, sie arbeiten aber wesentlich effektiver und halten länger.

Tee
Sparfüchse erkennt man an ihren guten Ideen. Es gibt nichts, was sie nicht durch einen raffinierten Trick noch effizienter machen und damit letztlich ein paar Euro sparen. So auch beim Tee. Sparfüchse kaufen nicht einfach irgendeinen Tee und trinken ihn. Nein, Sparfüchse kaufen nur lose Teeblätter und bevor sie sie mit heißem Wasser aufgießen, bearbeiten sie sie mit ihrer Küchenmaschine. Der lose Tee wird dadurch noch weiter zerkleinert und kann sein Aroma besser entfalten. Sie müssen folglich weniger verwenden, um einen schmackhaften Tee zu bekommen. Wenn Sie viel und häufig Tee trinken, können Sie auf diese Weise simpel Geld sparen. Mit diesem Trick können Sie auch Tee, der länger gelagert wurde, zu mehr Aroma verhelfen.

Thermoskanne
Wer viel Kaffee trinkt, der kocht sich in der Regel eine große Kanne und bedient sich über den Tag verteilt daraus. Das macht Sinn, da man nicht ständig Zeit verliert, um neuen Kaffee zu kochen. Viele tappen dabei aber in eine Sparfalle. Die meisten Menschen lassen den Kaffee nämlich einfach in der Maschine stehen. Die eingebaute Wärmplatte hält ihn dort warm. Sie verbraucht dafür aber auch Strom und damit Geld. Sinnvoller ist es also, den Kaffee direkt nach dem Kochen in eine Thermoskanne umzufüllen. Das spart Geld. Dort wird er nämlich ebenso warm gehalten, die Kanne verbraucht hierfür aber keinen Strom. Erwärmen Sie Wasser in einem Wasserkocher und füllen Sie es in die Thermoskanne, ehe Sie den Kaffee einfüllen. Die Kanne ist dadurch schon angewärmt, sodass der Kaffee nicht an Temperatur verliert.

Tiefkühlgemüse

Wer ehrlich ist, muss sich wohl eingestehen, dass er zu wenig Gemüse isst. Das wird den meisten so ergehen. Der Grund dafür liegt dabei meist gar nicht darin, dass Gemüse nicht schmeckt, sondern vielmehr darin, dass es aufwendig ist, Gemüse zuzubereiten. Sie müssen es waschen, die welken Blätter abzupfen, dann schälen, schneiden und letztlich kochen. Dabei vergeht viel Zeit, und es kostet Nerven. Wenn Sie aber trotzdem etwas Gutes und Gesundes für Ihren Körper (und Ihr Gewissen) tun wollen, setzen Sie auf Tiefkühlgemüse. Alte Vorurteile, dass Tiefkühlgemüse keine Vitamine enthält, sind heute längst widerlegt. Im Gegenteil: Tiefkühlgemüse ist im Vergleich zu Konserven oder lange gekochtem Gemüse sogar besonders vitaminreich. Und das Beste: Es ist schon fix und fertig geschält und geschnitten. Sie müssen es nur noch kochen. Das dauert nicht lange, schmeckt gut und ist gesund. Besonderer Bonus: Wenn Sie die Preise für frisches Gemüse mit der Tiefkühlware vergleichen, werden Sie sehen, dass es preislich kaum einen Unterschied gibt und dass Tiefkühlgemüse teilweise sogar günstiger ist.

Tischdekoration

Damit sich Gäste wohlfühlen, scheut man weder Kosten noch Mühen. Sparfüchse wissen sich aber schlauer zu helfen. Statt viel Geld für Deko-Artikel auszugeben, die man ja doch nur ein- bis zweimal verwendet, bedienen sie sich in Sachen Tischdekoration bei Mutter Natur. Denn die hat immer noch die schönsten Einfälle. Blätter und Zweige, hübsch um Teller und Gläser drapiert, sehen natürlich und schön aus. Je nach Jahreszeit kann man auch Nüsse, Kastanien, Muscheln oder duftende Frühjahrsboten wie Blüten oder Fliederzweige auf den Tisch legen. Das ist günstiger und umweltfreundlicher als gekaufte Dekoration aus Plastik.

Topfdeckel

Dass jeder Topf seinen Deckel hat, ist gut so. Denn das spart jede Menge Zeit und Geld. Denn wenn Sie etwas in einem Topf zum Kochen bringen möchten, sollten Sie unbedingt immer den Deckel fest verschlossen auf dem Topf lassen. Auf diese Weise kann die Wärme nicht entweichen, sondern bleibt im Topf und führt dazu, dass der Inhalt schneller warm wird. Dadurch sparen Sie Zeit, und das kurze Kochen kostet auch weniger Energie und damit weniger Geld. Es gibt doch nichts Schöneres als einen Topf mit passendem Deckel.

Trinkwasser

Der Körper braucht viel Flüssigkeit. Mindestens zwei Liter Wasser sollten Sie daher am Tag trinken. Das ist gesund, aber auch mühsam und teuer. Sie müssen ständig neues Wasser kaufen und die schweren Kisten nach Hause schleppen. Das ist zwar ärgerlich, aber noch lange kein Grund auf das gesunde, erfrischende Nass zu verzichten. Sparfüchse setzen hier auf Trinkwassersprudler. Sie müssen zwar zunächst Geld aufwenden, um eine solches Gerät anzuschaffen – auf lange Sicht rentiert sich diese Investition jedoch. Trinkwassersprudler sind Automaten, die Kohlensäure in Leitungswasser pumpen. Sie brauchen kein kohlensäurehaltiges Mineralwasser mehr zu kaufen (und zu schleppen), sondern können es leicht selbst herstellen. Informieren Sie sich vorher bei der Stadt, welche Qualität das Leitungswasser hat. In der Regel ist das Grundwasser sehr gesund und ebenso mineralhaltig wie gekauftes Wasser. Sie tun also Ihrem Körper etwas Gutes. Genau wie Ihrem Geldbeutel – und Ihren Nerven – und Ihrer Zeit.

Trockenes Brot

Brot schmeckt am besten, wenn es noch weich und saftig ist. Leider hält dieser frische Zustand nur wenige Tage. Danach beginnt das Brot schnell hart und trocken zu werden und schmeckt dann nicht mehr so gut. Sie können aber hart gewordenes Brot noch gut verwerten. Sie müssen nur so lange warten, bis es vollkommen trocken geworden ist und reiben es dann mit einer Küchenreibe zu kleinen Bröseln. So haben Sie einfach und günstig Paniermehl hergestellt. Übrigens: Das selbst gemachte Paniermehl eignet sich nicht nur zum Panieren von Fleisch oder Gemüse, sondern auch zum Ausstreuen einer Kuchenform. Der Kuchen lässt sich dadurch noch leichter herauslösen als bei herkömmlichem Mehl.

Trockenpilze
Ein Geheimtipp von Profiköchen sind Trockenpilze. Geben Sie ein paar davon in eine dunkle oder helle Soße, wird diese viel aromatischer und bekommt eine ganz besondere Note. Lecker! Das Problem an der Sache: Trockenpilze sind teuer. Wenn Sie trotzdem nicht auf ein gutes Aroma, aber auch nicht auf Ihr Geld verzichten möchten, gehen Sie so vor: Füllen Sie einfach die Trockenpilze in eine Pfeffer- oder Gewürzmühle, denn gemahlen geben die Pilze noch mehr Aroma ab als im Ganzen, und Sie verbrauchen eine geringere Menge. Sie bekommen also das volle Aroma zum halben Preis.

Verfallsdatum
Wenn Sie einkaufen gehen, sollten Sie nicht wahllos in die Regale greifen. Schließlich sind Supermärkte nach einem bestimmten System sortiert. Nur wer das kennt und durchschaut, kann Geld sparen. Ein gutes Beispiel dafür ist, dass die Ware nach ihrem Verfallsdatum in die Regale einsortiert wird. Die frische und länger haltbare Ware wird in die hinteren Reihen gelegt, die Ware mit einem zeitnahen Ablaufdatum liegt dagegen griffbereit vorne. Die Supermärkte möchten so erreichen, dass die Produkte, die bald ablaufen und damit schneller verkauft werden müssen, eher gekauft werden als die frische Ware. Diese Vorgehensweise sollten Sie im Kopf haben, wenn Sie etwas einkaufen wollen, das Sie vielleicht noch länger lagern möchten. Sie schonen Ihre Nerven, da Sie sich nicht über ein schnelles Ablaufdatum ärgern müssen und letztlich auch Geld, da Sie länger etwas von der Ware haben.

Vorkochen
Wenn Sie den Sonntag geschickt nutzen, können Sie in der kommenden Woche öfter mal ausspannen. Kochen Sie am Sonntag Ihre Mahlzeiten für die nächste Woche vor und frieren Sie diese portionsweise ein. In der Arbeitswoche müssen Sie dann morgens nur noch in

den Gefrierschrank schauen, was Sie am Abend essen möchten und können es schon morgens auftauen. Hierfür stellen Sie das eingefrorene Essen am besten in den Kühlschrank. Dort kann es langsam und schonend auftauen und Sie müssen es später nur noch warm machen. Sie sparen sich den Feierabendstress im Supermarkt und jede Menge Zeit, die Sie in die Entspannung am Abend investieren können.

Wasserkocher

Wenn man von einem stressigen Tag nach Hause kommt und einen riesigen Hunger hat, hat man meist keine Geduld zu warten, bis das Essen fertig ist. Es muss schnell gehen. Tatsache ist aber: Ehe das Wasser für Nudeln oder für Gemüse endlich kocht, vergehen gefühlt einige Stunden. Verkürzen Sie diese Zeit einfach, indem Sie das Wasser in einem Wasserkocher zum Kochen bringen. Das spart nicht nur jede Menge Zeit und Geld, sondern schont auch Nerven. Denn moderne Kocher kommen mit sehr wenig Strom aus, und im Vergleich zum Herd benötigen sie ohnehin nur die Hälfte der Zeit und so auch weniger Energie. Da sich diese Ersparnis auf Dauer im Geldbeutel bemerkbar macht, lohnt es sich, den Wasserkocher auch dann zu verwenden, wenn Sie es nicht eilig haben.

Weiche Chips

Bei einem gemütlichen Fernsehabend dürfen Chips nicht fehlen. Sie sind fast das Beste am ganzen Film, aber die Chips müssen frisch und knackig sein! Wenn Sie sich auf so einen Kuschelabend freuen, sind Sie umso enttäuschter, wenn Sie in die Chipstüte greifen und diese ganz weich geworden sind. Das ist zwar ärgerlich, aber noch lange kein Grund, sich den schönen Abend verderben zu lassen. Legen Sie die Chips einfach für circa zehn Minuten in den 140 Grad Celsius warmen Ofen. Durch das Backen wird den Chips Feuchtigkeit entzogen und sie werden wieder knackig. Außerdem schmecken sie warm besonders gut. Sie retten also Ihren Fernsehabend, schonen Ihre Nerven und sparen überdies Zeit und Geld, da Sie keine neue Chipstüte besorgen müssen.

Weinreste So feucht-fröhlich die Party auch war, ein paar Reste bleiben immer übrig. Vor allem in den Weinflaschen sind oft noch ein paar Schlucke drin. Es wäre schade, sie wegzukippen und auch unsinnig, denn Sie können sie sinnvoll verwerten: Hierfür frieren Sie die Weinreste in kleinen Portionen ein. Wenn Sie später eine Soße machen, müssen Sie nicht extra eine neue Flasche öffnen, sondern geben den Wein aus dem Tiefkühlfach in die Soße. Das spart Geld und ist praktisch, weil Sie immer einen Schuss Wein im Haus haben.

 Wochenmarkt Geschmacklich lohnt es sich auf dem Wochenmarkt einzukaufen. Abgesehen davon, dass das Einkaufserlebnis einfach mehr Spaß macht. Der Haken: Produkte, die auf dem Markt verkauft werden, sind manchmal teurer als im Supermarkt, kaufen Sie also taktisch ein: Besuchen Sie den Wochenmarkt kurz bevor er schließt. Denn dann verkaufen die meisten Bauern ihre Produkte günstiger, da sie den Aufwand scheuen alles wieder einzupacken und befürchten, dass die Ware zu Hause verdirbt und dann gar keinen Profit mehr abwirft. Feierabendware ist daher nicht schlechter. Sie ist schlichtweg nur günstiger.

Kontostand

	So viel könnten Sie sparen:	So viel haben Sie gespart:
Geld	141 × 🐷	
Zeit	62 × 🕐	
Nerven	86 × 🙂	

Haushalt und Garten

Absatzspuren

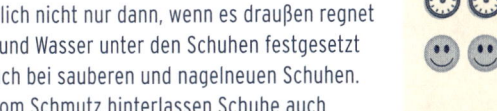

Die Schuhe vor der Tür auszuziehen, macht Sinn. Nämlich nicht nur dann, wenn es draußen regnet und sich Schmutz und Wasser unter den Schuhen festgesetzt haben, sondern auch bei sauberen und nagelneuen Schuhen. Denn abgesehen vom Schmutz hinterlassen Schuhe auch schwarze Streifen auf dem Fußboden. Diese Streifen stammen vom Absatz. Bleiben Sie am Boden damit hängen, löst sich etwas Gummi vom Hacken und es entstehen schwarze Linien – und jede Menge Arbeit. Um sich Letztere zu erleichtern, kennen Sparfüchse zum Glück einen Trick, der nicht nur die Nerven, sondern auch den Geldbeutel schont: Sie sparen sich die teuren Spezialmittel und entfernen die schwarzen Spuren einfach mit einem Radiergummi. Das funktioniert sicher, ist schnell, kinderleicht und schonend für den Boden.

Abtrocknen

Geschirrspülmaschinen sind eine Erfindung des Himmels. Nach einem stressigen Tag kochen Sie sich etwas Schönes, stellen das schmutzige Geschirr anschließend einfach in den Geschirrspüler, Klappe zu und eine gute Stunde später ist alles wieder ohne viel Mühe blitzblank. Aus Kosten- oder Platzgründen kann aber leider nicht jeder eine solche Luxus- maschine in seiner Küche unterbringen. Das ist zwar schade, aber kein Grund zum Verzagen. Denn auch ohne Geschirrspüler können Sie sich das Leben leichter machen. Sparen Sie sich einfach das Abtrocknen. An der Luft wird das Geschirr ebenso gut trocken und Sie sparen sich Zeit und schonen Ihre Nerven. Wichtig ist nur, dass Sie das nasse Geschirr nicht übereinander gestapelt trocknen lassen, sondern in sogenannten Abtropfgittern ordentlich und mit ausreichend Abstand zueinander aufstellen. Diese erhalten Sie günstig in jedem Super- oder Baumarkt. Das Geschirr können Sie darin aufrecht hinstellen, sodass das Wasser ablaufen kann ohne Wasserflecken zu hinterlassen.

Akkus
Batterien sind schneller leer als Sie schauen können. Und meistens sind die Batterien der Fernbedienung genau dann leer, wenn Sie gemütlich auf dem Sofa durchs Fernsehprogramm zappen wollen. Neue Batterien sind aber meist nicht im Haus und teuer sind sie auch. Sparfüchse haben ihre herkömmlichen Batterien deshalb gegen sogenannte Akku-Batterien getauscht. Diese sind wiederaufladbar und können daher öfter benutzt werden. Man spart sich also den Neukauf und damit bares Geld. Außerdem sind die Fernbedienungsbatterien im Nu wieder aufgeladen, und der Fernsehabend ist gerettet.

Alte Farbe
Wenn die Wohnung in neuem Glanz erstrahlen soll, genügt es oft schon, die Wände zu streichen. Frische Farbe lässt alles neu und sauber wirken. Außerdem sehen frisch gestrichene Räume viel größer und freundlicher aus. Also nichts wie ran – im Keller steht sicher noch ein alter Eimer mit Farbe. Nur leider sieht die Farbe darin unbrauchbar aus – alt, verklumpt und bröckelig. Damit die Farbe wieder schön flüssig wird, geben Sie einfach ein paar Tropfen Wasser hinzu und drücken sie durch einen alten Nylonstrumpf. Der Strumpf funktioniert dabei wie ein besonders feinmaschiges Sieb. Danach ist die Farbe wieder flüssig und gut streichbar. Und Sie sparen jede Menge Geld.

Ameisen
Ameisen sind klein, aber oho! Sie können einem den letzten Nerv rauben, vor allem, wenn sie ihre Straße

durch Ihr Wohnzimmer ziehen. Denn trotz ihrer geringen Größe sind uns die Mini-Insekten oft haushoch überlegen und lassen sich nur schwer bekämpfen. Die Bau- und Supermärkte bieten deshalb unzählige Anti-Ameisen-Mittel an – doch diese kosten oft mehr als sie bewirken. Sie zahlen also Unmengen an Geld und sind die frechen Krabbeltiere aber trotzdem nicht los. Einfacher und simpler ist Omas Trick: Sie streuen etwas Backpulver auf die Ameisenstraße und warten ab. Die Ameisen fressen das Pulver und implodieren regelrecht, da sich das Backpulver in ihren Mägen ausdehnt. Mit diesem Trick sind Sie die Ameisen sicher los und den Ärger gleich mit. Nur Ihr Geld bleibt, wo es sein soll – nämlich in Ihrem Portemonnaie, und außerdem ist diese Lösung umweltfreundlich.

Badezimmerspiegel

Spieglein, Spieglein an der Wand – warum bist du nur immer so beschlagen? Jeden Morgen das Gleiche: Sie kommen aus der Dusche und sehen sich nicht im Spiegel, da dieser komplett mit einer Dunstwolke verhangen ist. Bleiben Sie ruhig und schonen Sie Ihre Nerven, denn ein einfacher Trick schafft Abhilfe: Reiben Sie den trockenen Spiegel vor dem Baden oder Duschen mit Seife ein. Die Schlieren, die die Seife hinterlässt, polieren Sie am besten mit einem trockenen Tuch weg. So präpariert beschlägt der Spiegel nicht mehr. Nun kann es noch so dampfen – der Spiegel bleibt klar.

Batterien

Wecker, Radio, Fernbedienung, Spielzeugautos und, und, und! Wenn Sie die batteriebetriebenen Geräte in Ihrem Haushalt zählen, werden Sie aus dem Staunen nicht mehr herauskommen, wie viele es sind. Vor allem aber kommen Sie aus dem Bezahlen nicht mehr heraus, denn Batterien sind ungemein teuer. Schlaue Sparfüchse verlängern deshalb die Lebensdauer ihrer Batterien. Schwächelnde Batterien müssen Sie noch längst nicht gleich wegwerfen. Oft entlocken Sie ihnen noch etwas Kraft, indem Sie sie für ein paar Stunden auf die Heizung legen. So nutzen Sie die Energie effizient und verzögern den Kauf einer neuen Batterie. Auf das Jahr gerechnet spart das einiges an Geld und Zeit.

Besen
Es ist schon ärgerlich genug, wenn Ihnen etwas Wertvolles (zum Beispiel ein teures Glas) herunterfällt und Sie die Scherben wieder aufkehren müssen – noch mehr ärgern Sie sich aber, wenn außerdem der Besen nicht mehr richtig funktioniert, weil seine Borsten schon völlig abgenutzt sind. Wenn Besen häufig in Gebrauch sind, fransen ihre Borsten automatisch aus. Das kostet Zeit, Nerven und Geld, da Sie ständig neue Besen kaufen müssen. Sparfüchse kennen einen Trick, um die Lebensdauer eines Besens oder Schrubbers zu verlängern: Sie tauchen ihren Besen vor dem ersten Gebrauch einfach für circa zehn Minuten in eine Schüssel mit lauwarmem Salzwasser. Die Borsten werden so auf natürliche Weise imprägniert und widerstandsfähiger. Übrigens: Dieser Trick funktioniert auch mit Rattanmöbeln. Waschen Sie sie hin und wieder mit Salzwasser ab. Sie werden so robuster und witterungsbeständiger.

Bettbezüge
Kissen und Federbetten liegen sich mit der Zeit durch und sind dann nicht mehr so flauschig wie Frau Holle es einst vorgesehen hatte. Um sie wieder weich und schön sauber zu bekommen, waschen Sie sie in der Maschine (vorausgesetzt das Material sieht keine Reinigungspflicht vor) und geben ein paar Tennisbälle mit in die Trommel. Durch die Bälle werden die Federn aufgelockert und kleben nicht zusammen. Wenn aber auch das nicht mehr hilft, werfen Sie die Betten und Kissen nicht weg. Ihr Hund würde sich sicher freuen, wenn Sie ihm damit sein Körbchen weich auslegen. Beziehen Sie das Körbchen mit einem alten Bezug. So können Sie es durch regelmäßige Wäsche sauber halten. Hundedecken, die man in der Zoohandlung kauft, sind meist teuer und lassen sich nur im Ganzen waschen. Das ist aufwendig und zeitraubend. Schneller und günstiger sind alte Betten. Und Bello schläft künftig wie im Paradies.

Blumenwasser

Schnittblumen steigern erwiesenermaßen die Laune und sollen sogar positiv gegen kleinere Depressionen wirken. Allerdings ist es mit der guten Laune schnell wieder vorbei, wenn sich schon nach wenigen Stunden grüne Schlieren und trübe Substanzen im Blumenwasser bilden und die schöne Vase verdreckt ist. Meist handelt es sich dabei um alte Zellen, die sich aus den Stängeln der Blumen lösen und das Wasser trüb machen. Neben der unschönen Optik kippt durch die Partikel das Wasser auch schneller um, wird nährstoffarm und beginnt übel zu riechen. Die Blumen bekommen dadurch nicht genug Nahrung und welken schneller. Doch schlaue Sparfüchse wissen sich zu helfen: Statt teurer, chemischer Wasserzusätze aus dem Blumenhandel geben sie einfache ein Zehe Knoblauch ins Wasser. Die Knoblauchzehe enthält Öle, die das Wasser rein und die Blumen frisch halten. Und keine Sorge: Alles was Sie riechen werden, ist der frische Duft Ihrer Blumen. Sie sparen also Geld und den Ärger, weil Sie nicht ständig die grünen Partikel aus der Vase schrubben müssen.

Bohrlöcher

Kleines Loch, großer Ärger! Bohrlöcher in der Wand sehen nicht schön aus und werden spätestens dann zum Problem, wenn Sie aus einer Mietwohnung ausziehen wollen. Viele Mietverträge enthalten die Klausel, dass solche Spuren zu beseitigen sind und das kann aufwendig und teuer werden. In den Baumärkten gibt es zwar die verschiedensten Mittel, um solche Löcher zu kitten, aber in diesem Angebotsdschungel müssen Sie sich erst einmal zurechtfinden. Wenn Sie das geschafft haben, bekommen Sie jedoch an der Kasse einen Schrecken, denn die Kittmassen sind teuer. Deshalb gilt: Selbst ist der Mann bzw. der Mieter, denn Bohrlochkitt kann man leicht selbst machen. Einfach etwas Toilettenpapier zusammenrollen, in das Loch stopfen und das Ganze mit Zahncreme auffüllen. Nach dem Trocknen gut überstreichen und fertig! Den Weg zum Baumarkt und das Geld können Sie sich sparen.

Bügelbrett

Manche Leute vertreiben sich die Zeit beim Bügeln, indem sie nebenbei ihre Lieblingssendung im Fernsehen schauen oder ein Hörbuch einlegen. Wenn Sie sich aber auch damit das lästige Bügeln nicht versüßen können, sollten Sie wenigstens dafür sorgen, dass es schneller geht. Hierfür umwickeln Sie Ihr Bügelbrett einfach mit ein paar Lagen Alufolie. Die Folie speichert die Wärme und wirkt deshalb wie ein „Bügeleisen von unten". Die Wäsche wird also von beiden Seiten gleichzeitig gebügelt, auf diese Weise glatter und das Bügeln geht schneller. Mit diesem einfachen Trick sparen Sie also Zeit und Arbeit und werden obendrein noch mit perfekt gebügelter Kleidung belohnt.

Bügeleisen

Das Kleiderbügeln macht wohl niemandem Spaß. Noch weniger Gefallen findet man an der Tätigkeit aber dann, wenn das Bügeleisen nicht mehr so richtig gleiten will und damit das Glätten der Kleidung unnötig erschwert wird. In dem Fall gehört Ihr Bügeleisen wohl sprichwörtlich schon zum alten Eisen. Denn haben Bügeleisen bereits ein paar Jahre Glättungsdienst hinter sich, raut die Bügelfläche an und Rückstände lagern sich darauf ab, die das sanfte Dahingleiten behindern. Aber deshalb müssen Sie noch lange kein neues Eisen kaufen. Die bessere Lösung: Bügeln Sie mit dem Gerät ein paar Mal über ein Stück Alufolie. Auf diese Weise werden Rückstände entfernt und Ihr altes Eisen funktioniert wieder wie neu. Sie sparen Geld, und der Bügelvorgang geht ab sofort schneller, sodass Sie sogar wertvolle Zeit gewinnen.

Bügeln

Bügeln ist nicht unbedingt jedermanns Hobby. Umso ärgerlicher ist es, wenn sich die Bügelei stundenlang hinzieht, weil die Wäsche einfach nicht glatt werden will. Oft liegt es daran, dass sie bereits zu trocken ist. Es bügelt sich einfacher, wenn die Textilien noch leicht feucht sind. Leider ist es schwer, diesen Zeitpunkt immer genau abzupassen. Helfen Sie deshalb nach und feuchten Sie die Wäsche vor dem Bügeln an.

Am gleichmäßigsten geht das, wenn Sie Wasser in eine Pump-
flasche füllen und es so gleichmäßig über die Wäsche sprühen.
Sie müssen nicht befürchten, dass Sie die Kleidung feucht
in den Schrank legen, da durch die Hitze des Bügeleisens die
Feuchtigkeit verdunstet. Dafür geht das Bügeln jetzt schneller
und einfacher. Für einen frischen Wäscheduft können Sie in das
Sprühwasser ein paar Tropfen Weichspüler geben.

Deckenventilator In südländischen

Regionen dürfen Deckenventilatoren in keiner Wohnung fehlen,
aber auch in hiesigen Breitengraden sind sie eine sinnvolle
Anschaffung. Im Sommer wirbeln sie die gestaute Hitze auf und
sorgen für eine angenehme Kühle trotz Rekordtemperaturen.
Auch im Winter haben sie ihre Daseinsberechtigung, denn die
warme Luft, die von der Heizung ausgeht, steigt automatisch
nach oben. Machen Sie den Test und steigen Sie in einem geheiz-
ten Raum auf einen Stuhl. Sie werden deutlich spüren, dass
es oben wärmer ist als unten. Menschen, die zu kalten Füßen
neigen, bekommen dieses Phänomen besonders deutlich zu
spüren. Schlaue Sparfüchse schalten ihren Deckenventilator
daher auch im Winter hin und wieder ein, damit er die oben
angestaute Hitze kräftig durchwirbelt und die Wärme dadurch
gleichmäßig im Raum verteilt. Das ist nicht nur angenehm,
sondern freut auch den Geldbeutel. Wird nämlich die Wärme,
die sich an der Decke staut, effektiv genutzt, müssen Sie
auch weniger heizen und sparen Kosten. So schlagen Sie zwei
Fliegen mit einer Klappe.

Duschkopf Bei vielen Menschen startet der Tag

mit einer erfrischenden Dusche. Hier wachen sie erst so richtig
auf und fühlen sich frisch und munter für den Tag. Das Einzige,
was diese Laune trüben kann, ist die Tatsache, dass die meisten
Duschbrausen zu viel Wasser verbrauchen. Bis zu 10 Liter können pro Minute durch den Duschkopf fließen. Das ist nicht nur
teuer und nicht umweltfreundlich, sondern auch unnütz. Denn

inzwischen gibt es in jedem Baumarkt sogenannte Spardusch-
köpfe. Bei ihnen ist der Wasserverbrauch deutlich geringer,
ohne dass sie dadurch weniger komfortabel wären. In der Regel
erreichen sie den gleichen Wasserdruck wie normale Dusch-
köpfe, da der Wasserstrahl mit Sauerstoffteilchen angereichert
wird. In Zukunft können Sie Ihren morgendlichen Schauer also
mit gutem Gewissen und vollem Geldbeutel genießen.

Duschkopf reinigen Duschköpfe
neigen zum Verkalken, wie alles, was mit Wasser in Berührung
kommt. Oft merken Sie das daran, dass das Wasser nicht mehr
wie gewohnt in einem Strahl fließt, sondern in alle Richtungen
spritzt. Das ist nervenraubend und kostspielig, da Sie automatisch mehr Wasser verbrauchen. Es ist daher wichtig, dass Sie
Ihren Duschkopf regelmäßig reinigen. Allerdings sollten Sie
dabei auf spezielle Entkalkungsmittel verzichten, denn diese
kosten viel Geld und sind nicht notwendig. Ihren Duschkopf
bekommen Sie auch mit einem simplen Trick schnell und günstig sauber: Sie müssen ihn einfach nur abschrauben und über
Nacht in heißem Essig einlegen und danach den Kopf mit einer
Bürste bearbeiten. Der Kalk sollte jetzt restlos entfernt sein.

Duschvorhang Obwohl Duschvorhänge oft
mit Wasser in Berührung kommen, werden sie eines Tages
schmutzig, und das hat zwei Nachteile: Duschvorhänge sind
nicht nur eine Schmutz-, sondern auch eine Bakterienfalle.
Wenn Sie jetzt schon losgehen wollen, um einen neuen Duschvorhang zu kaufen, können Sie sich wieder entspannt zurück-
lehnen. Der Neukauf ist nicht nötig, denn die meisten Duschvorhänge können Sie auch ganz leicht in der Waschmaschine
waschen. Bei 40 Grad Celsius werden sie so sauber wie neu.
Tipp für zwischendurch: Wenn Sie ohnehin gerade das Badezimmer reinigen, können Sie auch den Duschvorhang mit
etwas Badreiniger besprühen und anschließend mit Wasser abwaschen. So werden die Vorhänge auch wieder sauber.

Duschvorhang imprägnieren

Duschvorhänge kommen viel mit Wasser in Berührung. Durch die Feuchtigkeit und die Wärme, die sich auf ihnen absetzt, kann es leicht geschehen, dass sich Schimmel bildet. Graue Schimmelflecken sehen aber nicht nur unschön aus, sie können auch anfangen unangenehm zu riechen und sind unhygienisch. Wenn Sie die Duschvorhänge deshalb ständig wechseln müssen, geht das nicht nur auf die Nerven, sondern kostet auch viel Geld. Schlaue Sparfüchse beugen daher vor: Sie legen ihren Duschvorhang vor dem ersten Gebrauch einfach in lauwarmes Salzwasser. Zum Nachmachen: Füllen Sie Ihre Badewanne einfach mit warmem Wasser halbvoll, geben Sie vier Tassen Salz hinzu und legen Sie den gesamten Vorhang so hinein, dass er gut mit Wasser bedeckt ist. Nach circa 20 Minuten holen Sie den Vorhang heraus und lassen ihn trocknen. Salz hat eine desinfizierende Wirkung und verhindert, dass sich Bakterien und Schimmel am Vorhang absetzen. Der Duschvorhang bekommt dadurch eine längere Lebensdauer – genau wie Ihr Geld.

Einbauschränke

Wenn Sie gerade ein Haus bauen oder vorhaben, zu Hause zu renovieren, sollten Sie von Anfang an ein paar Kleinigkeiten beachten, die wenig Aufwand kosten – und jede Menge Geld sparen. Besonders über Aufbewahrungssysteme lohnt es sich nachzudenken. Wenn Sie ohnehin neu bauen, sollten Sie überlegen, ob Sie statt normaler Schränke nicht lieber Einbauschränke wählen. Denn durch geschickt verbaute Elemente nutzen Sie den vorhandenen Raum optimal aus und sparen jede Menge Platz und vor allem jede Menge Geld. Denn die Einbauschränke bilden an der Wand eine zusätzliche Isolierschicht. Der Raum wird besser warm gehalten, Sie müssen weniger heizen und verbrauchen so auch weniger Energie .

Einfrierboxen

Wenn Sie schon einmal auf einer sogenannten Haushaltsparty waren, wissen Sie, wie ungemein praktisch diese kleinen, hübschen Plastikwaren einschlägiger Hersteller sind. Besonders Einfrierboxen erfüllen ihren Zweck, denn sie sind handlich, sauber und bringen Übersicht und Ordnung ins Gefrierfach. Eines sind sie aber außerdem: teuer. Schlaue Sparfüchse verzichten daher auf die hochgepriesene Markenware und schaffen sich ihre eigene Alternative: Sie sammeln einfach Plastikverpackungen von Salaten, Eis, Quark oder eben allem, was einen Plastikbecher mit verschließbarem Deckel besitzt. Diese Schalen eignen sich ebenso gut zum Einfrieren und sind auch im restlichen Haushalt echte Helfer. Zum Beispiel, wenn Sie Gästen Reste des Gekochten mitgeben wollen. Oft ist es mühsam, das eigene Geschirr dafür mitzugeben. Besser und sauberer sind Ihre gesammelten Verpackungen. Das spart Geld und ist außerdem umweltfreundlich, da keine unnötigen Plastiksachen angeschafft, sondern alte Verpackungen sinnvoll weiterverwendet werden. Und zu den tollen Haushaltspartys können Sie ja trotzdem gehen!

 ## Eisschrank
Von der Klimakatastrophe ist in manchem Eisschrank rein gar nichts zu spüren. Denn während in der Antarktis die Eisberge immer kleiner werden, hören sie in dem Gefrierschrank gar nicht mehr auf zu wachsen. Zentimeterdicke Eisschichten an den Wänden und Decken sind typisch für die Kühlfächer unserer Breitengrade, ein Grund zur Freude sind sie allerdings nicht. Denn sie nehmen nicht nur unnötig Platz weg. Die dicken Eisbeläge fressen auch unnötig viel Strom und damit bares Geld. Der Eisschrank muss eine zusätzliche Kühlleistung aufbringen, um diese Eisklumpen am Leben zu erhalten, obwohl sie eigentlich überhaupt nicht notwendig sind. Wenn Sie also Geld sparen wollen, tauen Sie Ihr Gefrierfach regelmäßig ab und entfernen Sie die Eisbeläge an den Wänden. Ihre Stromrechnung wird es Ihnen danken und mehr Platz im Kühlschrank haben Sie außerdem. Wenn der Gefrierschrank ohnehin schon abgetaut ist, sollten Sie die Gelegenheit nutzen und ihn säubern. Wischen Sie ihn dafür am besten mit

Essigwasser aus – das wirkt desinfizierend und beugt Schimmel und Bakterien vor.

Energiesparlampen

Die Bundesregierung mahnt oft genug, dass die Deutschen zu viel Strom verbrauchen. Das kostet nicht nur viel Geld, sondern ist auch sehr schädlich für die Umwelt. Dabei ist es gerade beim Thema Strom so leicht, mit einfachen Maßnahmen jede Menge Energie und damit Geld zu sparen. Zum Beispiel können Sie alle Glühbirnen im Haus gegen Energiesparlampen tauschen. In der Anschaffung sind diese teurer, im Unterhalt bieten sie aber viele Vorteile. Zum einen verbrauchen sie bis zu 60 Prozent weniger Strom, zum anderen haben sie eine längere Lebensdauer als normale Lampen. Sie sparen nicht nur das Geld für den unnötigen Stromverbrauch, sondern müssen auch seltener Ersatzbirnen kaufen. Das freut das Portemonnaie – und die Umwelt erst recht.

Fensterputzen

Das Schönste am Frühling ist, wenn die ersten Sonnenstrahlen durch die Fenster blitzen und die vom Winter gebeutelte Haut mit Wärme liebkosen. Die Freude vergeht einem allerdings dann, wenn man sieht, wie dreckig die Fenster sind – und wie teuer Glasreiniger ist. Die bessere Lösung, um simpel und günstig die Fenster sauber zu bekommen, ist Haarshampoo. Geben Sie einen Klecks Haarwaschmittel in lauwarmes Wasser, reinigen die Scheiben, reiben mit einem trockenen Tuch gut nach, fertig! Auf diese Weise können Sie sich teuren Glasreiniger wunderbar sparen. Die Lösung mit dem Shampoo ist nämlich auch deshalb günstiger, weil Sie weniger davon brauchen.

Flaschen säubern

Flaschen, die einen Schraubverschluss haben, können Sie gut wiederverwenden. Sie wegzuwerfen wäre daher eine Verschwendung. Der einzige Haken: Die Reinigung von Flaschen ist oft schwierig. Es gibt zwar spezielle Bürsten, die sehr lang und dünn sind und so bis tief in die Flasche reichen, doch auch damit gestaltet sich die

Reinigung oft schwierig, da man nicht in alle Ecken kommt. Schlaue Sparer wissen, wie man auf solche Bürsten verzichten kann, die Flaschen aber trotzdem sauber bekommt und dabei sogar noch seine Nerven schont: Sie geben einfach einen Esslöffel Reis und einen kleinen Schuss Wasser in die leere Flasche, schrauben die Flasche zu und schütteln dann alles kräftig durch. Die Reiskörner reiben durch das Schütteln an den Wänden der Flasche und reinigen sie gründlich. Das kostet weder Geld, noch Nerven oder Zeit – nur ein bisschen Kraft.

Fliesen

Auf den ersten Blick scheint es keine große Kunst zu sein, einen Haken für Handtücher in die Badezimmerwand zu bohren. Ist es an sich auch nicht – es sei denn, die Wand ist gefliest. Dann ist Ärger quasi vorprogrammiert. Das Bohren von Fliesen ist eine heikle Angelegenheit, denn diese neigen dazu zu zerspringen. Vor allem, wenn Sie in einer Mietwohnung leben, müssen Sie für den Schaden haften. Und das bedeutet nicht nur Kosten, sondern auch Stress. Am besten ist es daher, wenn Sie nicht in die Fliesen bohren, sondern in die Fugen zwischen den Fliesen. Der Haken hält hier ohnehin besser und Fliesen oder Fugen kommen dabei nicht zu Schaden. Außerdem lässt sich das entstandene Loch leicht wieder mit Spachtelmasse kitten, wenn Sie an dieser Stelle später doch keinen Haken mehr haben wollen. Das schont die Nerven und spart Geld. Manchmal lässt es sich aber leider nicht vermeiden, dass Sie in die Fliesen bohren müssen. In diesem Fall ersparen Sie sich eine Menge Stress und Geld, wenn Sie folgenden Trick beachten: Kleben Sie an die Stelle, an der Sie bohren, einfach ein Pflaster. Wenn Sie hier den Bohrer ansetzen, haftet er besser und rutscht nicht ab. Die Fliese zerspringt nicht so schnell und das Bohrloch wird sauber und ordentlich.

Frische Blumen

Wenn frische Schnittblumen die Köpfe hängen lassen, macht das auch ihre Besitzer traurig. Oft halten die Blumen nur wenige Tage. Das ist besonders ärgerlich, weil ein schöner Strauß auch viel Geld kostet. Wenn Sie länger etwas von Ihrem Blumengruß haben möchten, gönnen Sie ihm eine Vitalkur – denn was Sie fit macht, hilft bei Blumen erst recht. Geben Sie einfach eine Aspirintablette und ein paar Spritzer Zitronensaft ins Blumenwasser – das war's. Was wie eine Erkältungskur klingt, macht auch kränkelnde Blumen wieder frisch. Der Grund liegt hierin: Aspirin hilft der Blume dabei, das Wasser besser aufzusaugen. Die Pflanze wird auf diese Weise besser ernährt und hält länger. Schneiden Sie die Stängel der Blumen außerdem immer schräg ab. So verhindern Sie, dass der Stängel derart auf dem Boden der Vase aufliegt, dass die Pflanze kein Wasser mehr durch die Schnittstelle ziehen kann.

Fugenreiniger

Die Fugen zwischen den Fliesen im Bad oder in der Küche sind häufig Sammelstellen von Bakterien und Schmutz, denn sie sind oft mit einer Spachtelmasse gefüllt, die eine sehr raue Oberfläche hat, sodass Schmutz und Co. sich hier leicht festsetzen können. Spezielle Fugenreinigersprays lösen zwar das Problem – sind aber oft auch sehr teuer. Ebenso effektiv, aber dafür günstiger, bekommen Sie das Problem in den Griff, wenn Sie aus einem Päckchen Backpulver und ein wenig Wasser einen Brei anrühren und das Ganze mit einer alten Zahnbürste in die Fugen reiben. Das Backpulver sprengt hartnäckige Rückstände regelrecht weg und säubert die Fugen zuverlässig. Wenn alle Fugen behandelt sind, wischen Sie die Wand mit einem feuchten Tuch gründlich ab. Danach sehen die Kacheln aus wie neu verfugt – und das ohne viel Arbeit, Zeit und Kosten.

Fußboden

Mit Fußböden ist es wie mit Haaren: Waschen allein genügt nicht. Durch Shampoos werden die Haare zwar sauber. Gesund und glänzend sehen sie aber erst aus, wenn Sie ihnen regelmäßig eine Kur gönnen. Das ist mit Kunststoff- und Steinfußböden ähnlich: Sie werden durch regelmäßiges Wischen zwar sauber, ihr Aussehen wird mit der Zeit aber auch stumpf. In den Supermärkten sind die Regale daher voll mit Polituren, die zwar den gewünschten Glanz für den Boden bringen, aber den Geldbeutel nicht freuen. Sparen Sie sich diese Spezialpolituren und geben Sie stattdessen eine Kappe Weichspüler ins Putzwasser. Der Weichspüler ummantelt den Boden mit einer glänzenden Schicht, ist aber wesentlich preiswerter. Sie sparen also Geld, Zeit, da Sie keine Politur kaufen müssen, und außerdem Platz im Putzschrank, da Sie nicht tausend Spezialmittel herumstehen haben. Besonderer Bonus: Der Weichspüler verströmt einen angenehmen Duft in Ihrer Wohnung.

Gefriertruhe
Eisschränke und Gefriertruhen sind zwar praktisch, aber leider auch Energiefresser und damit teuer im Unterhalt. Verzichten müssen Sie deshalb trotzdem nicht auf sie. Sparfüchse kennen einen Trick, wie man den Stromverbrauch seines Kühlgeräts gering halten kann. Sie bauen ihre Gefriertruhen einfach im Keller auf. Die Kellerräume sind in der Regel schon von Natur aus kühl. Für die Gefriertruhen bedeutet das, dass sie weniger Energie aufbringen müssen, um die Temperatur in ihrem Inneren gering zu halten. Es macht aber nicht nur aus Kostengründen Sinn, die Truhe in den Keller zu stellen, sondern bringt auch aus Platzgründen einen erheblichen Vorteil.

Geschirrspüler
Ein Geschirrspüler erleichtert nicht nur die Arbeit, sondern leider auch das Portemonnaie, da die Spülgänge unheimlich viel Wasser verbrauchen. Sparfüchse verzichten deshalb zwar nicht auf den Luxus einer Spülmaschine – sie haben aber gelernt, sie möglichst effektiv zu nutzen und damit den Wasserverbrauch gering zu halten. Schließlich freut das nicht nur ihren Geldbeutel, sondern auch die Umwelt. Der Trick ist folgender: Sie versuchen den Platz im Geschirrspüler möglichst gut zu nutzen und die Maschine so voll wie möglich zu beladen. Aus diesem Grund hat es Sinn, größere Gegenstände wie Töpfe und Pfannen von Hand abzu-

waschen, da sie viel Platz im Geschirrspüler wegnehmen. Es lohnt sich mehr, diesen Platz für viele kleine Gegenstände wie Gläser und Schälchen zu nutzen. Stellen Sie den Geschirrspüler auch unmittelbar nach dem Essen an. Die Speisereste sind noch nicht angetrocknet und lassen sich leichter abspülen. Es genügt daher vollkommen, ein Kurzwaschprogramm zu wählen. Das spart nicht nur Wasser, sondern auch Zeit.

Gläser

Im Haushalt verstecken sich so einige Tücken, die Ihnen ganz schön auf die Nerven gehen können. Ein bekanntes Beispiel sind Gläser, die Sie aus Platzgründen ineinander gesteckt in den Schrank geräumt haben. Versuchen Sie, sie wieder zu trennen, passiert meist gar nichts – die Gläser haften einfach fest aneinander. Ein gewaltsamer Trennungsversuch könnte die Gläser zerstören und lohnt sich daher nicht. Behalten Sie also lieber die Nerven und versuchen Sie es mit einem simplen Sparfuchstrick: Stellen Sie die zusammengeklebten Gläser in eine Schüssel mit kaltem Wasser und füllen Sie heißes Wasser in das obere Glas. Sie werden sehen: Die Gläser lassen sich im Nu kinderleicht voneinander lösen. Damit wäre nicht nur den Gläsern geholfen – sondern vor allem auch Ihren Nerven.

Haustierhaare

Hunde und Katzen sind bekanntlich die besten Freunde des Menschen. Das Einzige, was die Harmonie zwischen Mensch und Tier gelegentlich ins Wanken bringt, sind die vielen kleinen Haare, die unsere Lieblinge auf vier Pfoten überall im Haus verteilen. Besonders Polstermöbel sind oft voller Haare und lassen sich nur mühsam wieder von den Borsten befreien. Sich ärgern bringt leider herzlich wenig. Schreiten Sie lieber gleich zur Tat und säubern Sie Ihre Möbel mit einem mühelosen und günstigen und nervenschonenden Trick: Reiben Sie die Möbel mit einem alten, in Wasser getauchten Nylonstrumpf ab. Die Haare bleiben daran kleben und lassen sich nun leicht von Sofa und Co. entfernen. Anschließend können Sie wieder ausgiebig mit Bello oder Mieze kuscheln.

Heizung

Besonders Bewohner von Altbauten kennen das Problem: Sie heizen und heizen und trotzdem wird es nicht kuschelig warm, obwohl die Heizung schon auf höchster Stufe steht. Oft liegt der Grund in der Isolierung der Wände. Alte Häuser sind schlecht isoliert und durch die Wände dringt jede Menge Wärme nach außen und geht so einfach verloren. Heizungsluft und vor allem Heizkosten verpuffen regelrecht. Mit Omas Alufolientrick können Sie diesem Phänomen entgegenwirken: Verkleiden Sie dafür einfach die Rückwand hinter der Heizung mit Alufolie. Wenn Sie genug Platz zwischen Heizung und Wand haben, können Sie außerdem noch eine große Pappe in diesen Zwischenraum legen. Durch die Folie kann keine Wärme entweichen. Im Gegenteil: Die warme Luft wird abgestrahlt und gelangt in den Raum. Niemand muss mehr frieren, und Sie schonen Ihren Geldbeutel. Genial!

Herd

Es ist schon stressig genug, wenn die Kartoffeln mal wieder übergekocht sind. Wenn Sie anschließend aber auch noch den Herd sauber machen müssen, liegen die Nerven blank. Denn übergekochtes Essen brennt sich regelrecht in die Herdplatte ein und ist nur mühsam wieder wegzubekommen. Versuchen Sie besser nicht, die Reste mit einem stumpfen Messer zu entfernen – das hinterlässt nur unschöne Kratzer und ist vor allem überhaupt nicht nötig. Es gibt nämlich eine schnelle, günstige und einfache Möglichkeit, eingebrannte Rückstände von den Herdplatten zu entfernen. Warten Sie einfach, bis die Platten abgekühlt sind und streuen Sie dann ordentlich Salz auf die betroffenen Flächen. Rubbeln Sie dann so lange mit einem feuchten Tuch auf der Schmutzstelle, bis sich die Reste lösen. Sie werden sehen: Im Nu ist die Herdplatte wieder sauber. Das schont die Nerven, geht schnell und teuer ist es auch nicht.

Hygienisch waschen

Der Geruch, der durch Schweiß in der Kleidung entsteht, wird von Bakterien verursacht. Normalerweise lassen sich diese durch das Waschen entfernen – allerdings nur dann, wenn die Wäsche mindestens 60 Grad Celsius heiß ist. Bei Waschgängen, die kälter sind, werden die hartnäckigen Bakterien nicht abgetötet. Um auch bei einer 40-Grad-Wäsche hygienisch rein zu waschen, bieten viele Hersteller spezielle Hygienespüler an. Diese Mittel sind zwar wirkungsvoll, aber leider auch teuer. Günstiger ist es, wenn Sie stattdessen ein normales Desinfektionsmittel nehmen, welches Sie zusammen mit Weichspüler in die entsprechende Spülkammer geben. Es wirkt genauso wie ein Spezialmittel, ist dabei aber günstiger. Auf diese Weise werden Sie Gerüche und Bakterien los, ohne viel zu bezahlen.

Jalousien

Es ist ein Teufelskreis: Wenn Sie im Sommer die Jalousien vor dem Fenster herunterlassen, schützen Sie Ihre Augen vor zu hellem Licht und außerdem vor dem unschönen Anblick des viel zu lange nicht mehr geputzten Fensters. Dafür bekommen Sie aber den Anblick der dicken Staubschicht, die sich gut sichtbar auf den Jalousien abgesetzt hat, zu sehen. Staub wird besonders von Kunststoffjalousien so schnell angezogen wie Motten vom Licht. Selbst wenn Sie gerade erst geputzt haben, hat sich im Nu wieder eine Staubschicht gebildet. Zum Glück gibt es einen simplen Trick, wie Sie sich diesen Ärger und Aufwand sparen können. Jalousien aus Kunststoff laden sich weniger statisch auf und ziehen auch nach der Reinigung nicht sofort wieder Staub an, wenn Sie die einzelnen Lamellen mit einem in etwas Weichspüler getränkten Tuch abwischen. Sie sparen sich Ärger und haben ein kostengünstiges Mittel gefunden. Netter Nebeneffekt: Der Weichspüler hinterlässt einen frischen Duft auf den Jalousien, der sich sanft im Raum verteilt.

Jeans

Neue Jeans machen Freude. Allerdings meist nur so lange, bis Sie sie das erste Mal gewaschen haben. Denn neue Jeans neigen zum Abfärben. Den Jeans selbst macht das zwar nicht viel aus, aber den anderen Kleidungsstücken, die mit in der Maschine gewaschen werden. Diese haben jetzt alle einen unschönen Blauschleier. Waschen Sie neue Jeans daher nur gemeinsam mit dunklen Sachen oder am besten nur zusammen mit anderen Jeans. Das schont Ihre Nerven. Netter Nebeneffekt: Die älteren Jeans, die mitgewaschen werden, bekommen etwas von der neuen Farbe ab und werden auf diese Weise in ihrer ausgewaschenen Couleur wieder aufgefrischt. So schlagen Sie zwei Fliegen mit einer Klappe – und den Ärger in den Wind.

Kalklöser

Wo Wasser ist, da ist auch Kalk. Die weißen, krustigen Ränder lassen sich beim besten Willen nicht vermeiden. Besonders anfällig für Kalkränder sind die Heizspiralen des Wasserkochers. Weißverkalkte Kocher sehen nicht nur unschön aus, sondern werden auf Dauer auch schwächer in ihrer Leistung. Das regelmäßige Entfernen von Kalk ist daher sinnvoll. Aber auch teuer. Jedenfalls dann, wenn Sie spezielle Reinigungstabs verwenden. Diese kosten viel Geld und Zeit, da ein solcher Angebotsüberfluss besteht, dass Sie meist überhaupt nicht wissen, welches Produkt Sie nehmen sollen. Sparen Sie sich diesen Ärger und das Geld und verwenden Sie ein altes Hausmittel: Essig! Geben Sie einen guten Schuss Essig in den Wasserkocher, füllen Sie das Ganze mit Wasser auf und lassen Sie diese Mixtur eine Stunde stehen. Danach hat sich der Kalk gelöst und Sie können ihn leicht ausspülen.

Kalkreiniger

Kalkränder, die sich in der Dusche und im restlichen Bad gebildet haben, sehen unschön aus und wollen daher schnell beseitigt werden. Im Ärger über die Ränder greifen viele daher zur Scheuermilch. Sie ist aber denkbar ungeeignet für Kalkflecken. Denn dort wo sich Kalkflecken absetzen, ist meist auch Metall in der Nähe. Chrom oder andere Metallflächen sollten jedoch niemals mit Scheuermilch behandelt werden, da ihre Partikel die Oberfläche des Metalls anrauen und sich Kalk auf dieser groben Stelle in Zukunft noch besser absetzen kann. Außerdem neigt vor allem Chrom dazu, im Laufe der Zeit durch das Scheuern stumpf und glanzlos zu werden.

Sparen Sie sich daher die Schrubberei mit Scheuermilch und setzen Sie auf einen sanfteren, aber ebenso effektiven Kalklöser: Konzentrierte Zitronensäure. Sie löst die Rückstände im Nu - und das ganz ohne Schrubben. Sie sparen Arbeit und Zeit, da Sie nicht mehr Schrubben müssen und außerdem müssen Sie kein Geld für teure Spezialmittel ausgeben.

Karaffen Alte Zierkaraffen von Oma machen richtig

was her: Sie sehen hübsch und prunkvoll aus und verleihen auch modernen Wohnungen das gewisse Etwas. Besonders schön sehen sie vor allem dann aus, wenn Sie sie mit farbigen Ge- tränken oder Flüssigkeiten befüllen. Bevor das passieren kann, müssen Sie die alten Karaffen aber erst gründlich reinigen, da sie im Laufe der Zeit oft muffige Gerüche angenommen haben. Das mit dem Reinigen ist leichter gesagt als getan, weil Sie meist mit einer Bürste nur schwer bis in die Tiefe der Karaffen kommen. Verlieren Sie deshalb nicht den Mut - es gibt einen Trick, um die Krüge zu säubern. Besorgen Sie sich ein paar Kohletabletten aus der Apotheke und lösen Sie sie in Wasser auf. Das Ganze gießen Sie dann in die Karaffe und lassen es einige Tage stehen. Danach waschen Sie die Karaffe mit Wasser aus, und das war es schon. Der Geruch ist verschwunden, und die Karaffe sieht jetzt nicht nur schön aus, sondern riecht auch gut.

Katzenstreu Katzen haben als Haustiere einen

entscheidenden Vorteil: Sie sind sehr selbstständig. Sie müssen nicht ständig Gassi gehen, sondern sie holen sich ihren Auslauf selbst und, was noch besser ist, sie erledigen auch ihr Geschäft selbstständig. Dabei sind sie äußerst reinlich und benutzen meistens brav ihr Katzenklo. Alles, was Herrchen oder Frauchen machen müssen, ist die Katzenstreu regelmäßig zu wechseln. Und sie zu bezahlen. Und genau da liegt das Problem. Damit keine unangenehmen Gerüche entstehen, ist es notwendig, die Streu regelmäßig auszutauschen und das geht auf die Dauer ins Geld. Sparfüchse sind schlauer und sparen sich das Geld, indem sie die Streu mit normalem Sand, den es günstig im Baumarkt gibt, mischen. Die Streumischung saugt die Geschäfte der Katze ebenso effektiv auf wie herkömmliche Streu und ist günstiger. Auch hält der Sack Katzenstreu jetzt viel länger.

Kaugummi

Wenn andere Leute mit ihrem Kaugummi schmatzen, kann einen das auf die Palme bringen. Noch mehr ärgert man sich aber über Kaugummis, die jemand in den Teppich eingetreten hat. Dort sind sie besonders zäh und schwierig zu entfernen. Es gibt zwar spezielle Entfernungsmittel, die den Kaugummi entfernen und damit die strapazierten Nerven beruhigen sollen, doch diese sind meistens so teuer, dass Sie schließlich doch die Nerven verlieren. Jetzt heißt es ruhig bleiben und wie folgt vorzugehen: Sie legen auf den eingetretenen Kaugummi einen Eiswürfel und warten, bis dieser so hart geworden ist, dass er langsam zu bröckeln beginnt. Diese Bröselmasse können Sie mit einem stumpfen Messer abkratzen und die Reste mit dem Staubsauger entfernen. So sparen Sie Zeit und Geld.

Kerzen

Mit Kerzen und Teelichtern zaubern Sie Romantik in jedes Wohnzimmer. Ein so stimmungsvolles Licht wie eine Kerze verströmt, kann keine Lampe der Welt erzeugen. In Sachen Kerzen gilt daher die Strategie: „Da darf's ruhig ein bisschen mehr sein" Soll heißen: Viele Kerzen bringen auch viel Romantik. Einziger Haken: So ein Kerzenmeer kostet auch jede Menge Zeit und Geld, da die kleinen Stimmungsmacher im Nu abgebrannt sind und ausgetauscht werden wollen. Sparfüchse kennen dieses Problem und lösen es mit einem simplen Trick: Sie legen die Kerzen, bevor sie sie anzünden, für etwa eine Stunde in den Gefrierschrank. Dadurch kühlt und härtet sich das Wachs, sodass es sich schwerer und langsamer erwärmt und später schmilzt. Die Kerze hat also eine längere Brenndauer, und Sie haben länger etwas von der kuscheligen Romantikstimmung. Das macht Laune, und Sie haben außerdem ein paar Euro mehr in der Tasche.

Kerzenleuchter

Große, pompöse Kerzen-ständer machen in jeder Wohnung etwas her. Wenn sie aller-dings von Wachsspuren übersät sind, verlieren sie schnell ihre Pracht. Leider geschieht das schneller als einem lieb ist. Das Wachs der Kerzen rinnt aus, setzt sich am Kerzenständer fest und ist dann nur noch schwer zu entfernen. Sparfüchse kennen einen Trick, wie sie sich diesen Ärger sparen und jede Menge Nerven schonen und ihre Kerzenständer mit Leichtigkeit wieder blitzblank bekommen. Sie wickeln die Kerzenständer in Alufolie ein und legen sie dann bei circa 180 Grad Celsius für zehn Minuten in den Backofen. Das Wachs beginnt zu schmelzen und lässt sich leicht mit einem Küchenpapier abwischen. Zum Vor-schein kommt der hübsche Leuchter in seiner vollen Pracht.

Klaviertasten

Auch wenn es nichts am Klang ändert, Ihre Laune lässt es garantiert nicht ungetrübt: Vergilbte Klaviertasten sehen unschön aus und stören deshalb beim Spielen. Bevor Sie aber die Lust am Klimpern verlieren, greifen Sie lieber zu einem alten Sparfuchstrick: Reinigen Sie die Tas-ten, indem Sie reinen Spiritus (gibt es im Baumarkt) auf ein Tuch geben und die Tasten damit abreiben. Anschließend wischen Sie alles mit einem feuchten Tuch nach – und tata! Die Tasten strahlen wieder weiß und wollen unbedingt betätigt werden.

Kleiderbügel

Sie kennen das bestimmt: Da machen Sie sich die Mühe und hängen alle Kleider und Blusen fein säuberlich auf Kleiderbügel und dann rutschen sie ständig herunter und liegen zerknüllt auf dem Boden des Kleiderschranks. Sie dürfen mit dem Aufhängen von vorne beginnen. Eine Lö-sung für dieses Problem bieten besonders hochwertige Kleider-bügel, deren Enden mit Gummi überzogen sind. Leider sind diese Spezialbügel oft auch teuer. Und da Sie in der Regel viele Bügel brauchen, geht es an keinem Portemonnaie spurlos vorbei, wenn Sie sich diese Luxusbügel anschaffen. Zum Glück gibt es aber auch eine Lösung, die Ihr Geldbeutel tolerieren wird: Nehmen Sie einfach Ihre herkömmlichen Kleiderbügel und umwickeln Sie die Enden mit ein paar Gummibändern. Auf diese Weise können Sie Kleider am Rutschen hindern, ohne viel Geld auszugeben oder Ihre Zeit und Nerven zu strapazieren.

Kleintierstreu
Auch wenn die Kleinen hoch und heilig versprochen haben sich um Hamster, Meerschweinchen und Co. zu kümmern – das Saubermachen bleibt letztlich an den Erwachsenen hängen. Und das ist nicht nur zeitaufwendig, sondern auch teuer. Um zu verhindern, dass es im Hamsterkäfig anfängt wie im Zoo zu müffeln, muss die Streu ständig gewechselt werden. Um hierbei Geld zu sparen, kaufen Sparfüchse ihre Streu deshalb schon längst nicht mehr im Tierhandel. Sie fragen einen Tischler, ob er ihnen regelmäßig etwas von seinen Spänen abgeben würde. Das kostet genau diese eine Frage und vielleicht ein Bier für den netten Tischler, aber mehr nicht. Im Gegenteil – der Tischler wird glücklich sein, dass ihm die Späne abgenommen werden. Er müsste sie ohnehin entsorgen.

Kochwäsche
Besonders in großen Familien läuft die Waschmaschine im Dauerbetrieb. Ständig ist etwas schmutzig oder die Bettwäsche muss gewechselt werden. Das lässt natürlich den Energieverbrauch und damit auch die Kosten in die Höhe schnellen. Waschen lässt sich nicht vermeiden, wer aber sinnvoll wäscht, spart bares Geld. Ein Trick ist zum Beispiel, die Kochwäsche statt bei 90 bei 60 Grad Celsius zu waschen. Normale Verschmutzungen lassen sich auch bei diesen Temperaturen leicht entfernen. Und auch wenn Sie sich um Bakterien sorgen, können Sie beruhigt sein, diese werden spätestens durch die Hitze des Bügeleisens entfernt. Weitere Sparmaßnahme ist: Verwenden Sie nur die Hälfte der empfohlenen Waschmittelmenge. Das genügt bei normal verschmutzter Wäsche. Schließlich wird sie ja regelmäßig gewaschen, sodass sich hartnäckige Verschmutzungen gar nicht erst in den Fasern einnisten können. Das Waschmittel hält länger, Sie

sparen Geld und den Stress, die schweren Waschmittelkartons aus dem Supermarkt schleppen zu müssen. Außerdem dauern die 60-Grad-Wäschen oft nicht so lang, sodass Sie außerdem noch Zeit sparen.

Kristallgläser
Wenn Sie Gäste bekommen, müssen Sie immer eines bedenken: Das Auge isst mit. Achten Sie also darauf, dass Sie den Tisch hübsch decken und der Rest der Wohnung ordentlich ist. Ein besonderes Highlight bei jedem Dinner sind die perfekt glänzenden Kristallgläser. Der Haken: Gläser auf Hochglanz zu bekommen ist eine Höchstleistung. Sie müssen wie wild polieren und das ist lästig und zeitraubend. Und das ist das Letzte, was man im Vorbereitungsstress gebrauchen kann. Deshalb kommt hier der Sparfuchstrick für Gläser auf Hochglanz: Geben Sie einfach einen ordentlichen Schuss Essig mit ins Spülwasser und setzen Sie danach die Reinigung wie gewohnt fort. Sie werden sehen: Ihre Gläser kommen aus dem Funkeln (und Ihre Gäste aus dem Staunen) nicht mehr heraus.

Küchenplanung
Eine neue Küche macht nicht nur Freude, sie macht auch Sinn – vorausgesetzt, Sie planen richtig. Denn durch effektives Anordnen des Kücheninventar können Sie den Energieverbrauch drosseln und damit den Geldbeutel und die Umwelt schonen. Das geht so: Planen Sie Ihre Küche so, dass der Kühlschrank möglichst nicht direkt neben wärmeerzeugenden Geräten wie Ofen, Herd, Waschmaschine, Trockner oder Spülmaschine steht. Denn durch deren Wärmeabstrahlung wird auch der Kühlschrank erwärmt und muss mehr Energie aufbringen, um zu kühlen. Das frisst Strom und damit Geld.

Kühlschrank
Wenn die Familie in den wohlverdienten Urlaub fährt, seien auch den Daheimgebliebenen ein paar Tage Erholung gegönnt. Gemeint ist in diesem Fall der

Kühlschrank. Der schuftet schließlich nonstop das ganze Jahr über. Wenn niemand zu Hause ist, sollten Sie ihm daher eine Pause gönnen und ihn abstellen. Vorher müssen Sie natürlich alles ausräumen. Wenn niemand daheim ist, wird der Kühlschrank ohnehin nicht gebraucht und er würde umsonst laufen. Wird er aber abgeschaltet, spart das Strom und damit letztlich bares Geld. Wenn er schon einmal leer ist, können Sie die Gelegenheit auch gleich für einen kleinen Grundputz nutzen. Tipp: Wasser mit ein paar Spritzern Essig wirkt desinfizierend.

Kühlschrankdichtung
Manchmal macht Geldverschwendung zugegebenermaßen Spaß. Zum Beispiel wenn Sie sich das 100. Paar High Heels kaufen, die Sie sowieso nie anziehen. Eine Geldverschwendung, die überhaupt keinen Spaß macht, ist die, die Sie gar nicht bemerken. Bestes Beispiel hierfür ist der Kühlschrank. Bei etwas älteren Modellen kann es nämlich leicht passieren, dass kalte Luft ungefragt entweicht und gleichzeitig warme Luft eindringt. Der Kühlschrank muss dann eine höhere Kühlleistung aufbringen, das kostet Energie und diese wiederum Geld. Ein Teufelskreis, der oft aber zu durchbrechen ist. Kühlschränke werden undicht, da die Dichtungsgummis in die Jahre gekommen sind und nicht mehr so gut isolieren. Abhilfe ist leicht geschaffen: Reiben Sie die Dichtungsgummis regelmäßig mit reinem Alkohol (gibt es in Apotheken) ab und tragen Sie anschließend Gummipflegemittel aus dem Baumarkt auf. Das macht alte Gummis wieder fit und Kühlschränke wieder dicht. Sie sparen Energie und damit Geld.

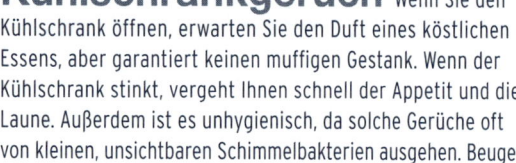

Kühlschrankgeruch
Wenn Sie den Kühlschrank öffnen, erwarten Sie den Duft eines köstlichen Essens, aber garantiert keinen muffigen Gestank. Wenn der Kühlschrank stinkt, vergeht Ihnen schnell der Appetit und die Laune. Außerdem ist es unhygienisch, da solche Gerüche oft von kleinen, unsichtbaren Schimmelbakterien ausgehen. Beugen Sie diesem Malheur vor, indem Sie Ihren Kühlschrank regel-

mäßig ausräumen und gründlich säubern. In Supermärkten werden zu diesem Zweck Spezialreiniger angeboten. Die sind zwar wirksam – vor allem sind sie aber teuer. Und letztlich auch überhaupt nicht notwendig. Es gibt nämlich ein altes Hausmittel, das ebenso effektiv, aber weitaus günstiger ist. Die Rede ist von Essigwasser. Schon zu Omas Zeiten hat man damit Lebensmittellager gereinigt. Essigwasser wirkt antibakteriell und nimmt den miefigen Geruch aus dem Kunststoff. Sie schonen also nicht nur Ihre Nerven, sondern auch Ihr Portemonnaie und sparen Zeit, da Sie keinen Spezialreiniger kaufen müssen.

Kunststoffflächen

Helle Kunststoffflächen wie Schreibtischplatten oder Regale verändern im Laufe der Jahre ihre Farbe und werden gelblich oder grau. Spezielle Kunststoffreiniger sollen Abhilfe schaffen, so versprechen es jedenfalls die Hersteller. Was dabei aber oft verschwiegen wird, ist der Preis. Verzichten Sie auf kostspielige Reinigungsmittel, die nur unnötig Geld kosten. Greifen Sie besser zum Sparfuchstrick: Geben Sie einfach etwas Zahnpasta auf die verschmutzten Flächen, verreiben Sie sie vorsichtig und lassen Sie sie etwa fünf Minuten einwirken. Danach wischen Sie alles mit einem feuchten Tuch nach. Das Ergebnis: Ihr Tisch oder Regal glänzt und funkelt in strahlendem „Hollywoodweiß", und Sie können sich bei dem Anblick Ihr Zahnpastalächeln bestimmt auch nicht verkneifen. Zahnpasta enthält nämlich Bleichmittel, die ebenso effektiv sind wie die Wirkstoffe aus Spezialreinigern, nur dass sie günstiger und oft sogar sanfter zu den Oberflächen sind.

Laub

Wenn im Herbst die Blätter fallen, bedeutet das für Gartenbesitzer jede Menge Arbeit. Laubharken strengt an und raubt Zeit. Wer aber im Herbst fleißig Blätter sammelt, wird dafür im nächsten Frühling und Sommer belohnt. Denn Laub, das auf einem Komposthaufen gelagert und gegebenenfalls mit einer Plane überdeckt wird, verrottet mit der Zeit und wird zu brauchbarer Erde und Blumendünger – made by Mutter Natur.

Das spart den Kauf und das Schleppen der schweren Dünger-
säcke. Ihre Nerven freuen sich, Ihr Geldbeutel auch und Ihre
Blumen sowieso. Dann ist doch alles paletti!

Ledertuch
Wer putzt schon gern? Genau: Niemand.
Auch Sparfüchsen geht es in dieser Hinsicht nicht anders. Sie
haben aber einen Weg gefunden, die Haushaltsreinigung zeit-
lich effizient, sparsam und gleichzeitig sehr gründlich zu erledigen. Sie verwenden zum Säubern sämtlicher glatten Flächen
nämlich statt eines herkömmlichen Schwammtuchs ein Ledertuch. Das ist in der Anschaffung zwar etwas teurer – dafür hat
es aber eine längere Lebensdauer und nimmt Schmutz besser
auf als Schwammtücher. Außerdem hinterlässt es keine streifi-
gen Rückstände, sondern zaubert ein gleichmäßig sauberes
Ergebnis – mit nur einem Wisch. Sie sparen Zeit und am Ende sogar
Geld, da sie von dem Ledertuch länger etwas haben werden
als von anderen Lappen. Tipp: Wringen Sie das Tuch niemals zu
stark aus. Das zerstört seine Fasern und macht es weniger auf-
nahmefähig.

Lieferservice
Sparfüchse gönnen sich etwas,
was auf den ersten Blick gar nicht nach Sparen aussieht: Sie
lassen sich ihre Getränke liefern. Das machen sie vor allem, um
sich die zeitraubende und anstrengende Kästenschlepperei zu
sparen. Sie haben aber auch ausgerechnet, dass sie der Lieferservice kaum etwas kostet. Je nachdem, wie viel Getränke
verbraucht werden, spart man sogar Geld. Denn sie zahlen kein
Geld für die Fahrten zum Supermarkt – und dabei wird umso
mehr Benzin verbraucht, je schwerer der Wagen beladen ist. Das
kostet zwar nicht unbedingt viel Geld, aber immer noch genug,
um den Lieferservice zu bezahlen. Denn oft bieten Supermärkte
den Lieferservice kostengünstig oder ab einer bestimmten
Abnahmemenge sogar umsonst an. Andernfalls fragen Sie einen
Schüler oder Studenten, ob er sich ein kleines Taschengeld
dazuverdienen möchte.

Luftbefeuchter

Menschen, die sich viel in beheizten Räumen aufhalten, neigen zu Halsschmerzen und brennenden Augen. Der Grund dafür ist, dass die Heizungswärme der Raumluft Feuchtigkeit entzieht und dadurch die Schleimhäute in der Nase, in den Augen und im Hals austrocknen. Trockene Luft ist also ungesund und – das ist die gute Nachricht – nicht nötig. Stellen Sie einfach ein Schälchen mit Wasser auf die Heizungen. Durch die Wärme verdunstet das Wasser und die Luft wird befeuchtet. Achten Sie darauf, regelmäßig Wasser nach-zugießen, da es sehr schnell verdunstet. So halten Sie die Luft angenehm feucht und müssen nicht extra einen teuren und meistens lauten Luftbefeuchterautomaten kaufen. Wenn Sie ein paar Tropfen Aromaöl in das Wasser geben, haben Sie außer-dem einen angenehmen Duft im Raum.

Maulwürfe

Sie sehen zwar nichts, richten dafür aber jede Menge Schaden an. Maulwürfe sind der Horror für jeden Gartenbesitzer. Ihre Hügel machen den mühevoll gepflegten Rasen kaputt und sind auch nur mühsam wieder zu beseitigen. Die gute Nachricht ist aber: Es gibt eine einfache, schnelle und für den Maulwurf schonende Methode, um die kleinen, schwarzen Biester loszuwerden. Sie stecken einfach eine leere Flasche (ohne Verschluss) mit der Öffnung nach oben in die Erde – am besten in den Haufen des Maulwurfs. Das war's! Den Rest er-ledigt der Wind, denn die Geräusche, die durch den Wind, der in die Flasche pustet, entstehen, mögen Maulwürfe nicht. Da sie blind sind, hören sie umso besser und fühlen sich schon von kleinsten Geräuschen gestört und wandern ab. Vielleicht ja zu ihren ungeliebten – aber immer so ruhigen – Nachbarn. Das spart Geld und Zeit für den Kauf teurer Anti-Maulwurf-Mittel, und Sie müssen sich nicht mehr ärgern.

Mausefalle

Mäuse fängt man bekanntlich mit Speck. Wer sie aber vertreiben will, greift besser zu anderen Mitteln: Gut hilft Pfefferminzöl. Dessen frischen Duft mögen die kleinen, gefräßigen Nager nicht. Stellen Sie einfach in allen Ecken, in denen Sie die Mäuse vermuten, eine kleine Schale mit Pfefferminzöl auf. Die Mäuse werden früher oder später ihre lange, neugierige Nase hineinstecken, einen riesigen Schreck bekommen und abziehen. Sie sparen sich eine Menge Ärger und außerdem werden Sie die Mäuse los, ohne dass Sie sie töten müssen.

Messer schleifen
Was für den Autoliebhaber der Ferrari, ist für den Hobbykoch das ultrascharfe Messer. Stumpfe Messer verraten ihren Besitzer als Kochneuling und sind alles andere als professionell. Kochexperten haben gutes, scharfes Werkzeug. Aber gute Messer sind schon teuer genug, dann noch extra einen Schleifstein kaufen – das geht ins Geld und kostet Zeit. Schlaue Sparer wissen sich zu helfen: Sie benutzen den Rand eines Tontopfs, um Messer wieder zu Höchstleistungen zu schleifen. Noch schonender für die Klingen ist es übrigens, wenn Sie den Tontopf vorher etwas anfeuchten. So sparen Sie Geld und Kräfte.

Mikrowelle
Oft wird vergessen, die Mikrowelle regelmäßig sauber zu machen. Dabei können sich besonders hier schnell Bakterien sammeln, da teilweise kleine Essensspritzer an die Wände der Mikrowelle gelangen und dort leicht anfangen können zu schimmeln. Um das Putzen selbst kommen Sie daher nicht rum. Sie können es sich aber angenehm und kostengünstig machen. Pressen Sie einfach den Saft einer Zitrone aus, mischen Sie ihn in einer kleinen Schüssel mit Wasser und stellen Sie das Ganze ohne Deckel in die Mikrowelle. Nun erwärmen Sie die Mikrowelle auf höchster Stufe und lassen das Gerät mindestens fünf Minuten laufen. Der Wasser-Zitronen-Dampf, der sich dadurch bildet, löst die Fettspritzer von den Wänden und von der Decke. Anschließend müssen Sie das Innenleben der Mikrowelle nur noch mit einem feuchten Tuch auswischen, und schon ist das Gerät wieder sauber. Einfach, schnell und günstig.

Moosentferner

Ohne Moos ist normalerweise nix los. Wenn sich die pelzigen grünen Schichten aber ungefragt über die neuen Terrassenfliesen ausbreiten, ist wiederum jede Menge los: nämlich Ärger! Vermooste Terrassen sind alles andere als schön und außerdem gefährlich, denn auf dem glitschigen Grün rutschen Sie leicht aus. Sparfüchse ersparen sich diesen Ärger (und jede Menge Geld) und begießen die betroffenen Stellen mit einer Mischung aus Zigarettenasche und Seifenwasser. Dabei genügt bereits eine dünne Schicht. Jetzt lassen sie das Ganze etwa eine Stunde einwirken und anschließend bearbeiten sie das Moos mit einem Schrubber. Das Moos lässt sich nun kinderleicht entfernen. Starkes Schrubben mit aggressiven und teuren Reinigungsmitteln ist nicht mehr nötig. Und siehe da: Ohne Moos ist manchmal doch jede Menge los!

Nachtstrom

Eigenheimbesitzer dürfen sich freuen. Nicht nur, weil sie ein tolles Häuschen ihr Eigen nennen, sondern auch, weil sie jede Menge Geld sparen können. Und zwar durch einen simplen Trick: Stellen Sie den Geschirrspüler oder die Waschmaschine erst kurz bevor Sie zu Bett gehen an - oder programmieren Sie eine Zeitschaltuhr so, dass die Maschine erst in der Nacht anspringt. Grund: In der Nacht (meist zwischen zwei und fünf Uhr) ist der Strom günstiger. Besonders bei Familien, die viel waschen, macht sich die Nachtwäsche im Portemonnaie bemerkbar. Wichtig: Nur wer allein in einem Haus wohnt, kann diesen Spartrick beherzigen. In Mehrparteienhäusern verbieten die Hausordnungen in der Regel, noch nach 22 Uhr zu waschen. Denn beim Schleudern entstehen Lärm und Vibrationen, die die Nachbarn nachts stören könnten.

Poliertücher

Kreativität zahlt sich aus. Wer sich selbst zu helfen weiß, der spart so manche Anschaffung. Sie können bereits im Kleinen anfangen, eigene Ideen zu schmieden und damit Geld zu sparen. Zum Beispiel indem Sie

Ihre Poliertücher selbst herstellen. Zerschneiden Sie dafür einfach alte Bettwäsche in kleine, quadratische Stücke. Diese kleinen Lappen eignen sich ideal zum Fensterputzen oder zum Polieren von Armaturen und Gläsern. Und günstig sind sie außerdem. Aus einem Bettbezug können Sie Unmengen an Polierlappen herstellen, sodass Sie sich einen großen Vorrat anlegen können. Das spart Zeit und Geld und Sie haben immer ein Poliertuch zur Hand.

Putzlappen
Wenn Sie Ihren Putzlappen unter dem Mikroskop sehen könnten, würden Sie erschrecken. Nicht selten ist dieser das Heim vieler Mikroorganismen, die sich in den schön schmutzigen Fasern so richtig wohlfühlen und sich in ihrem Liebesnest ungestört vermehren können. Wenn Sie solche Exzesse als Putzlappenbesitzer nicht dulden möchten, sollten Sie Ihren Wischlappen regelmäßig in die Waschmaschine oder in den Geschirrspüler geben. Bis zu 60 Grad Celsius vertragen die Lappen - im Gegensatz zu den Keimen. Diese verschwinden bei dieser Temperatur nämlich. So eine Wäsche geht schnell und spart Geld und Zeit für den Kauf neuer Lappen. Einen regelmäßig gewaschenen Lappen können Sie bis zu dreimal länger benutzen. Vorbeugend sollten Sie darauf achten, dass Sie die Lappen nicht zu nass liegen lassen. In feuchten Gebieten nisten sich die unerwünschten Bewohner schneller ein.

Regentonne
Schlau ist, wer andere für sich arbeiten lässt. Noch schlauer ist, wer dabei nicht einmal Geld bezahlt. Sparfüchse lassen sich die mühsame Gartenarbeit abnehmen, indem sie einfach Mutter Natur das Wasser für ihre Blumen und den Garten sammeln lassen. Dafür stellen Sie eine große Regentonne im Garten auf, in der sich jede Menge Wasser sammelt, welches Sie zum Gießen verwenden können. Das spart Geld und Zeit, denn es geht schneller, die Gießkanne in die Tonne zu tauchen, als zu warten bis sie vom Wasserhahn gefüllt wurde.

Rostflecken

Wenn Sie eine Gartenparty planen und dann entdecken, dass der Grill komplett mit Rost überzogen ist, verdirbt Ihnen das bestimmt die Laune. Noch schlimmer ist es allerdings, wenn Sie versehentlich zu nah am Grill entlanggehen und die Rostflecken sich jetzt an der Kleidung festsetzen, denn Rost geht nur schwer wieder heraus. Spezielle Fleckenmittel versprechen zwar schnelle Abhilfe – das lassen sie sich aber auch meist teuer bezahlen. Sparen Sie sich Zeit und Geld für den Kauf und den Ärger und beherzigen Sie lieber diese schlaue Sparlösung: Legen Sie die verschmutzte Kleidung über Nacht in Zwiebelsaft (gibt es im Reformhaus) ein. Das rückt zwar zunächst Ihrer Nase ein wenig zu Leibe – aber letztlich auch den unschönen Flecken. Zwiebelsaft ist ein verlässlicher und günstiger Rostlöser. Den Geruch bekommen Sie aus den Textilien, wenn Sie sie anschließend wie gewohnt waschen.

Salzstreuer

Sie wundern sich, warum aus Ihrem Salzstreuer nichts mehr herauskommt, obwohl Sie ihn vor ein Paar Tagen erst befüllt haben? Damit sind Sie nicht allein. Das passiert vielen Menschen. Der Grund ist, dass Feuchtigkeit in das Innere des Streuers gelangt ist und das Salz dort zum Verkleben bringt. Es wird klumpig und passt nicht mehr durch die kleinen Öffnungen hindurch. Um diesen Ärger zu vermeiden und damit die Nerven zu schonen, kennen Sparfüchse einen guten und simplen Trick: Sie geben ein paar Reiskörner in den Streuer. Der Reis nimmt die Feuchtigkeit wie ein Schwamm auf und hält dadurch das Salz trocken, und es verklumpt nicht. Der Streuer funktioniert immer einwandfrei.

Scheren schleifen

Stumpfe Scheren ärgern ihren Besitzer. Entweder sie schneiden überhaupt nicht mehr oder sie zerfransen die Ränder des Papiers. Aber deshalb extra eine neue Schere kaufen? Das ist teuer und kostet Zeit. Vor allem wenn Sie überlegen, wie oft sich Scheren abnutzen. Deshalb ist es sinnvoller und wirtschaftlicher, rechtzeitig vorzubeugen:

Sobald Sie merken, dass sich Ihre Schere langsam abnutzt, zerschneiden Sie damit etwas Schleifpapier. Das macht die Schneiden wieder frisch und scharf. Besonders bei Küchenscheren lohnt es sich, vorher die Schneiden mit Backofenspray zu säubern. Denn oft werden Scheren auch dadurch stumpf, dass sich eine schmierige Fettschicht an ihren Schneiden ablagert.

Schnecken
Die kleinen, glitschigen Biester halten viele Gartenbesitzer zum Narren. Sie fressen sich einmal quer durch den Garten, zerstören mühevoll angelegte Beete und fressen liebevoll gepflanztes Gemüse und lassen sich dabei durch nichts und niemanden aus der Ruhe bringen. Sie sind einfach nie satt. Wenn Sie sich von diesen kleinen Weichtieren nicht länger die Laune verderben lassen wollen, gönnen Sie ihnen ein Gläschen Bier. Richtig gehört! Die Schnecken bekommen Bier. Und Sie im Gegenzug Ihre Ruhe. Probieren Sie es: Stellen Sie eine flache Schüssel mit Bier in den Garten. Es kann ruhig günstiges Bier sein, denn Schnecken sind nicht sehr wählerisch. Am nächsten Tag werden Sie alle Schnecken in der Schüssel finden. Das ist günstig, erspart Ärger und ist im Vergleich zu den üblichen Schneckenmitteln äußerst umweltverträglich. Und mal ehrlich: Für die Schnecken ist es doch irgendwie ein schönes Ende.

Sesselbezüge
Wer Lust auf einen Tapetenwechsel hat, muss nicht unbedingt in den Urlaub fahren. Manchmal hat man einfach Lust auf ein wenig Veränderung. Und die kann man sich einfach und günstig selbst verschaffen, indem man seiner Wohnung einen neuen Schliff gibt. Sparfüchse wissen, wie man die eigenen vier Wände hübsch macht, sogar ohne teure neue Möbel anzuschaffen. Sie geben ihren alten Möbeln einfach einen neuen Look. Besonders simpel geht das bei Polstermöbeln. Neue Bezüge sind hier wie ein kleiner Neuanfang. Besonders wenn man einen Stoff mit einer völlig anderen Farbe oder mit einem Muster wählt, bringt das so viel Veränderung in das Objekt, dass man denkt, es sei neu – ohne dafür viel Geld

ausgeben zu müssen. Aufpolsterungen kann man in Möbelhäusern vornehmen lassen. Dort gibt es auch eine große Auswahl an Stoffen und eine gute Beratung. Schauen Sie gleich vorbei und lassen Sie sich für neue Wohn(t)räume inspirieren.

Silberputzmittel Das feine Tafelsilber wird

selbstverständlich nur dann herausgeholt, wenn Gäste kommen. Aber gerade dann ist es besonders ärgerlich, wenn es ange- laufen ist – schließlich hat man mit den Vorbereitungen genug um die Ohren und nicht noch Zeit, das Silber zu putzen. Jetzt heißt es: Ruhig bleiben – und Geld sparen. Denn schlaue Spar- füchse wissen, wie sie Silber ohne großen Aufwand wieder zum Glänzen bringen: Sie legen einfach Alufolie in eine Schüssel, geben eine gute Prise Salz hinzu und gießen das Ganze mit war- mem Wasser auf. In diese Lösung wird das Silber für 15 Minuten hineingelegt, anschließend abgespült und poliert. Fertig! Die Gäste können kommen. Übrigens: Das Ganze funktioniert auch prima mit angelaufenem Silberschmuck.

Socken Waschmaschinen sind gefräßig. Leider haben

sie es dabei aber nicht nur auf Schmutz abgesehen, sondern auch auf Socken und Unterwäsche. Diese Kleidungsstücke wer- den von der gierigen Trommel regelrecht verschluckt und landen dann im Magen der Waschmaschine, im Flusensieb. Folge: Während Ihre Maschine satt und zufrieden ist, verlieren Sie bei solchen Fressattacken den letzten Nerv, weil Sie schon wieder auf die Suche nach der verschollenen Socke gehen dürfen. Damit ist jetzt Schluss! Setzen Sie Ihre Waschmaschine auf Diät. Stecken Sie alle Socken, Unterhosen und anderen Kleinteile einfach vor der Wäsche in einen alten Kissenbezug, knoten oder knöpfen diesen zu und waschen das Ganze so. Die Maschine hat nun keine Chance mehr, die leckeren Socken zwischen die Kiemen zu bekommen. Und Sie haben dabei nicht nur Ihren Spaß, sondern sparen auch Geld und Zeit, da Sie die Socken weder neu kaufen noch suchen müssen.

Spülmittel

Wer sein Geschirr mit der Hand abwäscht, kann die Kosten dafür gut steuern. Sparfüchse haben zum Beispiel gelernt, sparsam mit Wasser umzugehen, sodass keine unnötigen Kosten entstehen. Was viele aber nicht wissen: Es gibt noch eine weitere Kostenfalle beim Abwaschen, nämlich das Spülmittel. Spülmittel werden heute nämlich oft als Konzentrat verkauft und sind deshalb nicht gerade günstig. Die meisten Verbraucher wissen aber nicht, dass es sich um ein Konzentrat handelt und verwenden daher versehentlich viel zu viel davon. Die Flasche ist dadurch natürlich schneller leer, und das geht auf Dauer ins Geld. Achten Sie also in Zukunft genau darauf, was Sie kaufen. Auch wenn Konzentrate vom Anschaffungspreis ein wenig teurer sind, lohnt es sich, diese zu kaufen, da Sie letztlich weniger verbrauchen. Dazu müssen Sie allerdings wissen, dass Sie es mit einem Konzentrat zu tun haben. Lesen Sie also vor dem Kauf die Beschreibung auf der Verpackung. Danach sind Sie schlauer und spülen günstiger.

Stand-by

Studien belegen, dass ein ganzes Atomkraftwerk geschlossen werden könnte, würde jeder Deutsche die elektrischen Geräte, die er im Moment nicht nutzt, ausschalten, anstatt sie im Stand-by-Betrieb laufen zu lassen. Denn in diesem Modus ist das Gerät zwar nicht wirklich an, aber dennoch jederzeit betriebsbereit. Dafür verbraucht es aber auch jede Menge Strom – und das, obwohl es nicht genutzt wird. Mit dieser Einstellung schaden Sie nicht nur der Umwelt, sondern letztlich auch Ihrem Portemonnaie. Sparfüchse schalten daher ihre Geräte aus. Wer noch weiter gehen möchte, der zieht bei Geräten, die er nur selten verwendet, den Stecker.

Tapeten

Tapeten sind eine schnelle und günstige Möglichkeit, um einen Raum umzugestalten und ihm einen völlig neuen Charakter zu geben. Umso ärgerlicher ist es, wenn Sie an der frisch tapezierten Wand kleine Beulen entdecken, unter denen sich Luft gesammelt hat und die nicht nur die Optik der Wand, sondern auch die Freude an der Tapete verderben. Wenn Sie dieses Problem kennen, gibt es einen simplen Trick, wie Sie Ihre Tapeten wieder glatt bekommen. Besorgen Sie sich aus der Apotheke eine besonders dünne Spritze und befüllen Sie diese mit etwas Tapetenkleister. Mit der Spritze können Sie den Kleber in die Luftbeule hinein-spritzen und die Tapete anschließend fest an die Wand drücken. Das Ergebnis: Ohne großen Aufwand ist die Beule verschwun-den, ohne dass man an der Tapete etwas sieht – und im Nu ist der ganze Ärger vergessen.

Tapetenlöser

Hin und wieder hat man einfach Lust auf einen Tapetenwechsel. Doch dafür müssen die alten Wandkleider zunächst gründlich entfernt werden, und das ist manchmal gar nicht so leicht. Spezielle Lösungsmittel aus dem Baumarkt versprechen schnelle und einfache Abhilfe – allerdings kostet dieser Kauf viel Geld und Zeit. Ebenso effektiv, dafür weitaus günstiger (und ohne chemische Zusätze), ent-fernen Sie hartnäckige Tapeten mit Opas Geheimrezeptur. Mischen Sie hierfür einfach drei Tassen Essig mit fünf Litern heißem Wasser und einem guten Schuss Spülmittel. Das Ganze auf die Wand auftragen, kurze Zeit einwirken lassen und – schwups – die Tapete löst sich kinderleicht. An der Wand blei-ben keine Rückstände, dafür bleibt jede Menge Geld in Ihrem Portemonnaie zurück.

Teeränder

Winterabende werden so richtig gemütlich, wenn man sich mit einem Tässchen Tee auf das Sofa kuschelt. Das Einzige, das diese Freude trüben kann, ist der Umstand, dass sich kleine, dunkle Teeränder in der Lieblings-tasse gebildet haben. Jetzt heißt es ruhig bleiben, Zeit sparen und trotzdem einen schönen Nachmittag machen. Denn die hässlichen Teeränder entfernen Sie mit einem simplen Trick: Geben Sie in die verschmutze Tasse eine Mischung aus drei Esslöffeln Essig und drei Esslöffeln Salz, reiben damit die be-

troffenen Stellen ein, lassen das Ganze zehn Minuten einwirken, spülen alles wieder aus, und schon steht dem Kuschel-
nachmittag nichts mehr im Weg. Sie sparen also Geld für teure
Spezialreiniger.

Tischpolitur
Mit Holztischen ist es wie mit einem
guten Wein: Sie werden im Laufe der Jahre immer besser, bekommen Charakter, ihre eigene Patina und wachsen einem richtig ans Herz. Damit das Lieblingsstück aber auch lange Jahre
hält und dabei gut aussieht, kommt es auf die richtige Pflege an.
Viele Tischler verfolgen dabei den Grundsatz „Natur braucht
Natur". Soll heißen: Sie verzichten auf chemische Pflegemittel, die
ohnehin oft überteuert sind und zudem noch unangenehme
Gerüche im Material hinterlassen. Bei unbehandelten Holztischen
(geht natürlich auch bei anderen Holzmöbeln, die unbehandelt
sind) verwenden sie reines Olivenöl als Politur. Hierfür geben Sie
einen guten Schuss Öl auf ein altes Geschirrtuch und verreiben
es sorgfältig und gleichmäßig auf dem Holz. Danach lassen Sie
es kurz einziehen und wischen im Anschluss überschüssiges
Öl mit einem frischen Tuch weg. Sie sparen sich den Kauf der
teuren Fertigpolitur, tun Ihrem Tisch etwas Gutes und Ihrer Nase
auch – denn Olivenöl riecht neutral und ist natürlich.

To-do-Listen
Eine alte Volksweisheit besagt:
„Was man nicht im Kopf hat, muss man in den Beinen haben."
Stimmt! Denn es bereitet zusätzliche Arbeit, wenn man Dinge,
die man zu erledigen hat, einfach vergisst. Und ärgerlich ist
es auch, denn oft fällt einem die vergessene Sache genau dann
ein, wenn man gerade zu Hause angekommen ist. Sparen Sie
sich diesen Ärger und jede Menge Zeit, indem Sie sich zu Beginn
des Tages eine sogenannte „To-do-Liste" schreiben. Hierauf
stehen alle Erledigungen, die Sie nicht vergessen sollten. Gehen
Sie in Gedanken Ihren Tag durch, strukturieren Sie Besorgun-
gen und Aufgaben. Vielleicht denken Sie auch schon an die Dinge,
die Sie in den kommenden Tagen zu tun haben, und schreiben

sie mit auf die Liste. So können Sie sicher sein, dass Sie nichts vergessen. Und das erspart Ihnen Ärger und Zeit. Außerdem macht es Spaß, die Listen abzuhaken, und Aufgaben erledigt zu wissen, ist ein befriedigendes Gefühl.

Toilettenduft

Ein WC, das gut riecht? Ja, das ist möglich. Spezielle WC-Düfte versprühen bei jedem Spülgang wunderbar angenehme Aromen und erfrischen damit Luft und Laune. Jedenfalls solange sie noch genug Duftstoffe enthalten. Wenn sie leer sind, kann einem die Laune schon mal vergehen, denn Nachfüllpackungen sind teuer. Hinzu kommt, dass es eine unübersichtlich große Anzahl von Herstellern und Modellen solcher WC-Düfte gibt, aber nicht jede Nachfüllpackung passt in das Originalbehältnis. Da hilft ein simpler Trick: Befüllen Sie den WC-Duft-Behälter mit einem kleinen Seifenrest. Dieser gibt ebenfalls einen angenehmen Duft ab, wenn er mit dem Spülwasser in Verbindung kommt. Außerdem können Sie die Duftrichtung selbst bestimmen. Tipp: Wenn das Seifenstück nicht passt, zerteilen Sie es mit einem Messer in mehrere kleine Stücke. Diese passen leichter ins Behältnis, und außerdem kommt das Spülwasser so mit mehreren Seifenoberflächen in Verbindung, das macht den Duft intensiver.

Toilettenspülung

Toiletten sind wahre Wasserfresser. Bis zu neun Liter kann ein Toilettenspülgang kosten. Auf den Tag und die Anzahl der Benutzer hochgerechnet kommt man da schon auf eine stolze Wassermenge. Das gefällt weder dem Geldbeutel noch der Umwelt. Wer eine Toilette mit einem in die Wand verbauten Spülkasten besitzt, sollte daher über die Anschaffung einer Spartaste nachdenken. Diese ist im Baumarkt erhältlich und kann leicht nachträglich eingebaut werden. Für alle, deren WC einen externen Spülkasten hat, ist es sinnvoll, eine mit Wasser gefüllte Plastikflasche in den Spülkasten zu legen. Sie verdrängt eine Menge Wasser, sodass der Kasten mit weniger Wasser gefüllt ist und daher beim Spülen auch weniger verbraucht. Wichtig: Benutzen Sie keinen Ziegelstein. Er kann sich im Laufe der Zeit auflösen, sich im Wasser verteilen und die Armaturen angreifen.

Topfpflanzendünger Wenn Sie sich

die Düngerregale in den Gärtnereien ansehen, wird Ihnen bestimmt fast schwindelig – nicht nur von der Auswahl, sondern vor allem von den Preisen. Jede Blumensorte hat ihren eigenen Dünger, der genauso speziell ist wie sein Preis. Unkomplizierter und kostengünstiger düngen Sie mit Omas Geheimtipp: schwarzem Tee. Er macht nämlich nicht nur müde Menschen munter, sondern bringt auch Pflanzen auf Trab. Schwarzer Tee enthält Spuren von natürlichem Koffein, das den Zellstoffwechsel der Pflanzen ankurbelt und damit deren Wachstum verbessert. Die Zugabe von einer Tasse Schwarztee auf eine Kanne mit fünf Litern Gießwasser eignet sich besonders zum Düngen von Topfpflanzen. Im Garten würden Sie größere Mengen brauchen – und das wäre rechnerisch wiederum unwirtschaftlich. Für einen Balkon ist Schwarzteedünger aber eine unkomplizierte und günstige Alternative zum teuren Dünger aus der Gärtnerei.

Umzugskartons Ein Umzug ist immer

eine Veränderung. Leider ist diese meist auch recht kostspielig. Schlaue Sparfüchse achten daher auf einige Kleinigkeiten, bei denen am Ende ein paar Euro übrig bleiben, zum Beispiel für neue Möbel. Besonders einfach können Sie bei den Umzugskartons sparen. Neu gekauft kosten sie eine Menge Geld. Außerdem ist der Zusammenbau manchmal komplizierter als der ganze Umzug. Besser: Fragen Sie im Supermarkt nach Bananenkisten, die nicht mehr gebraucht werden. Oft stapeln sich leere Kisten in den Lagern der Supermärkte und warten dort auf ihre Entsorgung. Sparfüchse verwenden diese für Umzüge, da sie besonders stabil, häufig sogar feuchtigkeitsbeständig und meist bereits zusammengebaut sind. So sparen Sie Zeit und Geld. Dinge, die Sie beim Umzug gut gebrauchen können.

Verpackungen

Ein Grund, warum Einkaufen oft so nervenraubend ist, sind die viel zu großen Verpackungen. Vor allem Produkte, die in Pappkartons verpackt sind, zum Beispiel Cornflakes, sind extrem sperrig und damit schlecht zu transportieren. Schlaue Sparer ärgern sich darüber aber nicht mehr, sie haben eine clevere Lösung für dieses Problem gefunden: Sie packen die Einkäufe bereits im Supermarkt aus, nehmen das Innenleben heraus und lassen die sperrige Umverpackung an Ort und Stelle zurück. Oft haben Supermärkte hinter den Kassen hierfür kleine Tische und Mülleimer aufgebaut. Für Sie hat das gleich zwei Vorteile: Der Transport klappt besser, da keine riesigen Pappkartons den Platz in der Einkaufstüte wegnehmen und Sie haben zu Hause weniger Müll. Zum Aufbewahren von Cornflakes und ähnlich umständlich verpackten Lebensmitteln sollten Sie sich eigene Dosen anschaffen und die Ware nach dem Kauf immer in diese hineinfüllen. So sind die Lebensmittel gut und platzsparend aufbewahrt und Sie können die Verpackungskartons beruhigt im Supermarkt zurücklassen.

Vorhänge

Wenn Sie Zeit, Nerven und Geld sparen wollen, müssen Sie kurzen Prozess machen: Schnipp, schnapp - Gardinen ab. Keine Sorge, Ihre Gardinen sollen Sie nicht zur Gänze abnehmen, sondern nur zur Hälfte. Denn in bodenlangen Gardinen setzt sich zum einen unnötig viel Staub fest, und sie müssen deshalb ständig gewaschen werden. Sie nehmen außerdem unnötig viel Wärme weg. Denn Stoffbahnen, die über einer Heizung hängen (und sei es auch nur an den Seiten) speichern unter sich die Wärme, die die Heizung abgibt. Das ist ein unnötiger Energieverbrauch und teuer. Sparfüchse kürzen ihre Vorhänge daher etwa so weit, sodass sie knapp über der Heizung oder über der Fensterbank enden. Sie sparen sich das ständige Waschen und schonen damit ihren Geldbeutel - und wärmer wird es auch noch. Dann kann der graue Winter ja kommen!

Wäschetrockner

Das typische Szenario: Man ist gleich verabredet und die Lieblingsjeans ist noch immer in der Wäsche. Sparfüchse haben sich aus Kostengründen bewusst keinen Trockner angeschafft, wissen sich aber in solchen Situationen trotzdem zu helfen: Sie legen die Jeans einfach in den Ofen. Das spart Zeit, Geld für den Trockner, und der Lieblingsjeans macht das gar nichts aus. Stellen Sie den Ofen auf eine niedrige Temperatur (50 bis 80 Grad Celsius) ein, legen die Jeans hinein und warten. Sie sollten allerdings in der Nähe bleiben. Nach ein paar Minuten bildet sich Feuchtigkeit an der Scheibe des Ofens. Jetzt öffnen Sie kurz den Ofen, lassen die Feuchtigkeit entweichen und wiederholen den Vorgang gegebenenfalls. Nach etwa 20 Minuten dürfte die Hose gut getrocknet sein. Wichtig: Stellen Sie die Temperatur nicht zu hoch ein - ab 100 Grad Celsius besteht Brandgefahr.

WC-Reiniger

Das Badezimmer zu putzen, ist wohl niemandes Hobby. Vor allem beim Schrubben des WCs hat man schnell die Nase voll. Trösten Sie sich: So geht es vielen Menschen, aber nur wenige wissen sich dabei zu helfen. Ein simpler Trick: Verwenden Sie statt herkömmlichen und teuren WC-Reinigern einfach Backpulver. Streuen Sie das Pulver großzügig in die Muschel des WCs und lassen Sie es einige Minuten einwirken. Das Pulver sprengt Verkrustungen und Rückstände regelrecht weg, ohne dass Sie auch nur einen Finger rühren müssen. Nach einiger Zeit spülen Sie und wischen wenn nötig kurz mit einem Lappen nach. Fertig!

Weichspüler

Weichspüler ist wie Parfüm für die Wäsche. Leider kann man diesen Vergleich nicht nur wegen seines angenehmen Dufts anstellen, sondern auch wegen seines Preises. Weichspüler sind nämlich alles andere als günstig. Schade eigentlich - aber noch lange kein Grund zu verzagen. Jedenfalls dann, wenn Sie Omas uralten Trick beherzigen. Zu Omas Zeiten gab es nämlich noch keine Weichspüler. Die Damen von damals wussten sich aber trotzdem zu helfen: Sie haben die gewaschene Wäsche mit Essig gespült. Die Essigsäure ummantelt die Stofffasern ebenso wie Weichspüler und schützt sie so vor dem Ausfransen und Aufrauen. Dabei ist sie aber wesentlich günstiger als Weichspüler. Sie müssen nicht befürchten, dass die Wäsche anschließend unangenehm riecht, da beim anschließenden Spülen in der Maschine die Geruchsstoffe ausgeschwemmt werden. Alles, was übrig bleibt, ist kuschelweiche Wäsche und ein paar Euro in Ihrem Portemonnaie.

Weihnachtsbaum

Alle Jahre wieder – kommt nicht nur das Christkind, sondern auch die Suche nach dem passenden Weihnachtsbaum. Das Problem hierbei ist aber meist weniger die Auswahl, sondern der Preis. Weihnachtsbäume sind teuer. Außerdem sind die Verkaufsstände oft überfüllt und es herrscht Gedrängel statt Festtagsstimmung. Wenn Sie sich rechtzeitig um Ihren Baum kümmern, ersparen Sie sich diesen Ärger und haben am Ende auch mehr Zeit und Geld (für Geschenke) übrig. Kaufen Sie Ihren Baum beim Bauern. Viele Bauernhöfe haben als Nebenbetrieb eigene kleine Schonungen mit Weihnachtsbäumen. Dort können Sie Ihren Baum schon das ganze Jahr über aussuchen. Der Bauer befestigt dann einen kleinen Plastikbinder mit Ihrem Namen an dem Baum, und in der Weihnachtswoche können Sie ihn frisch schlagen. Sie bekommen einen wirklich gesunden und günstigen Baum. Und: Sie können einen schönen Ausflug mit der Familie unternehmen. Viele Höfe veranstalten an den Schlagterminen kleine, romantische Weihnachtsfeiern mit Glühwein und Keksen.

Wollmäuse

Wollmäuse sind keine niedlichen Haustiere. Im Gegenteil: Sie rauben einem den letzten Nerv. Denn selbst wenn man gerade erst gesaugt hat, finden sich irgendwo doch noch ein paar Staubflocken zusammen und bilden ein dickes Knäuel, das beim kleinsten Luftzug beherzt durch die Wohnung fliegt. Besonders unter dem Bett findet man ganze Wollmausfamilien. Aber jetzt reicht es: Verderben Sie den kleinen Wolltierchen den Spaß am lustigen Herumfliegen, indem Sie einen Streifen doppelseitiges Klebeband unter das Bett kleben. Die Staubknäuel bleiben daran hängen und können so nicht mehr durch das Schlafzimmer wehen. Dieser Trick funktioniert simpel und sicher und spart Ihnen jede Menge Ärger. Wichtig ist nur, dass Sie den Klebestreifen regelmäßig wechseln. In Zukunft tanzt Ihnen keine Wollmaus mehr auf der Nase herum.

Zahnputzbecher
Mal ehrlich – man lernt doch schon in der Schule, dass es sinnvoll ist, einen Zahnputzbecher zu benutzen. Leider vergisst man zu schnell, was einem die Lehrer mit auf den Weg geben wollten. In Sachen „Zahnputzbecher" lohnt es sich aber, sich zu erinnern. Denn das Benutzen eines Bechers spart jede Menge Wasser und damit letztlich Kosten, denn oftmals lässt man das Wasser unnötig während des Zähneputzens laufen. Befüllen Sie lieber einen Becher mit Wasser und drehen Sie dann den Hahn wieder ab. Zum Ausspülen nehmen Sie das Wasser aus dem Becher und müssen den Hahn nicht wieder aufdrehen. Das spart Wasser und Geld.

Kontostand

	So viel könnten Sie sparen:	So viel haben Sie gespart:
Geld	172 × 💰	
Zeit	88 × 🕐	
Nerven	143 × 🙂	

Kleidung und Schönheit

Absätze

Wolkenkratzer-Absätze lassen Frauen über sich hinauswachsen. Und das ist nicht nur sprichwörtlich gemeint. Auf hohen Hacken fühlt sich Frau gleich erhabener, ihr Gang wird anmutiger, die Bewegungen weicher. Das Glück auf Stöckeln wird nur durch eines getrübt: Kratzer in den schönen und meist teuren Absätzen, entstanden durch Kopfsteinpflaster, Gulligitter oder andere Schuhfallen. Tipp für alle Sparfüchse: Sparen Sie sich diesen Ärger. Genau wie den Gang zum Schuster oder den Kauf neuer Schuhe. Denn Hackenkratzer lassen sich simpel und preisgünstig vermeiden, indem Sie den Absatz einfach mit Klarlack lackieren. Der Effekt: Der Lack intensiviert die Farbe des Absatzes und bildet eine durchsichtige Schutzschicht vor den Tücken des Alltags.

Augenbrauen

Wer schön sein will, muss leiden. So lautet jedenfalls eine alte Indianerweisheit. Zum Glück haben sich die Zeiten seit Winnetou geändert. Schönheit hat heute schon längst nichts mehr mit Schmerz zu tun. Wenn Sie jetzt ans Augenbrauenzupfen denken und diese Aussage dabei für eine Lüge halten, dann sind Sie einfach noch nicht auf dem neuesten Stand der Dinge. Denn mit einem simplen Trick gestalten Sie das Zupfen schmerzfrei – und schneller geht es auch noch. Gehen Sie so vor: Reiben Sie mit einem Eiswürfel für circa fünf Minuten über Ihre Augenbrauen, bevor Sie anfangen zu zupfen. Durch die Kühlung wird die Haut ein wenig verhärtet und Ihr Schmerzempfinden unterdrückt. Durch das Zupfen wird dann allerdings die Durchblutung wieder angeregt und die Haut um die Augenbrauen erneut erwärmt und schmerzempfindlich. Reiben Sie daher auch während des Zupfens hin und wieder mit einem Eiswürfel über die Brauen, dann geht es leichter und schneller. Und: Auch als moderner Großstadtindianer müssen Sie sich nicht solchen Schmerzen aussetzen.

Augen-Make-up-Entferner

Schminke macht das Leben schöner, jedenfalls für eine gewisse Zeit. Denn wenn Sie sich schminken, müssen Sie sich früher oder später – genauer gesagt jeden Abend – auch wieder abschminken. Und das ist lästig, weil sich besonders das Augen-Make-up nur schwer abwaschen lässt. Oft bleiben trotz Schrubben und Waschen kleine schwarze Ränder, sogenannte Waschbäraugen, zurück. Abhilfe schaffen spezielle Augen-Make-up-Entferner. Das sind oft ölige Texturen, die mit leichten Reinigungssubstanzen versetzt sind. Der Nachteil: Sie erleichtern nicht nur das Reinigen der Augen, sondern leider auch Ihren Geldbeutel. Spezialmittel sind schließlich immer teuer. Außerdem genügen sie allein nicht, denn zur Reinigung des übrigen Gesichts brauchen Sie außerdem noch eine weitere Waschlotion. Verzichten Sie auf die unübersichtliche Ansammlung von Fläschchen und Mitteln in Ihrem Badezimmer, das spart Zeit und Geld. Die günstige Alternative zu speziellen Augen-Make-up-Entfernern ist reines Olivenöl. Es löst Augen-Make-up- und Mascarareste ebenso gründlich und ist dabei sogar noch pflegender für die Wimpern. Träufeln Sie etwas Öl auf ein Wattepad und reiben Sie sich damit die Schminke von den Augen. Anschließend waschen Sie Ihr ganzes Gesicht (auch die Augenpartie) mit Ihrer herkömmlichen Waschlotion, damit sich die Ölrückstände von der Haut lösen. Das Gesicht wird rein, und das Öl hinterlässt gleichzeitig einen pflegenden Film auf der Haut. Schönheit muss schließlich nicht immer teuer sein. Tipp: Auch Mandelöl eignet sich – es macht die Haut besonders zart.

Babypuder

Schwitzen ist normal und sogar gesund, weil sich der Körper auf diese Weise vor Überhitzung schützt. Leider ist es auch sehr störend. Nasse Flecken unter den Achseln mag niemand. Manche Leute neigen dazu übermäßig zu transpirieren. Das raubt einem den letzten Nerv. Lassen Sie sich ab sofort nicht mehr von unangenehmen Schweißflecken ärgern, sondern beugen Sie vor. Das geht einfach und ist günstig: Am besten bestäuben Sie Ihre Achselhöhlen mit etwas Babypuder, nachdem Sie Deodorant benutzt haben. Der Puder saugt Flüssigkeiten, also auch Schweiß, auf und verhindert bis zu einem gewissen Grad, dass sich Flecken bilden können. Das schont nicht nur Ihre Nerven, sondern auch Ihre Kleidung, da Schweißflecken nur schlecht zu entfernen sind und oft einen unangenehmen Geruch in der Kleidung hinterlassen.

Baseballkappen

Baseballkappen sind schon längst kein reines Sportaccessoire mehr, sondern Mode. Das ist nicht nur bei Jungen der Fall, sondern auch Mädchen lieben die coolen Schirmmützen. Umso tragischer ist es, wenn die Mützen nach dem Waschen ihre Form verlieren. Dann sind sie nämlich schnell wieder uncool und derjenige, der sie gewaschen hat, leider auch. Wenn Sie sich diesen Ärger mit Ihren Kindern ersparen wollen, dann stopfen Sie die Baseballkappe nach dem Waschen mit einer zerknüllten Zeitung aus. Die Zeitung saugt zum einen die Feuchtigkeit aus dem Stoff und sorgt dafür, dass die Kappe schneller trocknet, zum anderen kann die Kappe beim Trocknen durch die Zeitung nicht in sich zusammenfallen oder Beulen schlagen. Die Form bleibt also so, wie sie sein soll. Das Ergebnis: Ihre Kinder sind glücklich und Sie sparen Zeit und Stress. Cooler geht es nicht.

BHs

Was haben BHs mit Gardinen gemeinsam? Wahrscheinlich mehr, als Sie denken. Zum einen sehen beide nur dann richtig hübsch aus, wenn sie strahlend weiß sind. Zum anderen benutzt man das gleiche Produkt, um sie strahlend weiß zu bekommen. Gardinenwaschmittel eignet sich gut, um BHs, die im Laufe der Zeit einen Grauschleier bekommen haben, wieder schneeweiß zu waschen. Schlagen Sie doch gleich zwei Fliegen mit einer Klappe und legen Sie Ihre grauen BHs dazu, wenn Sie Ihre Gardinen waschen. So sparen Sie Zeit und Aufwand, da Sie nur einmal waschen müssen. Außerdem können Sie auf teure Bleichmittel verzichten und sparen so außerdem noch Geld. Bei der Bilanz strahlt zum Schluss wohl nicht nur Ihre Wäsche, sondern sicher auch Ihr Lächeln.

Blaubeerflecken
Blaubeeren schmecken nach Sommer pur. Genießen Sie sie deshalb so oft es geht, aber nicht nur, weil sie so lecker schmecken, sondern vor allem, weil sie sehr gesund sind. Das Einzige, was die Freude an den blauen Beeren trüben kann, sind die unschönen Flecken, die durch die Beeren versehentlich auf den Lieblingsklamotten entstanden sind. Denn Blaubeerflecken sind nicht nur unansehnlich, sie sind vor allem hartnäckig. Schonen Sie Ihre Nerven und auch den Gang (und die Zeit und das Geld) in die Reinigung, denn Blaubeerflecken entfernen Sie sinnvoller mit einem einfachen Trick: Beträufeln Sie den Fleck mit ein paar Spritzern Zitronensaft, lassen alles etwa zehn Minuten einwirken und waschen das Kleidungsstück dann wie gewohnt. Danach sind alle Flecken verschwunden – die Lust auf Blaubeeren ist dafür wieder da!

Bodylotion-Sparroller
Die Öffnungen von Bodylotion-Flaschen sind oft so groß, dass in der Regel eine größere Menge Creme aus der Tube kommt, als Sie eigentlich brauchen. Dadurch wird die Flasche schneller leer, und Sie müssen ständig neue Bodylotion kaufen. Das nervt nicht nur, es ist auch teuer und kostet Zeit. Sie können die Creme mit einem simplen Trick sparsamer dosieren: Füllen Sie die Bodylotion in einen leeren, ausgewaschenen Deoroller um. So können Sie sie mit dem Roller auf die Haut auftragen und die Menge besser dosieren. Beauty-Bonus: Die Rollerbewegungen wirken wie eine

Massage für die Haut. Dadurch wird der Zellstoffwechsel angeregt und Schlackstoffe sowie Einlagerungen wie Wasser können besser abtransportiert werden. Die Haut wirkt straffer und schlanker. Und siehe da – Sparen macht nicht nur Spaß, sondern auch schön. Wichtig: Beim Kauf eines Deorollers sollten Sie darauf achten, dass Sie die Rollkugel abnehmen können oder einen wieder befüllbaren Roller kaufen, sonst lässt sich die Creme nicht einfüllen.

Brauner Teint

Mal ehrlich – so leicht gebräunt sieht der gemeine Mitteleuropäer doch gleich viel knuspriger aus. Kein Wunder, denn braune Haut zaubert die Silhouette straffer und schlanker. Nach einem zweiwöchigen Sonnenurlaub fühlen Sie sich daher nicht nur gut, sondern sehen auch gut aus. Wieder zu Hause ist es mit dem tollen Gefühl und der schönen Haut aber leider bald wieder vorbei. Wenn Sie Ihre Urlaubsbräune mit in den Winter nehmen möchten, müssen Sie daher tricksen. Machen Sie eine Karottensaftkur: Trinken Sie täglich ein Glas Karottensaft und träufeln Sie außerdem ein wenig Saft auf ein Wattepad und reiben Sie sich damit das Gesicht ab. Karottensaft enthält Farbstoffe, die die Haut braun wirken lassen. Allerdings handelt es sich bei der Karottenbräune um keine „echte" Bräune, die Haut ist dadurch also nicht besser gegen die Sonne geschützt. Gut aussehen tut sie aber trotzdem. Außerdem ist Karottensaft die gesündere und günstigere Alternative zu kosmetischen Selbstbräunungsprodukten. Wenn Sie auch Ihren Augen noch etwas Gutes tun wollen, mischen Sie in Ihr tägliches Glas Karottensaft noch einen Spritzer Olivenöl. Das fettlösliche Augen-Vitamin A wird dadurch besser vom Körper aufgenommen.

Brillengläser

An das Tragen einer Brille gewöhnt man sich schnell. Es dauert nicht lange, und man merkt überhaupt nicht mehr, dass man etwas auf der Nase trägt. Wären da nicht diese kleinen Gemeinheiten, die einem schnell wieder ins Gedächtnis rufen, dass man ein Glasgestell mit sich herumträgt. Vor allem im Winter rauben beschlagene Brillengläser ihren Besitzern nicht nur die Sicht, sondern auch den letzten Nerv. Sparfüchse fordern daher: Freie Sicht für freie Bürger! Wer das auch möchte, ohne viel Geld für spezielle Brillenputztücher auszugeben, bedient sich daher folgenden Sparfuchstricks: Reiben Sie die Gläser einmal pro Woche mit einem Tropfen Essig ein und polieren Sie sie anschließend mit einem trockenen Leinentuch. Wichtig: Sie müssen darauf achten, dass Sie wirklich jede Ecke des Brillenglases, also auch Vorder- und Rückseite, gründlich mit Essig bearbeiten. Es lohnt sich: Der Essig imprägniert das Glas, sodass es nicht mehr beschlägt, wenn Sie vom Kalten ins Warme kommen. Das erspart Brillenträgern jede Menge Ärger und ist wesentlich günstiger und zeitsparender als der Kauf spezieller Anti-Beschlag-Mittel.

Cordbekleidung
Cordstoff ist ein Relikt der 70er-Jahre. Denn in den wilden 70ern gab es fast nichts, was nicht aus Cord hergestellt war: Anzüge, Schlaghosen, sogar Möbelüberzüge und Kinderbekleidung. Aber auch heute ist der kuschelige Streifenstoff noch schwer angesagt. Das einzige Problem bei Cordkleidung ist, dass sich im Laufe der Zeit Druckstellen in den weichen Stoffstreifen bilden. Mit diesen zerdrückten Stellen kommt der Stoff nicht mehr schön zur Geltung, und das ist ärgerlich. Schlaue Sparfüchse umgehen diesen Ärger, indem sie ihre Cordbekleidung vor jeder Wäsche mit einer normalen Haarbürste vorsichtig anrauen und dann auf links drehen. Die Maschinenwäsche kann dem empfindlichen Stoff nun nichts mehr anhaben. Nach dem Waschen sollten Sie die Kleidung aber wieder auf rechts drehen, damit das Trocknen schneller geht. So sparen Sie sich die unschönen Druckstellen und den unschönen Ärger obendrein.

Dicke Augen
Egal, ob man zu viel oder zu wenig geschlafen hat, die Augen merken es sofort und revan-

chieren sich mit müden Schatten und dicken Schwellungen. Dicke Augen sehen nicht nur unschön aus, sondern fühlen sich oft auch unangenehm an. Abhilfe versprechen spezielle Augencremes und -masken. Sie wirken zwar, kosten aber leider auch viel. Zum Glück sind Sparfüchse aber schlau und kennen kleine Tricks, die schön machen und dabei gleichzeitig schön wenig kosten. Gegen geschwollene Augen gehen sie zum Beispiel wie folgt vor: Tauchen Sie zwei Kamillenteebeutel für kurze Zeit (maximal eine Minute) in heißes Wasser, drücken sie dann leicht aus und legen sie anschließend für zehn Minuten ins Gefrierfach. Fertig ist die Augenmaske. Legen Sie den gekühlten Kamillenteebeutel für etwa zehn Minuten auf die geschlossenen Augen und entspannen Sie sich dabei. Nach einiger Zeit sind Ihre Augen abgeschwollen und wirken erholt, denn Kamille lindert Rötungen sowie Reizungen, und die Kühlung wirkt abschwellend. Kamillemasken sind die günstige Alternative zu teuren Cremes und der Retter in der Not, wenn es nachts doch mal wieder später geworden ist.

Eingelaufene Kleidung

Man kann noch so vorsichtig sein, manchmal passiert es eben doch, dass der Lieblingspulli oder das neue Wollkleid eingelaufen ist. Oft verkleinern sie sich dabei nur um wenige Zentimeter. In einem solchen Fall ist zwar Ärger vorprogrammiert, Hopfen und Malz aber noch lange nicht verloren. Legen Sie das eingelaufene Kleidungsstück einfach für dreißig Minuten in ein Wasserbad mit Shampoo. Die Fasern werden auf diese Weise gelöst, ohne dass sie vom Shampoo angegriffen werden. Anschließend wringen Sie das überschüssige Wasser aus und trocknen das Kleidungsstück, indem Sie es in ein sauberes Handtuch einrollen und das Ganze durchkneten. Danach ziehen und dehnen Sie den Stoff vorsichtig, bis er die gewünschte Größe erreicht hat. Es ist wichtig, das Kleidungsstück zum Trocknen nicht aufzuhängen, sondern ausgebreitet hinzulegen. Am besten legen Sie es im gestreckten Zustand waagerecht auf den Wäscheständer. Hier bekommt es von allen Seiten Luft und kann schnell trocknen. Anschließend hat Ihr Lieblingspulli wieder die ursprüngliche Größe. Das schont die Nerven und spart Zeit und Geld, da Sie kein neues Kleidungsstück kaufen müssen!

Fusselrasierer

Wenn Sie einen Pullover aus Kaschmir kaufen, haben Sie zwar ein superweiches und anschmiegsames Kleidungsstück, aber noch lange keine Garantie dafür, dass keine kleinen Knoten und Fusseln entstehen, die sich hartnäckig an der Kleidung festsetzen. Das passiert bei hochwertigen Materialien ebenso wie bei gewöhnlicher Wolle. Wer sich darüber ärgert, ist aber selbst schuld. Denn auf einfache Weise können Sie diese Fusseln entfernen, ohne großen finanziellen Aufwand betreiben zu müssen. Rasieren Sie einfach mit einem herkömmlichen Nassrasierer über die verfusselten Stellen Ihres Pullis. Das geht im trockenen Zustand am besten. Die Knoten und Fusseln lassen sich auf diese Weise leicht lösen, ohne dass es dem Material irgendwie schadet. Es gibt für diese Fälle zwar spezielle, teilweise sogar elektrische Fusselrasierer, diese kosten aber mehr Geld als ein herkömmlicher Rasierer und arbeiten auch nicht unbedingt effektiver. Wenn Sie lieber Geld, Zeit und Nerven schonen wollen, benutzen Sie einen herkömmlichen Nassrasierer.

Fusselroller

Wer Haustiere besitzt, kennt das Problem, dass ständig Haare an der Kleidung sitzen. Aber auch ohne Haustiere stören Härchen, Wollverfilzungen oder andere Fussel, die sich an der Kleidung sammeln. Fusselroller sind hierfür eine gute Erfindung, aber leider auch teuer. Sparfüchse basteln ihren Fusselroller daher einfach selbst. Sie bekleben eine alte Toilettenpapierrolle mit doppelseitigem Klebeband und rollen damit ihre Kleidung ab. Am Klebeband bleiben Härchen und Fussel ebenso gut hängen wie an einem Roller und es ist günstiger und Sie sparen Zeit, da Sie sich keinen Fusselroller kaufen müssen.

Haare färben

Frauen wissen, dass blond nicht gleich blond ist. Helle Schöpfe unterscheiden sich durch Strähnen und Nuancen. Dabei ist es aber gar nicht so einfach, den richtigen Blondton zu treffen. Viele Frauen wollen gar keinen leuchtenden Schopf, sondern wünschen sich nur ein leicht schimmerndes, sommerliches Beachblond. Die Haare sollen nicht wie gefärbt wirken, sondern wie sanft von der Sonne ausgeblichen. Diesen Ton zu treffen ist jedoch ein Geduldsspiel, das nicht nur Nerven, sondern auch Zeit und Geld für die vielen Friseurbesuche kostet. Und wehe, wenn es schon wieder schiefgegangen ist. Dann haben Sie nicht nur die Nase voll, sondern meistens auch noch strapazierte und brüchige Haare. Eine Katastrophe – die Sie aber verhindern können. Und zwar indem Sie Ihr eigener Friseur werden und zu günstigen und natürlichen Bleichmitteln greifen. Pressen Sie den Saft von zwei bis drei Zitronen (bei besonders langen Haaren gern auch mehr) aus und verteilen Sie ihn im gewaschenen, feuchten Haar. Das Ganze lassen Sie dann mindestens eine halbe Stunde (gern auch eine Stunde) lang einwirken, spülen es anschließend aus und verwöhnen Ihr Haar mit einer pflegenden Kur. Die Säure der Zitronen wirkt wie ein natürliches Bleichmittel, das die Haare gleichmäßig, aber nur um wenige Nuancen aufhellt. Das Ergebnis wirkt natürlich und frisch – und kostet dabei weder viel Geld, noch Mühe oder Nerven. Wenn es draußen warm ist und die Sonne scheint, setzen Sie sich zum Einwirken des Zitronensafts hinaus. Der Bleicheffekt wird dadurch noch verstärkt.

Haarglanz

Glänzende Haare gelten schon seit jeher als Zeichen für Gesundheit und Attraktivität. Moderne Kosmetikfirmen setzen daher alles daran, ein Produkt zu erfinden, das den ultimativen Glanz schenkt. Von Glanzshampoos über Glanzspray bis hin zu Glanztönungen gibt es nichts, was es nicht gibt. Die Produkte übertrumpfen sich dabei allerdings nicht nur in ihren Versprechungen, sondern auch in ihren Preisen. Schlaue Sparfüchse kann das aber nur wenig beeindrucken, denn sie vertrauen noch auf Schönheitsgeheimnisse, die schon seit Jahrzehnten überliefert werden. Sie schwören auf Apfelessig. Probieren Sie es auch, es kostet schließlich nicht viel. Mischen Sie sechs Teelöffel Apfelessig in Ihr herkömmliches Shampoo und waschen Sie sich damit wie gewohnt die Haare. Der Effekt: Traumhaare, die mit Ihrem Lächeln um die Wette strahlen.

Hemden

Das Bügeln von Hemden oder Blusen ist eine Qual. Es ist mühsam, kostet Zeit und ehe Sie sich versehen, hat sich eine Bügelfalte eingeschlichen. Und die Krux an der Sache ist, dass man meistens ohnehin nicht viel vom Hemd sieht. Schließlich werden die Hemden in der Regel von einem Jackett bedeckt, oder Sie tragen einen Pullover über der Bluse. Die ganze Arbeit war dann umsonst. Sparen Sie sich doch diesen Stress und eine Menge Zeit, indem Sie einfach nur die Kleidungspartien bügeln, die man auch wirklich sieht. Das sind in der Regel die Ärmel und der Kragen. Den Rest des Hemdes streichen Sie einfach nur glatt. Niemand wird etwas merken – Sie sparen aber Zeit und Arbeit. Sie sollten auch darauf achten, dass Sie die Hemden und Blusen auf einem Bügel trocknen lassen und vorher gut ausschütteln, so entstehen erst gar nicht so viele Falten im Stoff.

Honigbäder

Gute Nachricht für alle Leckermäulchen: Süßes muss nicht immer Sünde sein. Vor allem Honig schmeckt nicht nur lecker, er macht auch noch schön. Dafür dürfen Sie ihn aber leider nicht naschen, sondern müssen ihn zum Badewasser hinzugeben. Honig enthält natürliche Enzyme und Hormone, die die Haut straffen, Schlackstoffe, also Stoffwechselrückstände, abtransportieren und so die Haut weich und zart machen. Deshalb ist das flüssige Gold auch Inhaltsstoff vieler Anti-Cellulite-Cremes. Ein paar Teelöffel im Badewasser haben den gleichen Effekt – und sind dabei noch günstig, natürlich und Sie vergeuden keine Zeit für den teuren Cremekauf.

Geben Sie außerdem einen Schuss Milch oder Sahne ins Badewasser. Milch hat fast den gleichen pH-Wert wie die Haut. Das
pflegt und macht sie geschmeidig. Der Milchzucker hilft außerdem dabei, Feuchtigkeit in den obersten Hautschichten zu
speichern. So hat schon Cleopatra gebadet: gut und günstig!

Hornhaut

Die neuen Riemchensandalen können
noch so hübsch aussehen, dicke Schwielen und verhornte
Stellen an den Füßen verderben Ihnen schnell die Freude an den
schicken Tretern. Hornhaut ist aber nicht nur ein kosmetisches
Problem. Wird sie zu dick, können Druckstellen entstehen, die
sehr schmerzhaft sind. Zeigen Sie dem Horn deshalb Ihre eigenen Hörner und unternehmen Sie etwas dagegen. Das Einzige,
was Sie nicht tun sollten, ist losgehen und Anti-Hornhaut-
Salben besorgen. Denn die sind teuer und dabei noch lange nicht
so wirksam wie Omas Geheimrezept. Das lautet: Reiben Sie
die verhornten Stellen regelmäßig mit Buttermilch ein. Durch die
darin enthaltenen Säuren wird die harte Hornhaut mit der
Zeit weicher, und Sie können sie leicht mit einem Bimsstein entfernen. Wenn Sie die Buttermilchkur regelmäßig anwenden,
verschwindet die Hornhaut komplett. Eines aber bleibt auf jeden
Fall: Das Geld in Ihrem Geldbeutel.

Hornkamm

Früher trug jeder Mann einen Horn-
kamm bei sich. Heute hat zumindest jeder Zweite einen im
Badezimmer. Sie sind unheimlich praktisch, allerdings in ihrer
Anschaffung nicht unbedingt günstig, vor allem wenn es sich
um echtes Horn handelt. Umso ärgerlicher ist es, wenn sich die
Kämme verbiegen. Das passiert leider nicht selten. Die ver-
bogenen Zacken sehen dann nicht schön aus und bleiben in
längeren Haaren leicht hängen. Sparfüchse grämen sich deshalb
aber nicht, sie kaufen auch keinen neuen Kamm. Stattdessen
legen sie den alten Kamm über Nacht in eine Schale mit Milch.
Am nächsten Tag hat sich das Problem von alleine erledigt.
Die Zacken sind wieder schön gerade, ohne dass man Geld dafür

ausgeben musste. Wichtig: Der Trick funktioniert nur bei Kämmen, die aus echtem Horn sind.

Jeans

Ausgewaschene Jeans sind immer wieder modern. Doch Modetrend hin oder her – wenn die neue Jeans beim Waschen Farbe verliert, ist das trotzdem ärgerlich. Sie haben sie ja nicht zuletzt wegen der Farbe gekauft. In solchen Fällen gibt es genau zwei Möglichkeiten: Entweder Sie ärgern sich oder Sie befolgen einen simplen Sparfuchstrick, bei dem die Jeans nicht so sehr ausbleichen. Letztere Möglichkeit ist nicht nur besser für die Jeans, sondern auch für Ihre Nerven. Entscheiden Sie sich also für den Sparfuchstrick – denn der geht so: Legen Sie die Hose vor dem ersten Waschen für eine halbe Stunde in Salzwasser. Geben Sie dafür einen gehäuften Esslöffel auf einen Liter Wasser. Salz fixiert die Farbe. Anschließend drehen Sie die Hose auf links und waschen Sie sie im Kaltwaschprogramm. Jetzt kann eigentlich nichts mehr schiefgehen. Das Kaltwaschprogramm hat außerdem den Vorteil, dass sich die Hose beim Waschen weniger verzieht und ihre Passform nicht verliert.

Kajalstifte

Audrey Hepburn bewundern viele nicht nur für ihr gutes Aussehen und ihre tolle Figur, sondern vor allem auch für ihre Gabe, den Lidstrich perfekt und exakt zu zeichnen. Es ist nämlich gar nicht so einfach, eine gerade und gleichzeitig leicht geschwungene Linie so dicht an den Wimpernkranz zu malen, dass es aussieht, als hätte man von Natur aus eine voluminöse Wimpernpracht. Noch schwieriger wird es, wenn der Kajalstift, den man benutzt, stumpf ist und dringend angespitzt werden müsste. Aber genau das ist das Problem: Die weiche Mine eines Kajalstifts lässt sich nur schwer anspitzen, ohne aus der Form zu geraten. Stress ist also vorprogrammiert. Jetzt heißt es: ruhig bleiben. Denken Sie an Audrey – die hätte sich bestimmt auch nicht die Nerven rauben lassen, sondern hätte sich stattdessen mit einem simplen Trick zu helfen gewusst. Das können Sie auch – und zwar so: Legen Sie den Kajalstift für circa 15 Minuten ins Eisfach, bevor Sie ihn anspitzen. Er wird hart und lässt sich einfacher spitzen, ohne dabei aus der Form zu geraten. Im Gegenteil – die Mine wird schön spitz und gerade. Und das Beste: Der Lidstrich lässt sich jetzt leichter ziehen, und Sie sehen so gut aus wie Audrey.

Katalogbestellungen  Mode- oder

Möbelkataloge sind schon verführerisch, denn darin sieht immer alles so toll aus. Man kann sich alles in Ruhe zu Hause ansehen und dann gemütlich bestellen. Gönnen Sie sich doch diesen Spaß. Noch besser: Gönnen Sie sich diesen Spaß gemeinsam mit Ihren Freunden. Das macht nicht nur doppelt Freude, sondern kostet oft noch weniger. Denn bei Sammelbestellungen gibt es bei vielen Versandhäusern einen Rabatt auf den Endpreis. Je nachdem wie viel Sie bestellen, kann das eine ganze Menge Geld sparen. Abgesehen davon verbringen Sie einen netten Nachmittag oder Abend im Kreis Ihrer Liebsten. Damit haben Sie mal wieder zwei Fliegen mit einer Klappe geschlagen.

Kleiderbügel Von Kleiderbügeln kann man

eigentlich nie genug haben. Das wissen auch schlaue Sparfüchse. Sie haben ihren Vorrat deshalb aufgestockt und zwar preiswert und einfach: Jedes Mal, wenn Sie ein neues Kleidungsstück kaufen, fragen Sie an der Kasse nach, ob Sie den Bügel, auf dem das Kleidungsstück hing, mitnehmen könnten. Sehr viele Geschäfte geben die Bügel bereitwillig mit, manchmal bekommen Sie sogar noch weitere Bügel gratis dazu. Bei einigen Geschäften steht sogar schon ein großer Karton mit Bügeln an der Kasse, aus dem Sie sich bedienen dürfen. Denken Sie einfach bei jedem Kleidungskauf daran, nach dem Bügel zu fragen – das spart Zeit und Geld, da Sie keine neuen Bügel kaufen müssen. Und es wird nie wieder zu wenig Bügel in Ihrem Haushalt geben.

Kleiderduft

Besonders Sachen, die in einem verschlossenen Kleiderschrank überwintern mussten, werden nach der langen Lagerphase oft muffig. Manchmal ist der Geruch sogar so hartnäckig, dass er auch durchs Waschen nicht ganz weggeht. Sparfuchstrick: Stellen Sie in Ihrem Kleiderschrank einfach mehrere Untertassen mit gemahlenem Kaffeepulver auf. Alternativ können Sie auch kleine Leinensäckchen, gefüllt mit Kaffeepulver, zwischen die Kleidung legen oder hängen. Der Effekt: Der muffige Geruch wird durch den Kaffee abgeschwächt – und das kostet kaum Geld noch Aufwand. Kaffee ist nämlich bekannt dafür, Düfte zu neutralisieren, deshalb wird er auch gern bei Parfümproben genutzt. Wenn Sie nämlich mehr als fünf Parfüms hintereinander schnuppern, kann Ihre Nase die einzelnen Gerüche kaum mehr unterscheiden. Fachleute riechen dann an gemahlenem Kaffee, um die Gerüche zu neutralisieren.

Kleiderschrank

Für Frauen können Kleiderschränke meist gar nicht groß genug sein. Leider ist für XL-Kleiderkästen oft kein Platz und teuer sind sie auch noch. Da bleiben genau zwei Möglichkeiten: Entweder Sie verzichten auf den Riesenschrank oder Sie überlegen sich eine clevere, günstige und platzsparende Alternative. Letztere funktioniert wie folgt: Sie bauen an die Wand, an der der Schrank platziert werden soll, ein simples Regalsystem aus dem Baumarkt. Diese Systeme sind oft aus Holz oder Metall und für den Keller oder Hobbyraum gedacht. Ihr Vorteil: Sie sind günstig und lassen sich beliebig ausbauen und durch weitere Einheiten ergänzen. Sie können also Regale bis unter die Decke bauen. Vor das fertige Ablagesystem spannen Sie dann einen großen Vorhang. Auch einzelne (Gardinen-)Schals in verschiedenen Farben sehen hübsch aus. Wichtig ist, dass Sie den Vorhang direkt unter der Decke befestigen, sodass das gesamte Regal dahinter gut versteckt ist – so wirkt alles ordentlich. Außerdem haben Sie auf diese Weise die Möglichkeit, die Regalsysteme bis unter die Decke zu bauen und schaffen so eine Menge zusätzlichen Stauraum. Diese Lösung ist einfach und günstig. Vorhänge machen einen Raum immer gemütlicher als kahle, kalte Schrankwände.

Knopfgarn
Es ist schon ärgerlich, wenn sich ein Knopf von der tollen neuen Bluse gelöst hat. Noch ärgerlicher ist es allerdings, wenn Sie sich die Mühe machen, ihn wieder anzunähen, und er springt wieder und wieder ab. Spätestens dann hört der Spaß auf. Bereiten Sie diesem Teufelskreis ein Ende – und zwar durch die ultimative Nähmethode: Verwenden Sie statt des herkömmlichen Knopfgarns einfach Zahnseide. Mit dieser lässt es sich ebenso leicht nähen, nur ist sie um einiges reißfester als normale Nähseide. Das ist simpel und erspart Ihnen das ewige Annähen.

Koffer
Wenn Sie es sich genau überlegen, lohnt es eigentlich nicht, einen neuen Koffer zu kaufen. Schließlich wird vor allem auf einer Flugreise nicht gerade zimperlich mit ihm umgegangen. Bei der Abholung auf dem Rollband erkennen Sie ihn meistens kaum wieder, denn er ist plötzlich voller Beulen, Kratzer und Streifen. Fakt ist: Koffer und anderes Reisegepäck haben einen hohen Verschleiß. Sparen Sie sich deshalb das Geld, die Zeit und den Ärger für die Anschaffung eines nagelneuen Koffers, der bereits nach wenigen Monaten uralt aussieht. Die günstigere Alternative zum Neukauf ist die Ersteigerung eines Koffers. Viele Flughäfen bieten Versteigerungen an, bei denen man Fundkoffer, die nicht abgeholt wurden, ersteigern kann. Informieren Sie sich beim Flughafen in Ihrer Nähe, wann eine Versteigerung stattfindet. Sie sparen auf diese Weise nicht nur Geld, sondern auch Ärger. Denn wenn ein gebrauchter Koffer demoliert wird, ist das noch lange nicht so ärgerlich wie bei einem neuen Modell.

Kostenloser Friseurbesuch
„Einmal waschen, schneiden, föhnen – aber bitte ohne etwas zu bezahlen." Das wäre doch ein Traum – ein Besuch beim

Friseur mit all seinen Annehmlichkeiten und das Ganze für lau. Die gute Nachricht: Dieser Traum kann wahr werden. Sie müssen nur beim Friseur nachfragen, ob Modelle gesucht werden. Oft haben Friseure auch ein Schild an der Tür hängen, dass sie Modelle suchen. Als Modell können Sie sich von Auszubildenden kostenlos die Haare waschen, schneiden und stylen lassen. Das schont nicht nur Ihren Geldbeutel, sondern hilft auch den Azubis. Die bekommen dadurch die Gelegenheit, am lebenden Kopf zu arbeiten und so mehr Erfahrung zu sammeln. Keine Sorge: Es steht bei Ihrem Schnitt immer ein Meister dabei, der aufpasst, dass nichts schiefgeht. Ihr Vorteil: Sie sparen nicht nur Geld, Sie bekommen auf Wunsch auch immer die neuesten Trends und Schnitttechniken mit, denn die Azubis sind garantiert auf dem neuesten Stand der Haarmode.

Kräuterbad
Baden ist Entspannung auf Wasserbasis. Wer sich in den Fluten treiben lässt, entspannt nicht nur den Körper, sondern auch die Seele. Dabei ist schon längst erwiesen, dass bestimmte Aromen im Badewasser die Entspannung fördern können. Grund: Die Nase ist direkt mit dem limbischen System im Gehirn, dem Zentrum für Emotionen und Stimmungen, verbunden. Riecht man einen wohligen Duft, vermittelt die Nase dem Gehirn automatisch eine angenehme Stimmung. Unterstützen Sie diesen Prozess aktiv – und zwar auf eine Weise, die nicht nur entspannend auf Ihre Nerven wirkt, sondern auch schonend für Ihren Geldbeutel ist. Statt teure Aromazusätze für das Badewasser zu kaufen, mixen Sie sich einfach Ihren eigenen, duftenden Badeschaum. Das geht so: Befüllen Sie einen Nylonstrumpf mit etwa zwei Handvoll getrockneter Kräuter, deren Geruch Sie besonders gern mögen. Tipp: Lavendelbäder sind ideal vor dem Einschlafen, Zusätze aus Minze wirken dagegen eher belebend. Sie können die Kräuter entweder selbst pflücken und trocknen oder im Bioladen kaufen. Knoten Sie den befüllten Strumpf anschließend fest zu und geben Sie ihn ins Badewasser. Durch die Wärme des Wassers

können die Kräuter ihre Aromen voll entfalten und verwandeln den aufsteigenden Wasserdampf in einen wohlig warmen Duftnebel. Anstelle von Kräutern können Sie auch getrocknete Blüten verwenden. Streuen Sie auch ein paar lose Blüten ins Wasser – das Auge badet schließlich auch mit.

Kurze Hosen

Kinder wachsen schneller, als Sie schauen können. Kaum haben Sie neue Hosen gekauft, sind diese auch schon wieder zu klein geworden. Das kostet nicht nur Nerven und Zeit, sondern auch jede Menge Geld. Sinnvoll ist es daher, die zu klein gewordenen Klamotten für das noch kleinere Geschwisterchen aufzuheben, damit es sie auftragen kann. Doch auch, wenn kein kleineres Geschwisterchen da ist, gibt es einen Trick, wie Sie zu klein gewordene Klamotten verwenden können: Schneiden Sie einfach die Ärmel oder die Hosenbeine ab, nähen Sie sie um und schon haben Sie aus den zu kleinen Wintersachen tolle neue Sommersachen gezaubert. Das spart Geld und schont die Nerven.

Lederbekleidung

Neue Lederkleidung ist anfangs meistens noch sehr hart und steif und damit unangenehm zu tragen. Sie muss erst „eingetragen" werden, also so lange in Gebrauch sein, bis das Leder langsam nachgibt und weicher wird. Sparfüchsen dauert das aber zu lange. Sie wollen ihre Sachen nicht ewig eintragen, sondern gleich ein schönes, weiches Leder haben. Deshalb reiben sie ihre steife Lederkleidung mit einem Schuss Weichspüler ein. Dieser macht die Ledersachen im Nu geschmeidig, übertüncht dabei sogar störende Leder- oder Fabrikgerüche und ist wesentlich günstiger als spezielle Lederpflegemittel – erfüllt aber den gleichen Zweck. Sie pflegen das Leder und machen es sogar widerstandsfähiger gegen Schmutz. Wenn der Weichspüler helle Flecken oder Ränder hinterlässt, polieren Sie diese einfach mit einem trockenen Tuch weg. Danach wird nichts mehr zu sehen sein, dafür umso mehr zu fühlen – und zwar weiches Luxusleder.

Lederpflege

Egal ob Schuhe, Taschen oder Jacken – alles, was aus Glattleder gearbeitet ist, muss regelmäßig gepflegt werden. Der Kauf einer Lederspezialpflege ist aber nicht nur teuer und zeitaufwendig, sondern auch unnötig. Schlaue Sparer verwenden zur Lederpflege einfach herkömmliche Vaseline. Diese ist günstig und wirkt ebenso gut wie Spezialmittel. Denn alles, was Leder braucht, ist Fett. Und Vaseline ist reines Fett. Verteilen Sie sie gleichmäßig auf Ihrer Lederware und reiben Sie sie gut ins Leder ein. Sollte das Leder danach ein wenig stumpf wirken, lassen Sie die Vaseline für ein paar Minuten einziehen und polieren Sie das Leder anschließend mit einem trockenen Tuch. Danach wird es wieder glänzen – genau wie Ihr Geldbeutel. Denn Sie haben Ihr Leder auf eine günstige Art und Weise gepflegt. Bevor Sie die pflegende Vaselineschicht auftragen, säubern Sie Ihr Leder, indem Sie es mit einem in Seifenwasser getränkten Tuch abreiben. Die Seifenlauge macht dem Leder nichts aus – vorausgesetzt es wird anschließend mit Fett behandelt.

Lipgloss

Wenn Sie sich einmal die Zeit nehmen in Ihrem Kosmetikbeutel auszumisten, werden Sie eines feststellen: Sie besitzen einige Dutzend Lippenstifte die, fast aufgebraucht, in den Ecken liegen und Platz wegnehmen, aber letztlich doch nicht mehr benutzt werden. Sie einfach wegzuwerfen wäre die eine Lösung, cleverer, zeitsparender und sparsamer ist dagegen folgende Idee: Suchen Sie sich Lippenstiftreste mit ähnlichen Farben heraus, lösen die Farbpaste mit einem Löffel aus dem Stift und geben Sie sie mit etwas Vaseline in eine Schüssel. Das Ganze erwärmen Sie jetzt vorsichtig und bei niedrigster Wattzahl in der Mikrowelle (oder im Wasserbad) bis zu dem Punkt an dem die Farbpaste und die Vaseline gerade zu schmelzen beginnen. Jetzt verrühren Sie alles miteinander und tata: Fertig ist der neue Lipgloss. Er ist günstiger als gekaufter Lipgloss, Sie können die Farbe selbst bestimmen und pflegend ist er auch noch. Perfekt! Je mehr Vaseline Sie hinzufügen, desto transparenter wird der Gloss. Aufbewahren können Sie ihn in kleinen Döschen mit Schraubverschluss, die es in jeder Apotheke zu kaufen gibt.

Lippenpflege Weiche, rosa Lippen sind nicht nur bei Frauen attraktiv. Damit diese Kusswerkzeuge aber auch wirklich schmollig schön aussehen, müssen sie regelmäßig gepflegt werden. Besonders weich und anschmiegsam werden Ihre Lippen, wenn Sie ihnen einmal in der Woche eine spezielle Rubbelkur gönnen. Reiben Sie die Lippen einfach mit einer trockenen Zahnbürste vorsichtig ab. Auf diese Weise regen Sie die Durchblutung an und die Lippen bekommen eine gesunde, rote Farbe. Außerdem wirkt die Zahnbürstenkur wie ein Peeling. Durch das Rubbeln werden abgestorbene Hautschüppchen entfernt, die sonst auf den Lippen liegen und eine fahle, raue Schicht bilden. Anschließend pflegen Sie die Lippen samtig weich, indem Sie sie mit Honig einreiben. Nach zehn Minuten Einwirkzeit dürfen Sie die süße Paste dann abschlecken (lassen). Das Ergebnis: Unwiderstehlich sanfte Lippen – und ein praller Geldbeutel. Denn dieses Lippentreatment kostet so gut wie nichts.

Lippenstift Satte, rote Lippen machen das Make-up erst perfekt. Dabei ist es allerdings gar nicht so einfach, die richtige Lippenstiftfarbe für sich herauszufinden. Haben Sie dann aber einmal einen perfekten Lippenstift gefunden, ist es umso verständlicher, dass Sie sich ärgern, wenn er einmal kaputtgeht. Das passiert leider öfter als Ihnen lieb ist. Besonders oft bricht der Lippenstift einfach in der Mitte durch. Dann geht die Suche von vorne los – und Sie müssen wieder viele verschiedene Lippenstifte ausprobieren, bis Sie wieder ein vergleichbares Modell gefunden haben. Es sei denn, Sie gehen wie folgt vor: Nehmen Sie Ihren zerbrochenen Lippenstift und erwärmen Sie die beiden Enden über einer Kerze. Die Hitze bringt die Lippenstifthälften leicht zum Schmelzen, und Sie

können die Enden wieder aneinanderdrücken. Aber warten Sie kurz, bis die Masse gehärtet ist und die Enden wieder fest miteinander verbunden sind. Ihr Lippenstift ist wieder ganz – und Ihre Seele auch. Das spart Geld, Zeit und Nerven.

Männerhemden

Oberhemden für Männer – das ist eine Wissenschaft für sich. Bei den meisten Männern hängt der Schrank voll davon, sie tragen aber letztlich doch nur ihre ein bis zwei Lieblingsmodelle. Wenn alte oder falsch gekaufte Hemden ausrangiert werden sollen, haben schlaue Sparer eine tolle Idee, wie sie die Hemden weiter nutzen können: Sie verwenden sie einfach als Nachthemd für die Kinder (oder sogar für sich selbst). Auch als Malerkittel oder für ähnliche Arbeiten (zum Beispiel im Garten), bei denen gute Kleidung nicht in Mitleidenschaft gezogen werden soll, lassen sich die Hemden prima weiterverwenden. Und Sie sparen sich die Zeit und das Geld für den Kauf von Schlafanzügen.

Massageöl

Eine angenehme Massage spüren Sie nicht nur auf der Haut und in den Muskeln, sondern auch in der Seele. Gedanken und Verspannungen lösen sich gleichermaßen. Fragen Sie doch einfach Ihren Liebsten oder Ihre Liebste, ob sie zu einem kleinen Verwöhnprogramm bereit wäre. Und weil Sie sich noch besser entspannen können, wenn der Geldbeutel nicht unnötig belastet wird, machen Sie das Massageöl selbst – dann ist das Glück perfekt. Hierfür vermischen Sie in einer kleinen Schüssel Olivenöl mit ein paar Spritzern Ihres Lieblingsparfüms. Rühren Sie das Ganze mit einem Schneebesen kräftig durch, bis es sich zu einer sämigen Masse verbunden hat. Fertig ist das Massageöl! Der Effekt: Das Olivenöl macht Ihre Haut weich und geschmeidig und durch das Parfüm hat es außerdem einen angenehmen Duft. Das ist günstig – und dabei sooo angenehm.

Motten

Motten müssen einen ausgeprägten Sinn für Mode haben. Anders kann man sich nicht erklären, warum sie sich für ihren Mitternachtsschmaus immer nur die feinsten Garne und die schönsten Lieblingsklamotten (wo das Wort „Motte" ja bereits drinsteckt) aussuchen. Wie dem auch sei – jetzt steht ihnen jedenfalls eine Hungerperiode bevor. Geht ganz einfach: Hängen Sie einige kleine mit getrocknetem Lavendel und Orangenschalen gefüllte Säckchen in Ihren Kleiderschrank. Das duftet gut, erfrischt die Sachen und verschreckt nervtötende Motten, denn die mögen diesen Duft gar nicht. Sie sparen sich den Ärger über Mottenlöcher und das Geld für teure Mottensprays – denn das ist ohnehin besser in eine kleine Shoppingtour investiert.

Mücken

Mückenstiche sind lästig, aber fast noch lästiger ist der beißende Geruch von sogenannten Anti-Mückenstich-Bodylotions. Diese halten zwar die Mücken wirkungsvoll ab, riechen aber oft so unangenehm, dass Sie bald nach dem Auftragen Kopfschmerzen bekommen. Wenn Sie sich diesen Stress und auch die Zeit für den Kauf von Anti-Mückenmitteln ersparen und dabei ein paar Mücken (im Sinne von Geld) in der Tasche behalten wollen, mischen Sie sich Ihre Anti-Mückensalbe einfach selbst. Das Rezept ist so simpel und absolut wirkungsvoll: Mischen Sie Olivenöl mit ein paar großzügigen Spritzern Zitronensaft und reiben Sie damit die Stellen an Ihrem Körper ein, die von Mücken befallen werden könnten. Der Olivenölmix pflegt die Haut und hält gleichzeitig lästige Stechmücken ab. Außerdem ist es eine günstige und stressfreie Alternative zu teuren und schlecht riechenden Anti-Mücken-Produkten. So schlagen Sie gleich mehrere Mücken mit einer Klappe.

Nadelkissen

Nähen ist eine Fummelarbeit, vor allem wenn Sie ständig die Nadeln verlieren. Das ist nicht nur nervig, sondern auch gefährlich, wenn Sie die kleinen, spitzen Nadeln auf dem Boden nicht wiederfinden und später vielleicht sogar hineintreten. Gewöhnen Sie sich daher an, Ihre Nadeln an einer zentralen Stelle zu sammeln. Am besten eignet sich hierfür ein ausrangiertes Schulterpolster. Sie können die Nadeln hineinstecken und müssen sie fortan nicht mehr suchen. Klar können Sie ein Nadelkissen auch fix und fertig kaufen, aber warum sollten Sie Geld ausgeben, wenn Sie es auch leicht selbst herstellen können. Sie sparen auf diese Weise Zeit und Geld und müssen nicht ständig auf der Hut vor herumliegenden Nadeln sein.

Nagelfeile

Gepflegte Hände sind wie eine Visitenkarte. Eine regelmäßige Maniküre ist daher unerlässlich. Die Nägel sollten immer hübsch gleichmäßig auf eine Länge gebracht werden. Das funktioniert am besten mit einer Feile. Wenn Ihre Nägel schnell wachsen, kennen Sie bestimmt folgendes Problem: Durch das viele Schleifen wird die Nagelfeile mit der Zeit stumpf und arbeitet nicht mehr so sauber. Meist liegt das aber nicht daran, dass die Feile den Geist aufgegeben hat, sondern dass sich Schmutz und die feinen Staubpartikel, die beim Feilen entstehen, in der Schleiffläche festgesetzt haben. Wenn Sie sich also nicht ständig neue, teure Nagelfeilen kaufen wollen, sollten Sie Ihre alte Feile regelmäßig säubern. Grobere Schmutzrückstande lassen sich bereits durch einfaches Abklopfen entfernen. Hartnäckiger sind die Feinstaubpartikel. Diese entfernen Sie am besten mit dem ultimativen Sparfuchstrick: Kleben Sie einen Streifen Tesafilm auf die Schmirgelfläche der Feile, drücken Sie den Streifen fest an und reißen ihn mit einem kräftigen Ruck wieder ab. Das Ergebnis: In der Klebefläche bleiben selbst die kleinsten Staubkörnchen hängen, die Feile ist wieder sauber und funktionsbereit und Ihren hübschen Visitenkarten-Händen steht nichts mehr im Weg.

Nagelhärter

Schöne Hände sind wichtig, besonders auch die Fingernägel sollten gleichmäßig und gesund aussehen. Brüchige Nägel sind alles andere als ansehnlich, aber leider keine Seltenheit. Menschen, die zu brüchigen Nägeln neigen, haben in der Regel schon eine Vielzahl von Härtungsversuchen hinter sich. Aber kein Lack, auch wenn er noch so viel versprochen hat, hat etwas gebracht – außer Ihnen die Hoffnung und Zeit zu rauben und den Geldbeutel zu erleichtern. Verzichten Sie künftig auf solch selbst ernannte Wunderprodukte und den Ärger und die Kosten, die diese mit sich bringen. Ein alter Sparfuchstrick hilft besser und ist zudem günstiger: Baden Sie Ihre Nägel einfach einmal pro Woche in einem Bad aus Zwiebelsaft (gibt es im Reformhaus). Die Enzyme, die darin enthalten sind, bauen die Nagelstruktur auf und härten die Nägel. Schon nach ein paar Wochen werden Sie eine Besserung feststellen – an Ihren Nägeln und in Ihrem Portemonnaie.

Nagelhaut

Die Fingernägel sind zwar eine winzig kleine Stelle des Körpers, bringen dafür aber umso mehr Probleme mit sich. Eines davon ist so ziemlich jedem bekannt: Eingerissene Nagelhaut. Sie schmerzt, sieht unschön aus und wenn man nicht aufpasst, wird sie immer schlimmer. Experten raten daher vorzubeugen, indem man die Haut geschmeidig hält. Ist sie nämlich zu trocken, kommt es zu schmerzlichen Rissen. Selbstverständlich findet sich hierzu in den Drogerien und Parfümerien ein Spezialprodukt. Sparfüchse verzichten aber gern darauf und behelfen sich mit einem ebenso wirksamen wie günstigen Trick: Sie reiben Ihre Haut nicht mit sogenannten Nagelpflegestiften ein, sondern mit Mandelöl. Massieren Sie das Öl mindestens einmal pro Woche in die Nagelhaut ein und sparen dabei auch die Stellen nicht aus, die gar nicht eingerissen sind. Das Öl hält die Haut weich und wirkt vorbeugend gegen Risse. Mandelöl ist nämlich besonders fetthaltig und pflegend. In der Regel ist in den Pflegestiften auch nichts anderes enthalten. Sie können sich die teure und zeitaufwendige Anschaffung also auch sparen.

Ölbad

Ölbäder sind eine Wohltat für Haut und Seele. Der Einzige, der diese geschmeidigen Wannen-Wonnen nicht so sehr genießen kann, ist Ihr Geldbeutel. Denn ölige Badezusätze sind nicht unbedingt günstig, und ihr Kauf kostet auch Zeit. Das ist sehr ärgerlich – zumindest dann, wenn Sie keine schlauere Lösung kennen. Und die lautet: Machen Sie Ihr Ölbad einfach selbst. Statt teurer Spezialölbäder können Sie auch vier bis fünf Esslöffel Babyöl ins Badewasser geben. Das riecht gut und ist besonders pflegend für die Haut. Das Bade- bzw. Babyöl zieht besonders gut in die Haut ein, wenn sie noch leicht feucht ist. Wenn Sie dann mit dem Baden fertig sind, ziehen Sie den Stöpsel aus der Wanne und bleiben Sie so lange darin liegen, bis das Wasser abgelaufen ist. Der Ölfilm, der an der Wasseroberfläche schwimmt, kann sich so gleichmäßig auf Ihrer feuchten Haut verteilen, und Sie können die öligen Rückstände gut in die Haut einmassieren.

 ## Parfümierte Bodylotion

Wenn Sie einmal Ihr Lieblingsparfüm gefunden haben, wollen Sie am liebsten nichts anderes mehr riechen und sich nur noch von Ihrem Lieblingsaroma umnebeln lassen. Für besonders intensive Duftmomente lohnt es sich daher, die Bodylotion, die es oft passend zum Parfüm gibt, zu benutzen. Die Bodylotion zieht mit Ihrem Lieblingsduft in die Haut ein, wird dort erwärmt und verbreitet den Duft des Parfums noch intensiver. Außerdem riecht ausnahmslos jede Körperstelle danach. Eine dufte Sache – gäbe es da nicht einen Haken: Parfümierte Bodylotions sind (vor allem in Relation zu den Mengen, die Sie verbrauchen) eine kostspielige Sache. Deshalb auf dieses ultimative Geruchserlebnis zu verzichten, wäre jedoch ziemlich schade. Und: Es ist vor allem nicht nötig, denn Sparfüchse wissen sich zu helfen. Sie kaufen sich einfach eine normale, geruchsneutrale und günstige Körpercreme, füllen ihren Inhalt in eine Schüssel, fügen dieser Masse ein paar Spritzer des Lieblingsdufts hinzu und verrühren alles. Anschließend füllen Sie das Ganze wieder in die Cremeflasche, und schon haben Sie die passende Körpercreme zu Ihrem Lieblingsparfüm. Und das Ergebnis lautet: Duft gut, alles gut!

Parfümproben

Sie wollen sparen – aber
dennoch nicht auf Ihr Lieblingsparfum verzichten. Das geht. Der
Trick ist folgender: Fragen Sie in der Parfümerie nach einer
Probe Ihres Lieblingsdufts. Diese gibt es gratis, und der Inhalt
genügt für einige Male. Vor allem bei Parfüms, die Sie ohnehin
nur für eine Saison verwenden würden, lohnt sich die Anschaffung einer ganzen Flasche oft nicht. Die ist meist sehr teuer
und wenn Sie den Duft leid haben, steht die Flasche ungenutzt
herum, und der Inhalt verfliegt im Laufe der Zeit. Durch Proben-
sammeln sparen Sie also Geld und bekommen dafür trotzdem
den Duft Ihrer Träume. Echt dufte!

Parfümreste

Wenn der Lieblingsduft zu Ende
geht, ist das meist traurig und ärgerlich. Denn die letzten
Tropfen lassen sich oft nur schwer oder gar nicht mehr versprühen und bleiben so ungenutzt in der Flasche – bis jetzt
jedenfalls. Denn es gibt einen simplen Trick, wie Sie wirklich
jeden Tropfen Ihres Lieblingsparfüms nutzen können. Sie schrauben den Parfümverschluss auf und nehmen die letzten Reste
mit einem Taschentuch auf. Wischen Sie den Flakon sehr
gründlich damit aus. Das Dufttuch legen Sie dann zwischen
Ihre Wäsche in den Kleiderschrank und schon können Sie den
Lieblingsduft noch für lange Zeit an der Kleidung schnuppern.
Sie sparen sich den Ärger über ungenutzte Parfümreste und
den Kauf eines neuen Dufts können Sie auch noch hinaus-
zögern. Zeit und Geld sparen und dabei gut riechen – so einfach geht das.

Peeling

Während Sie diese Zeilen lesen, verlieren Sie
Tausende Hautzellen. Sekunde für Sekunde stößt der Körper in
mikroskopisch kleinen Dosen alte Schüppchen ab und ersetzt
sie durch junge, frische Zellen. Klingt bedrohlich, macht aber
einen schönen Teint. Denn durch diese Häutung wird die dicke
Schicht abgestorbener Hautzellen, und mit ihr der unschöne
Grauschleier, der die Haut blass und fahl wirken lässt, abgetra-

gen. Durch regelmäßige Peelings können Sie also die Zellerneuerung unterstützen und Ihre Haut sanft und strahlend machen. Rubbelkuren aus dem Kosmetikregal kosten allerdings viel Geld. Simpler, zeitsparender und günstiger sind selbst gemachte Peelings. Dafür vermischen Sie drei Esslöffel gemahlene Mandeln mit zwei Teelöffeln Sahne und etwas Zitrone. Diese Paste verreiben Sie dann mit kleinen, kreisenden Bewegungen im Gesicht, lassen sie fünf Minuten einwirken und spülen das Ganze mit warmem Wasser ab. Peelen Sie die Stirn und das Kinn besonders gründlich – diese Regionen neigen nämlich zu einer erhöhten Talgproduktion und damit zu Verunreinigungen.

Perlmuttknöpfe
An schlichten Kleidungsstücken fallen Details besonders auf. Bei Blusen sind es deshalb vor allem die Knöpfe, die ins Auge stechen. Positiv ebenso wie negativ. So sieht es zum Beispiel nicht besonders hübsch aus, wenn die Knöpfe durch das ständige Waschen abzublättern beginnen. Die Bluse verliert dadurch an Charme und sieht ungepflegt aus. Verhindern Sie dieses Malheur, indem Sie die Knöpfe vorbeugend regelmäßig mit durchsichtigem Nagellack bestreichen. Der Lack legt sich wie eine Schutzschicht um den Knopf und verhindert, dass die Perlmuttschicht durch Stöße oder durch das Waschen zu Schaden kommt. Außerdem hinterlässt er einen dezenten Glanzfilm, und der Knopf sieht aus wie neu. Wichtig: Sie müssen dies regelmäßig wiederholen, da auch der Lack mit der Zeit abzublättern beginnt und die Knöpfe so doch noch beschädigt werden könnten.

Pumpspender
Schaumpartys unter der Dusche machen zwar Spaß, haben aber leider nur wenig Sinn. Benutzen Sie nämlich zu viel Duschgel oder Shampoo, trocknet das zum einen die Haut und die Kopfhaut übermäßig aus, zum anderen ist es schlichtweg teuer. Duschgels und Haarwaschmittel sind meistens nicht ganz billig, werden sie verschwendet, geht das langfristig ins Geld, und das Einkaufen kostet auch

noch Zeit. Unter der Dusche heißt daher die Devise: Weniger ist mehr! Wie Sie sparsamer mit den duftenden Duschmitteln umgehen, ist ebenfalls simpel: Füllen Sie Ihre Shampoos oder Duschbäder einfach in einen leeren Pumpspender (zum Beispiel einen leeren Seifenspender) um. Durch das Pumpen können Sie es besser dosieren und es kommt Ihnen nicht gleich ein ganzer Schwall entgegen. Auf den meisten Packungen ist ohnehin vorgegeben nur eine haselnussgroße Menge des Shampoos oder Duschgels zu verwenden, da diese Menge in der Regel ausreicht. Allerdings kommt aus den normalen Öffnungen der Shampoo- oder Duschgelflasche grundsätzlich mehr heraus, als Sie wollen. Mit einem Pumpspender passiert Ihnen dieses Malheur garantiert nicht mehr. Und außerdem schützen Sie Ihre Haare und Haut vor dem Austrocknen.

Rasierer Glatte, samtige Beine sind zwar schön
anzusehen, sie zu bekommen, ist aber Schwerstarbeit. Fast jeden Tag müssen Sie rasieren, um die lästigen, pieksenden Stoppeln loszuwerden. Dabei müssen Sie achtgeben, dass Sie sich nicht schneiden und, damit sich das Ergebnis auch wirklich watteweich anfühlt, müssen Sie im Anschluss salben und cremen, was die Tuben hergeben. Glatte Beine sind daher nicht nur eine Frage der Optik, sondern kosten auch Zeit und Geld. Damit Sie den Geldbeutel wenigstens einigermaßen schonen, lohnt es sich für die Damenwelt, einmal einen Blick auf die Herren der Schöpfung zu werfen. Denn Rasierprodukte (Klingen, Rasierschaum und sogar After-Lotions) für Herren sind teilweise günstiger als Damenprodukte. Kaufen Sie daher Männerprodukte. Abgesehen vom Preis werden Sie nämlich kaum einen Unterschied merken. Denn die Inhaltsstoffe sind in der Regel identisch. Allein der Duft der Produkte unterscheidet sich durch seinen herben, maskulinen Geruch. Wenn Sie sich durch diese Männer-Aromen gestört fühlen, müssen Sie deshalb trotzdem nicht auf den Spartrick verzichten. Um den Geruch zu mildern, können Sie die Beine im Anschluss an die Rasur mit einer nor-

malen, parfümierten Bodylotion für Frauen eincremen. Sollte es noch immer männlich riechen, besprühen Sie Ihre Beine einfach mit etwas Damen-Deo. Das schadet der Haut überhaupt nicht, duftet aber angenehm weiblich.

Rizinusöl
Lackschuhe lieben (genau wie ihre Trägerinnen) das Rampenlicht. Denn darin können sie besonders gut strahlen und funkeln. Vorausgesetzt natürlich, es hat sie vorher jemand auf Hochglanz gebracht. Aber doch nicht mit teuren Spezialpflegemitteln. Das ist doch gar nicht nötig. Einfacher und günstiger sind ein paar Tropfen Rizinusöl (bekommt man in der Apotheke.) Dieses Öl, das aus den Samen des afrikanischen Wunderbaums gewonnen wird, ist ohnehin oft in Schuhcremes enthalten. Es macht eine transparente, aber glänzende Oberfläche, sodass es Lackschuhe perfekt in Schuss bringt. Einfach die Schuhe damit einreiben, kurz warten und mit einem sauberen Tuch nachpolieren. So sparen Sie Geld – G(l)anz einfach!

Schnürsenkel
Des Läufers größtes Leid ist meist gar nicht die lange Strecke, die er laufen will, sondern die oft störenden Schnürsenkel. Diese fransen allzu leicht aus und erschweren damit unnötig das Zuschnüren der Schuhe. Ausgefranste Schnürsenkel kommen allerdings nicht nur bei Sportschuhen, sondern auch bei Alltagsschuhen vor. Das sieht nicht nur hässlich aus, sondern verdirbt auch schnell die Laune. Sparen Sie sich diesen Ärger. Und sparen Sie sich auch das Geld und die Zeit für den Kauf neuer Schnürsenkel. Mit einem einfachen Trick ist das nämlich alles nicht mehr nötig: Tauchen Sie die alten, ausgefransten Schnüre einfach in klaren Nagellack. Der Lack klebt die Fäden wieder aneinander, und der Schnürsenkel funktioniert wie neu. Ohne Fransen, ohne Ärger, ohne Mühe und ohne viel Geld.

Schönheitsmasken
Masken machen schön, vor allem, wenn Sie sie wieder abnehmen. Denn eine

wöchentliche Maske ist wie Urlaub für die Haut. In Masken stecken Konzentrate pflegender Wirkstoffe, die die Haut besonders intensiv durchfeuchten und regenerieren. Gönnen Sie Ihrer Haut daher diese regelmäßigen Verwöhnkuren. Zu teuer denken Sie jetzt? Von wegen: Die besten Masken sind nämlich noch immer die, die Sie selbst aus frischen und günstigen Wirkstoffen anrühren. Trockene und gestresste Haut liebt zum Beispiel dieses Rezept: Pürieren Sie das Fleisch einer Avocado, rühren Sie einen guten Teelöffel Honig unter, fügen Sie einen Becher Quark (oder Sahne – die ist noch intensiver) hinzu und vermengen alles gründlich. Verteilen Sie diese Masse nun großzügig auf Gesicht, Hals und Dekolleté. Sobald sie anfängt langsam zu trocknen (nach etwas 15 Minuten), waschen Sie die Maske mit lauwarmem Wasser ab. Das Ergebnis: Ein Teint, der taufrisch strahlt und sich gesund und gepflegt anfühlt. Denn Quark und Sahne spenden der Haut eine Extraportion Feuchtigkeit, während Avocado sie mit den schützenden Vitaminen C und E versorgt – eine Wohltat für Haut und Ihr Gemüt.

Schuhbeutel

Irgendwann kommt der Tag, an dem die Lieblingsjeans, die so viele Jahre treu gehalten hat, den Geist aufgibt. Dann ist es nicht nur schwierig, sich von ihr zu trennen, sondern auch unnütz. Denn alte Hosen (auch wenn sie nicht so sehr geliebt wurden) können Sie gut weiterverwerten, nämlich als Schuhbeutel. Dazu schneiden Sie einfach die Hosenbeine ab (circa fünf bis zehn Zentimeter länger als Ihr Fuß ist) und nähen sie an einem Ende zusammen, das andere lassen Sie offen oder Sie nähen ein Bändchen ein, mit dem Sie den Beutel zuziehen können. Diese „Hosen-Beutel" eignen sich hervorragend als Schuhbeutel. Entweder wenn Sie in den Urlaub fahren und die Schuhe lose im Koffer lassen wollen (das gibt nämlich unter Umständen unschöne Abfärbungen an den übrigen Sachen) oder wenn Sie Ihre Schuhe längere Zeit (zum Beispiel im Keller) lagern wollen. In einem Beutel sind sie ideal vor Staub und Schmutz geschützt. Sie schonen Ihre

Schuhe, sparen Zeit und Geld für gekaufte Beutel und müssen Ihrer Lieblingsjeans nicht mehr hinterhertrauern. Sie erfüllt schließlich noch einen guten Zweck.

Schuhcreme
Ein ungeschriebenes Gesetz besagt, dass man Lederschuhe (eigentlich) jeden Tag putzen sollte. Im Alltag ist diese Forderung jedoch kaum zu bewältigen, und so passiert es leicht, dass die Schuhcreme infolge des unregelmäßigen Gebrauchs hart, trocken und damit funktionslos wird. Wenn Sie gerade vorhatten, Ihre Schuhe auf Vordermann zu bringen, kostet diese Entdeckung nicht nur Nerven, sondern auch Zeit und Geld für neue Schuhcreme. Jedenfalls dann, wenn Sie sich nicht anders zu helfen wissen. Wenn Sie pfiffig sind, grämen Sie sich nicht und kaufen auch keine neue Creme, sondern legen die alte, angetrocknete Schuhcremetube einfach für zehn Minuten in ein heißes Wasserbad. Durch die Wärme schmilzt die Creme und wird wieder gebrauchsfähig. Nehmen Sie die Tube aber hin und wieder aus dem Wasserbad heraus und kneten Sie sie fest durch. Die Schuhcreme verteilt sich dann besser und schmilzt schneller.

Schuhpflege im Alltag
Geputzte Schuhe sind wie eine Visitenkarte. Doch auch wenn Sie zu Hause noch so fleißig gebürstet und geputzt haben, passiert es immer wieder, dass Sie unterwegs versehentlich in eine Pfütze oder in anderen Schmutz treten, und schon sind die schönen Schuhe wieder ruiniert. Meistens geschehen solche Missgeschicke genau dann, wenn Sie auf dem Weg zu einem wichtigen Termin sind. Damit Sie sich nicht die Blöße geben müssen und mit frisch verschmutzen Schuhen zu einem Meeting erscheinen, tragen Sie doch immer ein paar Babypflegetücher bei sich. Diese eignen sich ideal, um die Schuhe schnell wieder sauber und glänzend zu bekommen. Die Tücher machen dabei nicht nur rein, sie pflegen auch, da sie rückfettende Substanzen

enthalten. Inzwischen gibt es diese Tücher auch schon in Mini-
packungen, sodass Sie sie leicht in jeder Jackentasche unterbringen können. Ihre Schuhe werden sich freuen – genau wie
Ihre Nerven.

Schuhpolitur

Geputzte Schuhe sind eine Form
der Höflichkeit. Funkelnde und glänzende Schuhe sind noch
mehr: Sie sind eine Frage des Stils. Wenn Sie mit Ihren Schuhen
um die Wette funkeln wollen, müssen Sie aber meist tief in die
Tasche greifen, denn Polituren sind teuer. Außerdem kostet es
oft viel Zeit und Nerven, unter den vielen verschiedenen Produkten das richtige herauszusuchen. Denn da gibt es Glanz-
mittel für Lederschuhe, für Kunstleder, für Lackleder und, und,
und. Simpler und genauso sicher funktioniert Haarlack. Einfach eine dünne Schicht Haarlack nach dem Putzen auf den
Schuh sprühen, trocknen lassen, fertig. Jetzt glänzt nicht nur
der Schuh, sondern auch Ihr Lächeln. Schließlich haben Sie
Geld, Zeit und Stress gespart. Der Haarlack muss allerdings gut
getrocknet sein, bevor Sie die Schuhe auf der Straße tragen,
denn ist der Lack noch feucht, kann leicht Staub und feiner
Schmutz daran kleben bleiben. Dann wäre vom Glanz nicht
mehr viel übrig.

Schuhspanner

Wer seine Schuhe liebt (und
das sind vor allem Frauen), gönnt ihnen eine regelmäßige
Wellnesskur: Pflege von außen ist dabei selbstverständlich.
Doch nur die wenigsten pflegen ihre Lieblingstreter auch von
innen. Dabei ist gerade das so wichtig. Spannen Sie Ihre be-
sohlten Lieblinge deshalb regelmäßig auf Schuhspanner. Das
hält sie in Form, glättet Gehfalten und zieht Feuchtigkeit und
Schweiß aus dem Leder. Der einzige Nachteil: Gute Schuhspanner sind teuer. Und wer nicht gerade wenige Schuhe besitzt
(das sind übrigens auch meistens Frauen), kommt aus dem
Kaufen und Bezahlen kaum mehr heraus. Sparfüchse sind
schlauer: Sie machen ihre Schuhspanner selbst. Einfach alte

oder kaputte Nylonstrümpfe zu einem Knäuel formen und in den Schuh stecken. Fertig! Wichtig ist, dass der Schuh (und besonders dessen Spitze) gut mit Strümpfen gefüllt ist, so-dass das Leder leicht gespannt wird. Sind die Schuhe feucht, sollten Sie den alten Nylonstrumpf zusätzlich mit zerknülltem Zeitungspapier füllen und das Ganze dann in den Schuh stecken. Die Zeitung saugt die Feuchtigkeit zuverlässig auf.

Schweißgeruch
Säuerlich und bissig – den Geruch von Schweiß mag niemand gern. Vor allem wenn er sich im Lieblings-T-Shirt festgesetzt hat und trotz vehementer Entfernversuche einfach nicht verduften will. Schlimmer als fri-scher Schweiß sind nämlich die Rückstände, die sich im Laufe der Zeit in den Klamotten sammeln. Alter Schweiß ist oft noch hartnäckiger und riecht strenger. Wenn Sie von solchen Ge-ruchsbelästigungen die Nase voll haben, rücken Sie ihnen mit der ultimativen Geheimwaffe zu Leibe: Sprühen oder reiben Sie einfach die müffelnden Stellen der Kleidung (in der Regel ist das in der Region der Achselhöhlen) mit Essig ein und lassen sie darin etwa eine Stunde einwirken. Im Anschluss geben Sie das Shirt wie gewohnt in die Waschmaschine. Danach sollte Schluss mit Schweiß sein, und Sie haben wieder Freude an Ihrem Shirt und auf die teuren Spezialreiniger können Sie auch verzichten – Zeit gespart haben Sie auch, da Sie kein neues Shirt kaufen müssen.

Schwere Beine
Der Sommer lässt einfach niemanden kalt. Leider bringt die Sonnensaison nicht nur Wärme und Frohsinn, sondern hat auch ihre Schattenseiten. Der Körper ist teilweise mit der Hitze überfordert und reagiert mit dicken, geschwollenen und schmerzenden Beinen, die einem die Lust auf sommerliche Aktivitäten gründlich verder-ben können. Sich ärgern hilft jetzt aber nicht. Handeln Sie lieber. Nehmen Sie ein paar alte Nylonstrümpfe und spülen Sie sie in einem Mix aus Eiswasser und Franzbranntwein. Jetzt

ziehen Sie sich die Strümpfe an und legen Ihre Beine für zehn Minuten hoch. Am besten ist es, wenn Sie sich auf den Boden legen und die Beine senkrecht an die Wand halten. Die Beine werden dadurch angenehm erfrischt und schwellen langsam ab. Der Franzbranntwein kurbelt den Zellstoffwechsel an und sorgt so dafür, dass angesammeltes Wasser abtransportiert wird.

Selbst föhnen  Waschen, schneiden, selbst
föhnen. Keine Frage: Ein Friseurbesuch erhöht die (weibliche) Lebensqualität. Sich einmal so richtig verwöhnen zu lassen und wie ein neuer Mensch den Laden zu verlassen – das ist ein Luxus, den Sie sich hin und wieder gönnen sollten. Noch mehr Freude macht das Ganze allerdings, wenn Sie trotz Luxus ein paar Euro sparen können. Und vielleicht sogar noch ein bisschen Ärger. Geht ganz einfach: Sagen Sie bei Beginn Ihres Besuches, dass Sie Ihre Haare später selbst föhnen möchten. Das ist üblich – Ihr Friseur wird deshalb nicht komisch schauen. Ihr Vorteil: Sie müssen die Extraleistung „Föhnen" nicht bezahlen, Ihr Besuch wird günstiger, und Sie haben das Styling auch noch selbst in der Hand. Oft gelingt es einem selbst ohnehin besser, seine Haare in Form zu bringen.

Shampookonzentrate Manche
Haarwaschmittel werden als Konzentrat verkauft. Das hat den Vorteil, dass Sie nur kleine Mengen benötigen. Sie sind so stark dosiert, dass sie auch mit einer geringen Menge die volle Reinigungsleistung erzielen. Solche Konzentrate sind daher genau das Richtige für schlaue Sparer. Einziger Haken: Shampookonzentrate lassen sich oft nur schwer im Haar verteilen und weil Sie mit der geringeren Menge (besonders bei langen Haaren) nicht an alle Stellen kommen, nehmen Sie oft die doppelte Menge, und der Spareffekt ist dahin. Weiterer Haken: Wenn Sie zu viel vom Konzentrat erwischt haben, schaden Sie damit nicht nur Ihrem Geldbeutel, sondern auch Ihren Haaren.

Denn diese reagieren oft sensibel auf Konzentrate – eine zu
große Menge kann sie trocken und brüchig machen. Dabei ist
es ganz simpel dieses Problem zu umgehen: Sie verdünnen
das Konzentrat zur Hälfte mit Wasser und teilen es auf zwei
Flaschen (zum Beispiel eine alte leere Shampooflasche) auf.
Das Mittel lässt sich nun besser im Haar verteilen, und es
genügt ein kleiner Tropfen, um selbst lange Haare gründlich zu säubern. Das spart Geld, schont Ihr Haar – und die
Umwelt.

Socken
Nichts verschwindet häufiger als Socken.
Oft liegt das daran, dass einzelne Socken im Flusensieb der
Waschmaschine hängen bleiben. Ärgerlich ist das in jedem Fall,
schließlich können Sie mit dem übrig gebliebenen einzelnen
Socken nicht mehr viel anfangen. Der Sparfuchstipp zu diesem
Thema lautet daher: Kaufen Sie Ihre Socken fortan nur noch in
Mehrfachpackungen. Diese sind nicht nur günstiger, es ist auch
nicht so ärgerlich, wenn mal wieder eine einzelne Socke ver-
schwindet, Sie haben ja schließlich genug Ersatz. Auf Dauer
spart das eine Menge Geld und Ärger.

Sonnenbrand
Sonnenbrand gilt medizinisch
bereits als kleine Verbrennung und sollte daher nicht unbehandelt bleiben. Schnelle Linderung bringen After-Sun-Lotions.
Wenn Sie Ihre Rothaut allerdings auf sparsamere Weise retten
wollen, kaufen Sie keine teuren Fertigprodukte, sondern mischen Sie sich Ihre kosmetischen Erfrischer einfach selbst.
Quarkpackungen sind im Brandfall ideal. Sie ziehen Hitze aus
der Haut und schleusen gleichzeitig Feuchtigkeit hinein. Verteilen Sie hierfür handelsüblichen Speisequark auf der betroffenen Hautstelle und lassen Sie ihn so lange einwirken, bis er
anfängt zu trocknen. Eine eiskalte Erfrischung bringt auch Aloe
Vera-Saft. Füllen Sie den Saft in eine Sprühflasche, kühlen Sie
ihn kurz im Eisfach und sprühen ihn dann über den gesamten
Körper. Der Effekt: Die glühende Haut wird mit einem kühlenden

Tröpfchennebel benetzt, der sie munter macht und mit ausreichend Feuchtigkeit versorgt. So bekommen Sie für wenig Geld schnelle Linderung. Ein guter Deal!

Spliss

Frauen würden sich eher von ihren Lieblingsschuhen trennen als von einem Zentimeter ihrer Haarpracht. Schließlich dauert es lange genug, bis man so eine stolze Wallemähne sein Eigen nennen kann. Im schlechtesten Fall haben Frauen aber gar keine andere Wahl. Wenn sich die Spitzen spalten, müssen die Haare ab. Spliss muss mit der Friseurschere entfernt werden. Das dachte man jedenfalls bis jetzt. Die gute Nachricht ist aber: Es gibt ein Mittel, das kaputte Haarspitzen wieder fit macht und damit die Nerven ihrer Besitzerinnen erheblich schont. Und die noch bessere Nachricht ist: Es kostet nicht einmal viel Geld. Die Rede ist vom sogenannten Klettenwurzelöl (gibt es in der Apotheke). Massieren Sie das Öl einfach in die feuchten, gewaschenen Spitzen ein und lassen Sie es einwirken. Das Öl ist reich an Enzymen, die sich pflegend um die Hornschicht der Haare legen und kittend wirken. Einen Versuch ist es wert. Möglichkeit Nummer zwei heißt schließlich „schnipp-schnapp", und das hat niemand gern.

Spontankäufe

Beim gemütlichen Bummel durch die Stadt verlieben Sie sich schnell – in eine Tasche, ein Paar Schuhe oder ein hübsches Kleid. Also Dinge, die Sie eigentlich gar nicht brauchen – aber genau in diesem Moment unbedingt haben wollen. Sparfüchse kennen diese spontanen Begehren und wissen richtig mit ihnen umzugehen. Sie gehen nämlich einfach nach Hause, ohne das Objekt der Begierde zu kaufen und schlafen erst einmal eine Nacht darüber. Am nächsten Morgen haben Sie es meist schon wieder vergessen. Wenn Sie aber immer noch an die hübsche Tasche, oder was Sie sonst gesehen haben, denken, dann können Sie sie jetzt immer noch kaufen. Auf diese Weise vermeiden Sie Spontankäufe, die aus einer Laune heraus entstehen und die Sie mit etwas Abstand meistens bereuen. Das spart nicht nur Ärger, sondern auch einen Haufen Geld.

Sportschuhe

Der Kauf eines guten Sportschuhs ist bereits eine Wissenschaft für sich. Zunächst muss er passen, dann müssen die Federung und das Fußbett stimmen, und gefallen soll er auch noch. Wer aber dachte, die Anschaffung sei schon schwierig, der sollte besser den Verkäufer nicht fragen, wie der Schuh zu pflegen ist. Denn hier geht die Wissenschaft weiter. In der Waschmaschine dürfen solche Hightech-Treter auf keinen Fall gewaschen werden, da durch die Erschütterung beim Schleudern die Federung kaputtgehen könnte. Am besten ist es, wenn Sie die Schuhe nur mit warmem Wasser abwaschen und vorsichtig bürsten – so predigen es jedenfalls die Verkäufer. Leider vergessen diese dabei, dass diese Prozedur mühsam ist und der Schuh dabei meist auch nicht richtig sauber wird. Sparfüchse kennen zum Glück einen Trick, den die Verkäufer in der Regel nicht wissen: Sie stellen einfach ihre Schuhe in die Geschirrspülmaschine. Hier werden sie effektiv sauber, erleiden aber keinerlei Erschütterungen, sodass die Federungsprofile erhalten bleiben. Wer auf Nummer sicher gehen will, der stellt ein niedriges Programm ein, sodass die Schuhe auch keiner großen Hitze ausgesetzt sind. Sie sparen damit in Zukunft jede Menge Nerven – nicht nur, weil Ihre Schuhe endlich sauber werden, sondern auch, weil Sie sich in Zukunft die gut gemeinten Wasch-Ratschläge des Verkäufers ersparen können.

Tennissocken

Ambitionierte Sportler erkennen Sie an deren Tennissocken. Denn die sind durch das viele Tragen und die häufige Wäsche meist schon grau. In Sportlerkreisen mag das ein geheimes Symbol für besonderen Ehrgeiz sein, der normale Mensch findet graue Socken aber alles andere als schick. Wenn Sie weder neue Socken anschaffen noch sich von den alten, grauen Füßlingen nerven lassen wollen, machen Sie Folgendes: Geben Sie einfach einen mit getrockneten Zitronenschalen gefüllten Leinenbeutel zu der Sockenwäsche in die Waschtrommel. Die Säure der Zitrone wäscht die Socken wieder schneeweiß, ohne viel zu kosten. Sie sparen also Zeit und Geld. In der Wäsche sollte sich aber ausschließlich weiße Wäsche befinden. Farbige Kleidungsstücke könnten durch die Zitrone ausbleichen.

Textilduft

Die Lieblingskleider trägt man noch lieber, wenn sie nicht nur schön aussehen, sondern auch gut riechen. Durch längeres Lagern im Kleiderschrank haben sie aber oft einen muffigen Geruch. Abhilfe schaffen sogenannte Textilerfrischersprays. Mit ihnen sprühen Sie einfach regelmäßig den Innenraum des Kleiderschranks aus, und schon duftet die Wäsche frühlingsfrisch und blütenrein. Der einzige Haken: Solche Spezialsprays sind nicht gerade günstig, und wenn Sie den Duft frischer Wäsche lieben, verbrauchen Sie auch jede Menge davon. Auf Dauer geht das ins Geld und deren Kauf kostet Zeit. Wenn Sie also nicht nur den Duft frischer Wäsche, sondern auch den Duft des Geldes in der Nase behalten wollen, beherzigen Sie folgenden Trick: Befüllen Sie eine leere Sprühflasche mit Wasser und geben Sie etwas Weichspüler hinzu, fertig ist das Textilspray. Simpel, günstig und echt dufte! Das Verhältnis von Wasser zu Weichspüler dosieren Sie einfach der Nase nach. Geben Sie so viel hinzu, bis Sie mit der Geruchsintensität zufrieden sind.

Wimperntusche

Mal ehrlich: Eine gute Wimperntusche zu finden, ist fast so schwer, wie den Mann fürs Leben zu ergattern. Die eine hat eine zu große Bürste, die andere eine zu kleine. Wieder andere verkleben die Wimpern – die nächste färbt fast nicht. Das Schlimmste ist aber, wenn Sie Ihre persönliche Lieblingsmascara gefunden haben und diese nach einer gewissen Zeit eingetrocknet ist. Dann beginnt die Suche von neuem. Und das kostet nicht nur einen Haufen Zeit, sondern vor allem auch Geld. Nicht verzweifeln – hier kommt die rettende Lösung: Lassen Sie für circa drei bis fünf Minuten heißes Wasser über die Hülle Ihrer alten, verklebten Mascara laufen. Danach rühren Sie die Wimpernpaste vorsichtig mit der Mascarabürste um – und siehe da: Die Verklumpungen haben sich gelöst, und die Wimperntusche funktioniert wieder. Jetzt strahlen die Augen gleich wieder, und Sie müssen kein Geld für neue Wimperntusche ausgeben.

Zahnpastatuben
Sie sind nicht nur einer der beliebtesten Streitpunkte zwischen Mann und Frau – sie sind auch eine der häufigsten Sparfallen, wenn man nicht aufpasst. Denn oft werden Zahnpastatuben entsorgt, ehe der letzte Rest Zahncreme verbraucht wurde. Denn auch wenn sich kaum noch etwas aus der Tube quetschen lässt, ist mindestens noch so viel drin, dass Sie sich damit noch vier- bis fünfmal die Zähne putzen können. Sie müssen nur wissen, wie Sie an die teuren Cremereste herankommen. Ganz einfach: Schneiden Sie einfach das hintere Ende der Tube mit einer Schere ab, sodass eine breite und große Öffnung entsteht. Hier können Sie den letzten Rest Creme locker herausquetschen, und Sie sparen jede Menge Geld, wenn Sie jede Tube bis zum letzten Tropfen auskosten. Ob Sie damit auch Streitereien vermeiden, ist allerdings fraglich.

Zitronenbad
Vitamin C ist gesund. Das ist nichts Neues. Was viele aber nicht wissen: Vitamin C macht auch schön. Nutzen Sie die Wirkung des Vitamins für Ihren persönlichen Schönheitskick. Schneiden Sie sechs Zitronen in Scheiben und lassen Sie sie sechs Stunden in einem Topf mit Wasser ziehen. Anschließend geben Sie diese Vitaminlösung zu Ihrem Badewasser. Die Säure der Zitrone wirkt desinfizierend bei entzündlicher Haut und Akne. Besonders wenn Sie kleine Pickelchen auf dem Rücken haben, an die Sie sonst nur schwer herankommen, schafft ein Zitronenbad schnelle Linderung. Die

Haut wird gereinigt und mit Vitamin C versorgt. Dieses Vitamin schützt erwiesenermaßen vor Umweltstress und hauteigenen Stressfaktoren wie den sogenannten freien Radikalen. Tipp: Sie können während des Badens auch ein kleines Zitronenpeeling einlegen. Auf diese Weise schleusen Sie die Zitruswirkstoffe noch besser ins Innere der Haut, also dorthin, wo sie am besten wirken können. Für das Peeling reiben Sie einfach etwas von einer getrockneten Zitronenschale ab und vermischen das Ganze mit einer Tasse grobkörnigem Salz und dem Saft einer Zitrone (oder Limette). Reiben Sie die Paste auf den ganzen Körper; besonders intensiv rubbeln Sie verunreinigte Hautstellen damit ab. Wer mag, lässt das Peeling anschließend noch kurz einwirken und spült es dann gründlich ab. Wenn Sie zu entzündlicher, fettiger oder unreiner Haut neigen, wenden Sie diese Zitruszeremonie ein- bis zweimal pro Woche an - Sie werden bald Erfolge sehen. Und zwar nicht nur an Ihrer Haut - sondern auch an Ihrer Psyche. Ist die Haut gesund, fühlt man sich darin auch gleich viel wohler. Nicht zuletzt deshalb, weil die Zitronenbäder kaum etwas kosten und Sie keine teuren Extraprodukte im Handel kaufen müssen.

Kontostand

	So viel könnten Sie sparen:	So viel haben Sie gespart:
Geld	135 × 💼	
Zeit	70 × 🕐	
Nerven	120 × 🙂	

Hobby  und Freizeit

Ausstellungsstücke

Neue Möbel machen Freude. Jedenfalls dann, wenn sie hübsch aussehen, bereits fertig zusammengebaut im Wohnzimmer stehen und perfekt zur restlichen Wohnungsgarnitur passen. Leider ist der Weg bis dahin nicht immer so einfach. Es beginnt schon beim Kauf – die Preise können einem schnell die Lust am Shoppen verderben. Wen das aber noch nicht schockt, der verliert seine gute Laune spätestens, wenn er die neuen Möbel zu Hause selbst aufbauen muss. Statt gemütlich auf dem neuen Sofa zu kuscheln, gibt es Montageanleitungen und Gehämmer. Wer diese Probleme kennt, sie aber in der Zukunft nicht mehr haben will, der wendet einen simplen Trick an, mit dem er Zeit, Geld und Arbeit sparen kann: Kaufen Sie einfach ein Ausstellungsstück. Das sind die Möbel, die im Verkaufsraum gezeigt werden. Der Vorteil beim Kauf von Ausstellungsstücken ist, dass Sie einen Preisnachlass bekommen und die Möbel bereits fertig montiert sind. Sollten Sie Bedenken wegen Flecken oder anderer Mängel haben, die während der Ausstellungszeit entstanden sein könnten, bitten Sie einfach einen Verkäufer, Ihnen den einwandfreien Zustand des Möbels zu quittieren – dann haben Sie im Fall der Fälle etwas in der Hand und können eine Ausbesserung oder Reparatur verlangen. In der Regel sind die Ausstellungsmodelle jedoch ohnehin nicht älter als ein Jahr und in einem guten Zustand. Übrigens: Dieser Trick funktioniert nicht nur bei Möbeln. Sie können auch Elektrogeräte oder sogar Autos als Ausstellungsware kaufen.

Barzahlung

Wer bar bezahlt, spart Geld. Grund: Barzahler geben im Allgemeinen einfach weniger Geld aus. Wer nämlich einen Geldschein weggibt, um damit etwas zu bezahlen, übertritt eine natürliche Hemmschwelle. Besonders bei großen Scheinen überlegen Sie es sich zweimal, bevor Sie ihn „anbrechen" oder ganz ausgeben. Das ist ein guter Trick, um etwas Geld zu sparen. Wenn Sie dagegen immer mit der EC-Karte bezahlen, verlieren Sie leichter den Überblick über Ihre Kosten. Außerdem „tut es nicht so weh", wenn Sie die Karte zum Verkäufer geben, sodass Sie viel schneller und unüberlegter Geld ausgeben. Bei Scheinen und Münzen haben Sie dagegen ein besseres Gefühl für deren Wert. Deshalb: Heben Sie sich am Anfang des Monats einen gewissen Betrag an Bargeld von Ihrem Konto ab und versuchen Sie ausschließlich damit zu bezahlen. Sie werden sehen – es fällt schwerer und Sie geben automatisch weniger aus.

Blumenkästen

Mit bunten Blumen und Kräutern in Blumenkästen kann man nicht nur den eigenen Balkon oder die Fenster schön verzieren: Sie haben den Garten und Ihr eigenes Wohlfühl-Paradies direkt vor der Nase und können auch bald Ihre Gerichte in der Küche mit Kräutern aus dem eigenen kleinen Minigarten verfeinern. Mit frischen Kräutern schmeckt das Essen fast wie im Restaurant und die Tütchen mit Samen sind auf Dauer allemal günstiger, als alle paar Wochen einen Kräutertopf oder teure Zimmerpflanzen anzuschaffen! Bestimmten Kräutern wie Basilikum, die Sie schnell in Ihren Blumenkästen heranziehen können, wird außerdem eine Insekten abstoßende Wirkung nachgesagt – teure Insektenschutzmittel und Fliegengitter gehören so der Vergangenheit an. Bestreichen Sie Holz-Blumenkästen vor der Bepflanzung mit Leinöl, nimmt das Holz nicht so schnell Wasser auf und die Blumenkästen faulen weniger schnell.

Briefmarken

Häufig sind Gewinnspielen, Bestellscheinen oder Umfragen Antwortkarten beigelegt. Nur wenige wissen, dass man diese Karte nicht mit einer Briefmarke freimachen muss, wenn auf der rechten Seite über der Empfänger-Adresse „Antwort" oder an der Stelle, wo die Briefmarke in der Regel klebt, die Aufforderung „Bitte freimachen (falls Marke zur Hand)" steht. Der Empfänger bittet ja ausdrücklich um eine Rückantwort. Und die Karten müssen nicht drei Tage herumliegen, ehe man auf der Post eine Briefmarke besorgt hat. Dieser Tipp spart, auf Dauer angewendet, bares Geld und Zeit.

CDs
An CDs haben Sie natürlich die meiste Freude, wenn sie nagelneu sind und auf voller Lautstärke im CD-Player laufen. Kommen die Tonträger allerdings in die Jahre, passiert es leicht, dass sich Kratzer oder Rillen auf der Oberfläche bilden und diese die Musik entweder gar nicht mehr oder nur noch verzerrt wiedergeben. Dann ist es mit der musikalischen Freude vorbei. Zum Glück kennen Sparfüchse einen Trick, wie man weiterhin Spaß an den spiegelnden Scheiben haben kann: Bekleben Sie einfach eine - oder wenn Sie mögen - auch beide Seiten einer alten, funktionslosen CDs mit einem Stück buntem Filz - und schon haben Sie einen hübschen und besonders raffinierten Glasuntersetzer. So müssen Sie sich nicht mehr über die kaputte CD ärgern und außerdem sparen Sie Geld, da Sie Ihre Glasuntersetzer günstig selbst hergestellt haben.

Computer
Der Computer ist die wohl wichtigste Erfindung unserer Zeit. Inzwischen ist der Rechner nicht mehr aus dem Geschäfts- und Privatleben wegzudenken. Doch besonders im privaten Bereich lohnt es sich, über seinen Rechner genauer nachzudenken. Vor allem dann, wenn Sie vorhaben, sich einen neuen anzuschaffen. Private Haushalte nutzen ihren Rechner nämlich meist nicht in seinem vollen Umfang. Oft wird er nur zum Schreiben von Texten, zum Surfen im Internet, zum Spielen und zum Verwalten von Fotos verwendet. Diese Funktionen erfüllen moderne Rechner allerdings mit links, sie müs-

sen dafür nicht unbedingt besonders gut ausgestattet sein. Überlegen Sie daher, ob es für Ihren Hausgebrauch nicht genügen würde, wenn Sie sich einen gebrauchten Rechner, der vielleicht zwei bis drei Jahre alt ist, anschaffen. Was dieser Rechner an Leistung bringen kann, reicht für den normalen Gebrauch vollkommen. Inzwischen gibt es Computerhändler, die auch gebrauchte Geräte verkaufen. Ihr Vorteil: Sie sparen Geld, und der Rechner kommt Ihren Funktionswünschen trotzdem nach.

Dispokredit Viele Banken bieten die Möglichkeit,

das Guthaben auf dem Konto zu überziehen. Sie gewähren diesen Vorschuss in Form eines sogenannten Dispositionskredites. Der Vorteil ist, dass Sie schnell an Geld kommen, wenn Sie spontan welches benötigen. Es gibt aber auch erhebliche Nachteile: Zum einen muss das Konto wieder ausgeglichen werden, und bis dahin leben Sie sprichwörtlich in den „roten Zahlen". Außerdem veranschlagt die Bank für den Zeitraum, in dem Sie sich im „Minus" befinden, erhebliche Zinsen. Und zu guter Letzt verleitet ein solcher Kredit dazu, mehr Geld auszugeben, als Sie eigentlich wollen bzw. können. Schließlich merken Sie beim Bezahlen nicht einmal, dass Sie eigentlich gar kein Geld mehr auf dem Konto haben, da die Zahlung dank des Dispos ungehindert funktioniert. Auch wenn es in den meisten Fällen ein Limit gibt, bis zu welchem Sie Ihr Konto überziehen dürfen, haben Sie schneller Schulden, als Ihnen lieb ist. Sprechen Sie also Ihren Bankberater darauf an und bitten Sie ihn, Ihren Dispokredit zu sperren, damit Sie gar nicht erst in Versuchung kommen und Gefahr laufen, Schulden zu machen, die Sie dann gemeinsam mit den Gebührenaufschlägen abstottern müssen. Auf diese Weise sparen Sie sich eine Menge Geld und Ärger.

Drucken Es sind besonders die Kleinigkeiten, die

in der Summe teuer sein können. So ist es auch beim Drucken. Wenn Sie nämlich nicht aufpassen, verbraucht der Drucker unnötig viel Papier und teure Tinte. Die gute Nachricht lautet aber: Mit kleinen Tricks können Sie diese Kosten klein halten. Sie müssen nur wissen wie. Zum Beispiel sollten Sie Ihren Drucker auf die Funktion „Layout" umstellen. Das heißt „Entwurf" und bedeutet, dass der Drucker weniger Tinte verwendet. Die Schrift wird dadurch zwar etwas blasser – allerdings ist dieser Unterschied kaum merklich. Besonders wenn es sich um keine wichtigen Dokumente handelt, sollten Sie in dieser Einstellung drucken. Stellen Sie außerdem Ihren Computer so ein, dass Ihr Drucker zwei Seiten auf einem Blatt Papier druckt. Dadurch sparen Sie genau die Hälfte des Papiers. Hochgerechnet aufs Jahr macht das eine Menge aus. Weiteres Plus: Wenn der Drucker weniger Seiten mit weniger Tinte druckt, arbeitet er schneller. Sie sparen also Geld und Zeit.

Druckerpatronen
Wenn die Druckerpatronen leer sind, ist das nicht nur ärgerlich, sondern auch teuer. Beim Kauf von neuen Patronen lohnt es sich daher zu vergleichen, denn oft sind die namhaften Marken besonders teuer. Inzwischen gibt es allerdings auch schon Discounter, die die gleichen Produkte anbieten – dabei aber weitaus günstiger sind. Wichtig: In den großen Elektronikmärkten finden Sie diese günstigeren Waren meist in den unteren Regalreihen. Greifen Sie also nicht zum erstbesten Produkt, sondern schauen Sie sich in Ruhe um. Noch ein Tipp: Günstiger kommen Sie an sogenannten Druckertankstellen zu neuer Tinte. Sie funktionieren wie eine Tankstelle für Autos, nur betankt man anstelle eines Autos eine Druckerpatrone. Das geht schnell, ist wesentlich preiswerter und auch besser für die Umwelt, da man die Plastikhülle der Patrone nicht einfach wegwirft, sondern erneut verwendet.

Eierkartons
Manchen Männern macht es fast mehr Spaß an ihrem Auto herumzubasteln als mit ihm zu fahren. Es ist ein Hobby, bei dem sie abschalten und entspannen

können. Jedenfalls solange alles seine Ordnung hat und nicht plötzlich wichtige Einzelteile und Schrauben abhanden kommen, die man zum Zusammenbauen des Motors oder anderer Teile unbedingt wieder braucht. Dann geht die Suche (und der Ärger) los. Der (nicht immer ganz saubere) Fußboden der Werkstatt scheint wichtige Schrauben einfach zu verschlucken. Wenn das passiert, ist es mit der Entspannung vorbei. Verderben Sie sich nicht die Lust an Ihrem Hobby, sondern beugen Sie solchen Katastrophen mit einem simplen Trick vor: Sammeln Sie leere Eierkartons. Die Mulden der Kartons lassen sich prima zum Aufbewahren von Kleinteilen und Schrauben verwenden. Das bringt Ordnung in die Werkstatt und Ruhe ins Gemüt. Letztlich schonen Sie nicht nur Ihre Nerven, sondern sparen auch Zeit, da Sie nicht nach Ihrem Zubehör suchen müssen.

Eigene Homepage Sein Hobby zum
Beruf zu machen, das ist doch jedermanns Traum. Und die gute Nachricht: Das ist sogar möglich – jedenfalls ansatzweise. Es besteht nämlich die Möglichkeit, dass Sie mit Ihrem Hobby ein bisschen Geld dazuverdienen können. Alles was Sie dafür brauchen, ist ein Computer und etwas Zeit. Dann basteln Sie sich eine eigene Homepage zu einem Thema, welches Ihnen Spaß bereitet und bieten auf dieser Seite freie Flächen an, auf denen Unternehmen, die auf diesem Gebiet tätig sind, werben können. Dafür können Sie wiederum Geld verlangen. Den Inhalt der Internetseite gestalten Sie dabei ganz nach Ihren Wünschen und Interessen. Ist Ihre große Leidenschaft zum Beispiel die Gärtnerei, dann bauen Sie sich eine Seite zum Thema Garten – mit all Ihren Ideen, Vorstellungen und Tricks. Die freien Werbeflächen bieten Sie dann Firmen an, die sich mit Pflanzen, Dünger, Rasenmähern oder Ähnlichem beschäftigen. Suchen Sie sich Unternehmen am besten im Internet heraus und schreiben Sie eine E-Mail an deren Werbeabteilung. Es klingt schwieriger als es ist, eine eigene Homepage zu entwerfen. Inzwischen gibt es in jedem Elektronikmarkt Programme zu kaufen, die Ihnen

dabei helfen. Wer für solche Programme nicht viel Geld ausgeben möchte, kann in Online-Shops oder auf Auktionsplattformen im Internet versuchen, ein gebrauchtes Exemplar zu bekommen – das ist oft günstiger.

Handys mit E-Mail-Funktion

Einst waren E-Mails unter Businessleuten der letzte Schrei – inzwischen sind sie auch im Privatleben zu einem gängigen Kommunikationsmittel geworden. Die Rede ist von Handys mit E-Mail-Funktion. Immer mehr Handyanbieter statten ihre Geräte so aus, dass sie eine Verbindung zum Internet aufbauen können und so auch E-Mails empfangen können. So können Sie überall und jederzeit auf Ihre Nachrichten zugreifen, sind immer sofort informiert und haben selbst auch die Möglichkeit, schnell Informationen weiterzugeben. Das ist nicht nur eine enorme Zeitersparnis, sondern hat noch einen weiteren Vorteil, den Sparer zu schätzen wissen: Es ist auf Dauer günstiger als ein normales Handy. Zwar kosten solche e-mailfähigen Geräte in der Anschaffung oft mehr als ein herkömmliches Handy, auf lange Sicht gerechnet haben Sie diese Ausgabe aber schnell wieder hereingeholt. Denn für SMS zahlen Sie pro Stück einen gewissen Cent-Betrag. Möchten Sie dagegen E-Mails verschicken, buchen Sie bei Ihrem Telefonanbieter ein monatliches Internetpaket und können damit beliebig viele E-Mails verschicken. Besonders wenn Sie viele Nachrichten verschicken, lohnt es sich auf E-Mails umzustellen. Anders als bei einer SMS haben E-Mails keine Zeichenbegrenzung – Sie können also längere Texte schreiben, ohne dafür mehr zu bezahlen. Auf Dauer lohnt sich diese Umstellung.

Externe Festplatte
In privaten Haushalten gibt es oft nur einen Rechner, der von allen Familienmitgliedern gemeinschaftlich genutzt wird. Das spart zwar Kosten, bringt dafür allerdings ein anderes Problem mit sich: Wird ein Computer von vielen Personen gemeinsam genutzt, ist er häufig

mit Unmengen von Daten überladen und wird dadurch in seinen Arbeitsprozessen langsamer, und das wiederum kann für den Benutzer ganz schön nervig und zeitraubend sein. Schlaue Sparer beherzigen daher einen simplen Trick, um diesen Ärger zu umgehen. Sie ziehen einfach alle Dateien, die nicht ständig genutzt werden, auf eine externe Festplatte. Das hat zwei Vorteile: Zum einen sind die Dateien an einem Ort, der, anders als der Computer selbst, nicht von gefährlichen Viren befallen werden kann. Zum anderen entlastet es den Rechner. Muss dieser nämlich weniger Dateien speichern, arbeitet er schneller. Und das wiederum schont Ihre Nerven und spart Zeit. Weiterer Bonus: Eine externe Festplatte lässt sich günstiger mit zusätzlichem Arbeitsspeicher aufrüsten. Geld sparen Sie also außerdem.

Fabrikverkauf  Sie haben bestimmt auch

eine Lieblingskleidermarke, oder? Die hat schließlich jeder. Wenn Sie von einem bestimmten Label gar nicht genug bekommen können, dann schauen Sie doch einfach auf der Homepage dieser Marke, ob das Unternehmen einen Fabrikverkauf anbietet. Bei diesen Verkaufsaktionen werden die Kleider günstiger abgegeben, weil die Firma durch den Verkauf auf dem Fabrikgelände die Kosten für einen Einzelhandelsstandort spart. Wenn Sie ein Schnäppchen machen wollen, sind Sie mit solchen Aktionen also gut beraten. Und einen schönen Ausflug mit der Familie oder Freunden haben Sie außerdem noch.

Fax Für viele Geschäftsleute war das Fax wohl eine der

wichtigsten Erfindungen des 20. Jahrhunderts. Inzwischen hat es aber auch schon einige Jahrzehnte auf dem Buckel und darum sollten wir noch einmal über den Nutzen des Faxgeräts nachdenken. Denn inzwischen kommuniziert die (Geschäfts-) Welt fast ausschließlich per E-Mail. Das hat zwei Gründe: E-Mails sind zum einen wesentlich schneller, zum anderen erheblich günstiger als Faxe. Überlegen Sie also das nächste Mal, wenn Sie ein Fax verschicken wollen, ob Sie nicht lieber Zeit und Geld sparen möchten und Ihre Dokumente nicht auch als E-Mail verschicken können. Oder sie einzuscannen und dann als E-Mail zu verschicken. So können Sie auch solche Dokumente, die es eins zu eins zu verschicken gilt, als E-Mail versenden.

Filzstifte
Kleine Mädchen und Jungs brauchen oft nur Stift und Zettel, um glücklich zu sein. Und für ihre Eltern ist es ebenfalls das Schönste, wenn die Kleinen ihre Welt in bunten Farben und wirren Strichen zu Papier bringen. Die Picassos der Zukunft verbrauchen dabei allerdings jede Menge Filzmalstifte. Bei bunten Gemälden ist die Farbe schnell leer und die Freude dahin. Dabei ist es so einfach, die Lebensdauer von Filzstiften um ein paar Gemälde zu verlängern: Schrauben Sie die Stifte einfach hinten auf und träufeln zwei kleine Tropfen Essig hinein. Durch die Befeuchtung malt der Stift fast wie neu und das noch für eine ganze Weile, und Sie müssen nicht so schnell wieder neue Stifte kaufen. Übrigens: Die Werke der Kleinen sind tolle Motive für Geburtstagskarten oder Einladungen. Sie müssen keine teuren Karten kaufen, und der Empfänger freut sich sehr über diesen persönlichen Gruß.

Fitnessstudio
Viele Leute versprechen sich von der Mitgliedschaft in einem Fitnesscenter, dass sie abnehmen. Meistens ist dieses Vorgehen auch von Erfolg gekrönt. Doch leider sind Sie selbst dabei nicht die Einzigen, die abnehmen. Auch Ihr Konto wird in der Regel um einiges schlanker, und ausgerechnet dort haben Sie ja lieber fette Zahlen. Denn die Beiträge, die Sie in einem Sportstudio zu zahlen haben, sind teuer. Nur aus diesem Grund sollten Sie aber nicht auf die gesunden Leibesertüchtigungen verzichten. Denn auch hier können Sie durch richtiges Timing ein paar Euro sparen. Bei Fitnessstudios kommt es nämlich entscheidend darauf an, ob Sie den Vertrag im Winter oder im Sommer abschließen. Denn wie immer, reguliert auch hier die Nachfrage den Preis. In der Regel ist es so, dass sich viel mehr Mitglieder in den Wintermonaten

als im Sommer anmelden. Im Sommer gibt es schließlich genug Möglichkeiten, auch draußen Sport zu treiben. Dann locken die Studios daher mit günstigen Angeboten, um neue Kunden zu gewinnen. Nutzen Sie diese Gelegenheit und sparen Sie so Geld, wenn Sie in einen Club eintreten wollen.

Fotos reinigen

Beim Betrachten von Fotos können Sie schöne Erinnerungen auf ein Neues erleben und sich ins Gedächtnis rufen. Umso schlimmer ist es, wenn die Bilder im Laufe der Zeit verschmutzen oder immer blasser werden. Das ist sehr ärgerlich und traurig. Fotogeschäfte bieten spezielle Reinigungsmittel an, mit denen Sie die Bilder mühelos reinigen können. Leider sind diese Mittel meist recht teuer. Wenn Sie Ihre Bilder deshalb nicht ohnehin schon auf dem Computer gespeichert haben, sollten Sie einen speziellen Sparfuchstrick anwenden, um Ihre Bilder möglichst lange und möglichst sauber zu erhalten (und das am besten ohne viel Geld dabei auszugeben und Zeit für den Spezialreinigerkauf zu verschwenden, versteht sich): Reiben Sie die Bilder einfach vorsichtig mit einem in Spiritus getauchten Wattebausch ab. Rückstände und Verschmutzungen lassen sich dadurch leicht lösen, ohne dass das Bild Schaden nimmt. So halten Ihre Erinnerungen und Ihre Bilder ewig – und günstig ist diese Methode auch.

Fotozubehör

Die Nachfrage bestimmt den Preis. So lautet die Aussage einer alten betriebswirtschaftlichen Lehre, die ihre Berechtigung nicht nur in der Bilanz großer Unternehmen findet, sondern auch im Alltag. Ein Beispiel dafür sind Kameras und anderes Fotozubehör. Die Nachfrage für diese Artikel ist in den Sommermonaten in der Regel besonders groß, da dann die meisten Leute in den Urlaub fahren und sich dafür oft noch schnell einen neuen Fotoapparat oder neues Zubehör anschaffen. Häufig ist deshalb zu beobachten, dass in den Sommermonaten die Preise für solche Produkte steigen.

In den Wintermonaten haben es die Händler dagegen schwerer, ihre Sachen loszuwerden und bieten Lagerware daher oft zu Aktionspreisen an. Wenn Sie eine neue Kamera kaufen wollen, sollten Sie sich also bis zum Winter gedulden, wenn Sie ein besonderes Schnäppchen machen wollen.

Geldautomaten
Die Technik macht vieles leichter und bequemer. Geldautomaten sind zum Beispiel eine herrliche Erfindung. Egal wo Sie gerade sind und wie spät es ist, wenn Sie Bargeld brauchen, gehen Sie einfach schnell zu einem Automaten (der nächste kann ja nicht weit weg sein) und heben mit Ihrer Bankkarte einen gewissen Betrag ab. Fertig! Einfach, aber leider nicht ganz billig. Denn wenn Sie nicht gerade den Automaten der eigenen Bank erwischen, müssen Sie zahlen. Fremdbanken erheben nämlich Gebühren, wenn Sie an deren Automaten Bargeld abheben, ohne dort ein Konto zu führen. Achten Sie also in Zukunft darauf, dass Sie nur die Automaten Ihrer eigenen Bank benutzen. Der nächste Automat wird nicht weit entfernt sein, Sie müssen ihn nur suchen. Auf diese Weise können Sie eine Menge unnütz ausgegebenes Geld sparen.

Geschenkbänder
Beim Verschenken geht es nicht um das Geschenk allein, sondern auch um die Verpackung. Es macht dem Beschenkten (und auch dem Schenkenden) noch mehr Freude, wenn das Präsent liebevoll eingepackt ist - mit hübschen Schleifen und bunten Bändern. Das Auge schenkt schließlich mit. Allerdings sind Geschenkbänder und andere Verziehrungen, die Sie im Handel fix und fertig kaufen können, meistens recht teuer. Wenn Sie trotzdem nicht auf eine hübsche Verpackung verzichten wollen, stellen Sie sie einfach und günstig selbst her, und zwar aus alten Kleidern. Bevor Sie Ihre alten Sachen wegwerfen, schauen Sie doch, ob Sie nicht eine nette Farbe oder ein tolles Muster haben, welches sich prima zum Verpacken eignen könnte. Ist das der Fall,

zerschneiden Sie Ihre Klamotten einfach in lange Streifen und schon haben Sie originelle und günstige Bänder sowie Schleifen für Ihr nächstes Geschenk. Übrigens: Machen Sie sich keine Sorgen, wenn die Stoffstreifen an den Seiten leicht ausfransen. Die Fransen machen die Verpackung nur noch origineller. Wenn Sie das allerdings gar nicht mögen, können Sie sie auch vorsichtig mit einer scharfen Nagelschere abschneiden.

Geschenkpapier

Die schönsten Geschenke sind die, die man nicht auspacken will, weil sie mit so viel Mühe und Liebe eingepackt wurden. Schöne Verpackungen sind wie kleine Kunstwerke. Sparfüchse freuen sich über die hübschen Verpackungen – aber noch mehr darüber, dass sie für die kleinen Kunstwerke eine weitere Verwendungsmöglichkeit haben. Geschenkpapier und Schleifen können Sie nämlich recyceln und damit aus geteilter Freude gleich doppelte Freude machen. Das spart jede Menge Geld – und Gedanken, wie Sie etwas hübsch verpacken, müssen Sie sich auch nicht mehr machen. Wichtig ist, dass Sie beim Auspacken des Originalgeschenks nichts zerreißen oder beschädigen. Schleifen, die zu fest gebunden sind, knoten Sie nicht auf, sondern schneiden sie als Ganzes ab. Mit etwas Klebeband lassen sie sich so auf dem neuen Geschenk befestigen, ohne dass ihre Optik Schaden nimmt. Möchten Sie Geschenkpapier wiederverwenden, das zerknittert ist, legen Sie es einfach zwischen zwei dünne Handtücher und bügeln es bei niedriger Temperatur vorsichtig glatt.

Grußkarten

Gerade in Zeiten von E-Mails und High-Speed-Handys ist eine selbst geschriebene Karte etwas ganz Besonderes und eine schöne Tradition, die man am Leben erhalten sollte. Aber mal ehrlich, günstiger sind E-Mail und SMS trotzdem. Sparfüchse wissen eine Lösung: Anstatt teure Karten im Papierhandel zu kaufen, machen sie sie einfach selbst. Das ist ohnehin noch viel persönlicher. Um Geld zu sparen, schneiden

Sie anstelle von Motivaufklebern lieber hübsche Motive aus Bestellkatalogen oder Zeitungsbeilagen aus. Blumen sind toll für Geburtstagsgrüße, und in der Weihnachtszeit sind die Reklameblätter voll mit Weihnachtsbildern wie Christbaumkugeln, Weihnachtsmännern und Engeln. Schneiden Sie diese einfach aus und kleben sie auf buntes Tonpapier. So leicht ist es, jemanden eine schöne Freude zu bereiten.

Haustiere

Nicht nur die Entscheidung, ob man sich ein Haustier anschafft, will gut überlegt sein, sondern auch die Frage, woher man das Tier bezieht, muss durchdacht werden. Denn zwischen den verschiedenen Züchtern gibt es zum einen preislich enorme Unterschiede. Zum anderen unterscheiden sich die Tiere der einzelnen Verkäufer auch in Bezug auf Haltung, Stammbaum und Gesundheit voneinander. Es ist daher sinnvoll, sich vor der Anschaffung gründlich zu informieren und Vergleiche zwischen den Anbietern anzustellen. Eine noch sinnvollere Lösung ist es allerdings, sein Tier aus dem Tierheim zu holen. Zum einen spart das Kosten. Zum anderen können Sie sicher sein, dass die Tiere dort tierärztlich betreut und durchgecheckt wurden. Außerdem freuen sich Heimtiere ganz besonders über ein neues, liebevolles zu Hause. Im Tierheim finden Sie einen dankbaren Kameraden fürs Leben.

Inlineskates

Manchmal wachsen Kinder schneller als einem lieb ist. Nicht nur deshalb, weil die schöne Kinderzeit dann bald vorbei ist, sondern auch, weil die Knirpse ständig aus ihren Kleidern und Schuhen herauswachsen und man ständig neue Sachen kaufen muss. Das geht ganz schön ins Geld. Sparfüchse kennen einen Trick, wie sie diesem Problem wenigstens ein bisschen entgegenwirken können, und zwar beim Thema Inlineskates. Denn auch aus diesen wachsen die Kinder schnell heraus, und es müssen neue, teure Roller angeschafft werden. Sinnvoller als der Kauf von herkömmlichen Skates ist daher die Anschaffung von Rollen-Leisten, die Sie unter die normalen Schuhe schnallen können. Es gibt auch Rollen, die sich zusätzlich in der Länge verstellen lassen und damit wirklich unter jeden Schuh, egal welcher Größe, passen. Auch das Wachstum Ihres Kindes kann diesen Rollen nichts anhaben. Sie sparen damit Geld und schonen gleichzeitig Ihre Nerven.

Insolvenzversteigerungen

In Tageszeitungen erfahren Sie nicht nur die wichtigsten Nachrichten des Tages, sondern auch tolle Ideen zum Sparen. Wenn Sie zum Beispiel über größere Anschaffungen nachdenken, schauen Sie etwas genauer in Ihre Tageszeitung. Dort werden Insolvenzversteigerungen angekündigt, auf denen man kaum gebrauchte oder sogar neue Gegenstände für wenig Geld erwerben kann. Vor allem bei großen Anschaffungen wie Fahrzeuge, Büromöbel, PCs, Werkzeuge und Maschinen lohnt sich der Besuch einer Versteigerung.

Internettelefonie Es ist doch das

Schönste stundenlang mit den Freunden am Telefon über Gott und die Welt zu quatschen. Da vergeht die Zeit wie im Flug, und Sie merken es gar nicht. Doch auch wenn es Ihnen nicht auffällt, wie lange Sie schon an der Strippe hängen – eine merkt es sicher: Ihre Telefonrechnung, denn die ist immer ehrlich und gnadenlos. Und außerdem meistens viel zu hoch. Wenn Sie Ihren Geldbeutel etwas schonen wollen, aber trotzdem nicht auf die schönen Gespräche verzichten möchten, dann gibt es eigentlich nur eine Maßnahme: Telefonieren Sie über das Internet. Es gibt viele Anbieter, die Telefonverbindungen über das Internet bereitstellen und dabei nicht mal etwas kosten. Sie müssen meistens nur ein bestimmtes Programm herunterladen – und das war es schon. Haben Ihre Freunde dann das gleiche Programm, können Sie stundenlang klönen, ohne einen Euro zu bezahlen. Das ist besonders rentabel, wenn Sie Freunde im Ausland haben. Denn herkömmliche Telefonate in fremde Länder sind sehr teuer. Im Internet kosten sie dagegen gar nichts. Und das Allerbeste an der Sache: Sie können Ihren Gesprächspartner sogar sehen. Dazu müssen Sie an Ihrem Computer nur eine kleine Kamera (gibt es in jedem Elektronikmarkt) installieren. Das Ergebnis ist fast so gut wie ein echtes Treffen und dabei noch günstiger.

Jahresbeiträge
Es ist üblich die Beiträge für Versicherungen, Krankenkassen, Fitnessstudios oder Ähnlichem monatlich zu zahlen, unbedingt Sinn macht das aber nicht. Denn in den meisten Fällen wäre es günstiger, wenn Sie die Beträge einmal im Jahr bezahlen. Zum einen müssen Sie die Gebühren, die bei Ihrer Bank für Überweisungen fällig werden, nur einmalig zahlen und sparen daher Geld. Zum anderen räumen manche Vertragspartner (vor allem Sportstudios) einen Rabatt ein, wenn Sie den Betrag auf einmal zahlen. Sie sparen also doppelt Geld. Weiterer Vorteil: Dieses Vorgehen erleichtert Ihnen die (private) Buchhaltung, da Sie keine monatlichen Posten zu berücksichtigen haben, die Ihnen leicht den Überblick rauben. Ihre Nerven schonen Sie also außerdem – und das alles mit nur einer Überweisung.

Kegeln
Die besten Kindergeburtstage sind immer die, auf denen tolle Spiele veranstaltet werden. Besonders beliebt ist dabei auch ein Besuch der Kegelbahn. Der Nachteil: Bei schönem Wetter sind Sie mit den Kindern nicht im Freien, sondern in Kegelhallen, die manchmal verraucht sind. Außerdem wird so ein Ausflug teuer: Sie müssen die Miete für die Kegelbahn zahlen, hinzu kommen noch Getränke und Speisen. Denn die dürfen in der Regel nicht selbst mitgebracht werden. Eröffnen Sie also am besten einfach Ihre eigene Kegelbahn – in Ihrem Garten oder Wohnzimmer. Alles was Sie dafür brauchen, sind neun leere Plastikflaschen, die Sie mit Sand oder Reis füllen und einen Ball (ein gewöhnlicher Fußball eignet sich prima), und dann kann es losgehen. Stellen Sie die Flaschen wie Kegel auf und benutzen Sie den Ball als Bowlingkugel. Die Kinder haben einen großen Spaß,

und Sie haben Ihnen auf eine einfache und günstige Art und Weise eine Freude gemacht.

Kinderknete

Kinder spielen gern mit Knete. Für die Kleinen ist es ein großer Spaß. Die Freude hält meist allerdings nur so lange an, wie die Knete noch schön weich ist. Leider neigt Knete dazu, im Laufe der Zeit auszutrocknen, hart zu werden und eignet sich dann kaum noch zum Spielen. Deshalb müssen Sie noch lange keine neue Knetmasse kaufen. Es gibt nämlich einen Trick, wie Sie hart gewordene Knete wieder butterweich bekommen. Sie legen die Knete hierfür einfach in ein mit Olivenöl gefülltes Schraubglas, schrauben es zu und warten ab. Nach ein paar Tagen ist die Masse wieder weich und eignet sich ideal zum Spielen. Das spart Geld und Zeit für den Neukauf und schont die Nerven von Klein und Groß.

Kinderpflaster

Ein Pflaster mit hübschen, bunten und lustigen Motiven lässt bei den Kleinen den Schmerz über die Wunde schnell vergessen. Kinderpflaster sind zwar gute Trostmittel – aber leider auch teuer. Ein simpler Trick schafft Abhilfe. Kaufen Sie einfach normale Pflaster und lassen Sie diese von Ihren Kindern (ehe etwas passiert ist) bemalen. Das spart Kosten, tröstet die Kleinen und ist außerdem eine tolle Freizeitbeschäftigung. Am besten arbeiten Sie mit Filzstiften, andere Stifte würden auf dem Material des Pflasters nicht lange halten. Sie müssen sich auch keine Sorge machen, dass das Pflaster dadurch verschmutzt wird oder Ähnliches. Solange die Kinder nur die Oberseite bemalen und dabei nicht die Schutzfolie von der Klebeseite lösen, kann nichts passieren – außer dass Ihre Kleinen eine riesige Freude haben.

Kino

Ein Besuch im Kino ist wie ein Besuch in einer anderen Welt. Durch die Größe der Leinwand und die atemberaubenden Soundeffekte könnte man fast glauben, man spiele selbst im Film mit. Zum Abschalten ist ein Kinobesuch daher genau das Richtige.

Außerdem ist eine Kinoveranstaltung auch eine tolle Unternehmung für die ganze Familie. Doch oft fängt genau hier das Problem an. Wollen Sie nämlich für die ganze Bande Karten kaufen, merken Sie schnell, dass Sie nicht in einer anderen Welt sind, sondern noch immer auf dem Planeten Erde. Und dort lebt es sich manchmal teurer als Ihnen lieb ist. Doch keine Bange: Verzichten müssen Sie deshalb auf Ihren Lieblingsfilm noch lange nicht. Sie müssen nur den richtigen Zeitpunkt abwarten – und das ist nachmittags. Die Nachmittagsvorstellungen kosten in vielen Kinos nämlich weniger als die Abendveranstaltungen. Das spart viel Geld, und außerdem sind die Nachmittagsvorstellungen in der Regel nicht so gut besucht wie die Filme am Abend. Sie haben also mehr Platz im Kino und das Risiko, dass jemand während des Films redet, verringert sich automatisch. So sparen Sie Geld und können einen entspannten Nachmittag genießen.

Kleberoller

Basteln ist eine Fummelarbeit, die eigentlich Spaß macht, einem aber hin und wieder auch den letzten Nerv raubt. Vor allem, wenn Sie vorhaben, große Flächen wie Plakate oder Pappen zu kleben. Arbeiten Sie hier mit einer herkömmlichen Klebertube, dauert es oft lange bis Sie den Kleber überall verteilt haben. Außerdem wird das Klebergebnis leicht ungleichmäßig, da aus den Kleistertuben meistens nur dünne Streifen des Klebers kommen, die auf großen Flächen schnell ungleichmäßig wirken. Sparfüchse kennen einen Trick, wie sie sich diesen Ärger und zudem eine Menge Zeit sparen. Sie füllen ihren Flüssigklebstoff einfach in einen alten, ausgewaschenen Deoroller. Mit dem Roller kann man den Kleber viel gleichmäßiger und großflächiger verteilen.

Kontaktlinsen

Eine Kontaktlinse zu verlieren, ist gleich doppelt ärgerlich: Erstens finden sich die kleinen transparenten Dinger nur schwer wieder. Und außerdem passiert es nicht selten, dass man beim Suchen zufällig darauf tritt, und schwups ist die Linse kaputt. Schonen Sie Ihre Nerven (und Ihren Geldbeutel) und machen Sie die Suche mit einem pfiffigen Sparfuchstrick einfacher: Stülpen Sie einen Nylonstrumpf über das Handrohr Ihres Staubsaugers und saugen Sie damit vorsichtig die Stelle ab, an der Sie die verlorene Linse vermuten. Die Linse wird vom Sauger angezogen, kann aber durch den Nylonstrumpf nicht verschluckt werden oder kaputtgehen. So sparen Sie Zeit und Geld und schonen Ihre Nerven. Schließlich heißt es schon in einem alten Sprichwort: „Man kann ruhig wenig sehen, man muss sich nur zu helfen wissen." Oder so ähnlich!

Kontoauszüge

Zugegeben – es ist schon mühsam genug, Ordnung in die monatliche (private) Buchhaltung zu bringen. Eine kleine Arbeitserleichterung ist es, wenn die Bank Ihnen die Kontoauszüge unaufgefordert zusendet und Sie nicht ständig zur Bank gehen müssen, um die Auszüge abzuholen. Leider hat auch diese Medaille zwei Seiten, denn die Bank lässt sich diesen Service selbstverständlich bezahlen. Überlegen Sie daher, ob Ihnen das die Sache wert ist. Eine andere Möglichkeit ist, mit Ihrem Bankberater über die Angelegenheit zu reden. Wenn Sie schon lange Kunde bei der Bank sind, gibt es manchmal die Möglichkeit, einen Kompromiss zu finden. Der könnte so aussehen, dass die Bank die Gebühren für das Verschicken der Auszüge für ein paar Monate übernimmt und Sie die restlichen Monate des Jahres selbst die Kosten tragen. Man trifft sich also in der Mitte. Voraussetzung ist natürlich, dass Sie ein langjähriger, guter Kunde sind. Aber fragen kostet ja zum Glück nichts.

Kupfervasen

Frische Schnittblumen bringen einen Farbklecks und gute Laune in die Wohnung. Deshalb (und weil sie teuer sind) möchten Sie bestimmt, dass sie möglichst lange halten. Ein Grund, warum Blumen jedoch oft schon früh die Köpfe hängen lassen, sind Bakterien, die sich im Wasser bilden. Diese setzen sich an den Stängeln der Blumen fest und schaden der Blume damit. Um das zu verhindern, hilft es bereits, wenn Sie täglich das Wasser wechseln, die Blumen frisch anschneiden und die Vase gründlich auswaschen. Dieses Vorgehen ist zwar effektiv – aber leider auch aufwendig. Sparfüchse schenken sich daher diesen Aufwand, indem sie den schicken Strauß einfach in eine Vase aus Kupfer stellen. Denn Kupfer hat die Eigenschaft zu desinfizieren und verhindert so, dass es zu einer übermäßigen Bakterienbildung kommt. Auf diese Weise bleibt das Blumenwasser länger frisch und beginnt nicht so schnell faul zu riechen. Das erspart Ihnen Arbeit, beschert den Blumen ein längeres Leben – und Ihnen eine längere Freude daran.

Ladegeräte Die Akkus moderner Handys haben inzwischen eine lange Funktionsdauer. Dennoch ist es alle paar Tage nötig, sie an den Strom anzuschließen, damit sie sich wieder voll aufladen können. Da dieser Ladevorgang ständig wiederholt werden muss, machen sich viele Menschen nicht die Mühe, das Ladegerät vom Stromnetz zu trennen, sobald das Handy fertig aufgeladen ist, sondern lassen es einfach in der Steckdose stecken. Das ist zwar bequem – aber auch teuer. Denn auch wenn kein Handy an das Ladegerät angeschlossen ist, zieht es ständig Strom. Sie können sich das ähnlich wie einen tropfenden Wasserhahn vorstellen: Es rinnen zwar nur kleine Tropfen aus dem Hahn, auf Dauer sammelt sich aber jede Menge Wasser (und damit jede Menge Kosten). So ist das auch beim Strom. Es geht ins Geld, wenn Sie Ladegeräte (auch die von elektrischen Rasierern, Fotoapparaten oder Ähnlichem) an der Steckdose hängen lassen. Achten Sie also in Zukunft darauf, das Ladegerät nach jedem Ladevorgang aus der Steckdose zu ziehen. Wenn Sie befürchten, das Gerät zu verlegen und es Ihnen lieber ist, dass es sich immer an der gleichen Stelle befindet, dann ziehen Sie es doch einfach heraus und legen es vor die Steckdose auf den Boden. Dann geht auch nichts mehr verloren – noch nicht mal der Strom.

Legosteine

Legosteine sind nicht nur bei Kindern beliebt, sondern auch bei Bakterien. Diese können sich nämlich in den kleinen Ritzen der Spielsteine genüsslich festsetzen, um dort zu Schimmel und ähnlichen Keimherden heranzuwachsen. Dieses Wachstum geht leider schneller als einem lieb ist – Kinder müssen nur versehentlich etwas Saft oder Milch verschütten, oder der Hund schlabbert mit seiner feuchten Schnauze über die Steine, und schon kleben kleine Keime am Spielzeug. Hin und wieder sollten die Bausteine daher gereinigt werden, aber es wäre ein zu großer Aufwand, alle Lego-Teilchen einzeln zu waschen. Machen Sie es sich leichter: Geben Sie die Steine einfach in einen alten Kissenbezug und waschen Sie ihn in der Waschmaschine bei der nächsten 40 Grad-Wäsche mit. Durch die Kissenhülle kommen weder die Legosteine noch die Waschmaschine zu Schaden und die Steine sind anschließend wieder sauber, keimfrei und duften frühlingsfrisch. Auf diese Weise ersparen Sie sich Arbeit und schützen die Kinder vor Bakterien.

Messen

Wenn Sie am Wochenende einmal nichts vor und Lust auf einen schönen Ausflug haben, dann schauen Sie doch mal ins Internet oder in die Zeitung, ob in Ihrer Nähe eine Verbrauchermesse stattfindet. Auf diesen Messen gibt es nicht nur jede Menge zu bestaunen und zu erleben, sondern auch zu sparen, da die Aussteller beim Verkauf ihrer Ware oft besondere Preisaktionen anbieten und in der Regel sogar bereit sind, über den Preis zu verhandeln. Oft können Sie am letzten Tag der Messe die besten Schnäppchen machen, da die Händler ihre Ware jetzt noch schnell loswerden wollen. Ein Besuch lohnt sich also!

Mietkaution

Die Kaution, die Sie beim Anmieten einer Wohnung als Sicherheit hinterlegen müssen, ist oft ein stolzer Betrag. Deshalb wäre es schade, wenn das Geld in einer Weise hinterlegt würde, in der es keinen Nutzen bringt. Reden Sie daher mit Ihrem Vermieter, ob er die Kaution nicht zinsbringend anlegen könnte. Eine häufige Methode ist es, die Kaution auf einem Sparbuch anzulegen. Einerseits dient sie hier dem Vermieter als Sicherheit, andererseits gewinnen Sie ein paar Zinsen und bekommen so ein paar Euro mehr zurück, wenn Sie die Kaution eines Tages wieder auslösen.

Musikinstrumente
Kinder sind sehr begeisterungsfähig. Meistens sogar so sehr, dass sie am liebsten tausend Dinge gleichzeitig erlernen würden. Da das aber nicht geht, sind die Interessen meist genauso schnell wieder verflogen, wie sie aufgetaucht sind. Besonders die Leidenschaft für das Spielen eines Musikinstruments hält nicht lange vor. Umso ärgerlicher ist es, wenn man für den fleißigen Sprössling gerade erst ein passendes Instrument gekauft hat. Verliert er dann die Lust, gibt es Ärger, weil man das viele Geld umsonst ausgegeben hat. Sparen Sie sich diesen Stress und seien Sie schlauer: Schaffen Sie ein eigenes Instrument erst dann an, wenn Ihr Kind unter Beweis gestellt hat, dass es seinem Hobby dauerhaft nachgehen will. Bis dahin mieten Sie einfach ein Instrument. Viele Musikgeschäfte bieten diesen Service an. Das Mieten kostet zwar auch Geld – aber um Längen nicht so viel wie der Kauf eines neuen Instruments. Außerdem haben Sie jederzeit die Möglichkeit das Instrument wieder abzugeben, falls Ihr Kind das Interesse verliert. Sie schonen also Ihren Geldbeutel und Ihre Nerven.

Musikunterricht
Wenn Sie ein Instrument lernen wollen, brauchen Sie in der Regel dreierlei: Geduld, etwas Talent und jede Menge Geld. Denn Musikstunden sind teuer. Aber notwendig, denn ohne eine geschulte Person, die Ihnen Hilfestellung gibt, ist es fast unmöglich, gut spielen zu lernen. Sie können allerdings auch günstiger – aber ebenso effektiv – an die wichtigen Musikstunden kommen. Hängen Sie einfach einen Zettel in der Musikhochschule aus, mit den Angaben, welches Instrument Sie erlernen wollen und was Sie bereit sind in der Stunde dafür

zu bezahlen. Musikstudenten freuen sich über einen solchen Nebenverdienst und kennen sich musikalisch gut aus. Oft spielen sie schon von Kindesbeinen an mehrere Instrumente. Übrigens: Sie können nicht nur bei Musikstunden so vorgehen – auch wenn Sie eine Fremdsprache erlernen wollen oder die Kinder Nachhilfe in Mathe und Co. brauchen, finden sich begabte Studenten, die Ihnen gern helfen.

Öl auf der Haut Männer lieben Autos nicht
nur, weil sie damit schnell fahren können, sondern auch, weil sie nach Herzenslust daran herumbasteln können. Ölverschmierte Hände und Streifen im Gesicht gehören dabei regelrecht zum Arbeitsoutfit. Und genau da liegt das Problem: Ölspuren auf der Haut lassen sich schlecht entfernen. Wollen die Herren der Schöpfung voller Stolz und voller Öl schließlich ihre Liebste umarmen, hört der Spaß endgültig auf. Deshalb kommt hier der Sparfuchstipp für alle Schmutzfinken: Reiben Sie Ihre Hände mit Augen-Make-up-Entferner ein und waschen Sie sie anschließend wie gewohnt. Ölrückstände lassen sich auf diese Weise leicht lösen. Danach können Sie Ihre Liebste mit einer Umarmung begrüßen ohne schmierige Spuren zu hinterlassen. Das spart eine Menge Ärger, Nerven und Geld für Spezialreiniger.

Onlinerechnung Es ist doch jeden Monat
das Gleiche. Neigt sich der Monat dem Ende zu, beginnt die eigentliche Arbeit: Rechnungen sortieren, Belege abheften und Ordnung darin halten. Besonders monatliche Rechnungen erfordern einen hohen Verwaltungsaufwand – und damit viel Zeit. Die Rechnungen selbst lassen sich meistens leider nicht vermeiden. Sie können aber einen Weg finden, wie Sie einfacher damit fertig werden. Lassen Sie sich die Rechnungen per E-Mail, und nicht mehr per Post schicken. Damit ersparen Sie sich die Papierstapel auf dem Schreibtisch und jede Menge Arbeit. Denn auf dem Rechner lassen sich Rechnungen leicht in virtuelle Ordner packen und verwalten. Das geht schneller, und

die Ordner nehmen keinen Platz im Arbeitszimmer weg. Stattdessen finden Sie Ihre ganze Rechnungsverwaltung gut sortiert und fein säuberlich abgelegt auf dem PC. Weiterer Vorteil: Viele Unternehmen honorieren es, wenn man auf Onlinerechnungen umstellt und geben Preisnachlass. Schließlich sparen die Firmen einen erheblichen Personalaufwand, wenn die Rechnungen online verschickt werden.

Onlineverträge
Inzwischen läuft ja fast das halbe Leben über das Internet. Das ist auch gut so. Denn es spart nicht nur jede Menge Zeit, sondern viel Geld. Das funktioniert zum Beispiel, wenn Sie Verträge über das World Wide Web abschließen. Vor allem Telefonanbieter bieten eine solche Möglichkeit an. Aber auch bei Banken können Sie ein Konto im Internet eröffnen. Das hat zwei Vorteile: Zum einen müssen Sie keinen Fuß vor die Tür setzen, da Sie alles am eigenen Rechner erledigen können, und das spart Zeit. Zum anderen sparen Sie Geld. Denn Internetverträge sind in der Regel günstiger, und auch Banken bieten bei online eröffneten Konten bessere Zinsen an. Der Grund dafür ist, dass das Unternehmen keinen Mitarbeiter beschäftigen muss, der mit Ihnen den Vertrag vereinbart, dies übernimmt der Computer. Das Unternehmen spart Personalkosten und kann seinen Kunden deshalb einen Rabatt einräumen. Wenn Sie befürchten, dass Sie für bestimmte Fragen, die bei Vertragsabschluss aufkommen, keinen Ansprechpartner „aus Fleisch und Blut" haben, brauchen Sie sich nicht zu sorgen. Denn überall, wo Onlineverträge angeboten werden, gibt es auch Servicetelefonnummern (oft sogar kostenlos), bei denen Sie Auskünfte erhalten.

Party daheim
Ausgehen und Freunde treffen macht Spaß. Allerdings nur, bis man die Preise sieht. Eintrittskarten, Speisen und Getränke und womöglich noch eine Taxifahrt – das läppert sich. Schlaue Sparer wissen jedoch, wie

man weniger zahlt und mehr Spaß haben kann. Ihre Idee: Veranstalten Sie eine Party bei sich zu Hause und bitten Sie Ihre Gäste, dass jeder etwas mitbringt (Salate, Getränke, Musik, Spiele). So haben Sie selbst kaum einen organisatorischen Aufwand, aber trotzdem ein tolles und günstiges Fest. Weiterer Bonus: Daheim ist man ungestört. Sie können lustige Spiele veranstalten und sich nach Herzenslust austoben. Stellen Sie drei verschiedene Behältnisse auf: eines für Altglas, eines für Pfandflaschen und eines für normalen Müll. Bitten Sie Ihre Gäste schon zu Beginn der Feier, ihren Müll in die entsprechenden Tonnen zu werfen. Das spart Ihnen eine Menge Zeit und Arbeit beim Aufräumen.

PC-Tastatur Im Laufe der Zeit wird die PC-Tastatur grau oder gelb. Das ist natürlich nicht schlimm, sieht aber unschön aus. In Computerläden werden zur Reinigung von Tastaturen spezielle Reinigungsmittel angeboten, die ihren Zweck mit Sicherheit zuverlässig erfüllen, aber auch teuer sind. Und was nützt Ihnen eine saubere Tastatur, wenn Sie kein Geld mehr im Portemonnaie haben? Wenn Sie lieber beides haben wollen, befolgen Sie daher am besten einen alten Sparfuchstipp: Verzichten Sie auf teure Spezialmittel und reinigen Sie Ihre Tastatur lieber mit Glasreiniger. Das schadet in keiner Weise, macht die Tastatur aber wieder schön sauber. Wichtig ist nur, dass Sie den Glasreiniger nicht direkt auf die Tastatur sprühen – er könnte unter die Tasten laufen und dort Schaden anrichten. Sprühen Sie den Glasreiniger lieber auf ein Tuch und reiben Sie damit die Tasten ab. So kann nichts passieren – außer dass Ihre Tasten wieder strahlend sauber werden und Sie dabei Geld sparen.

Pfandhäuser  Schmuck ist ein tolles Geschenk, aber leider auch teuer. Sparfüchse überlegen sich daher, wo sie ihren Schmuck günstiger kaufen können. Da gibt es verschiedene Möglichkeiten: Sie können sich auf Flohmärkten umsehen.

Hier können Sie manchmal tolle Schnäppchen machen und auf wahre Raritäten stoßen. Häufig zu finden sind Schmuckantiquitäten, die viel wert sein können und deren Verkäufer sich dieser Tatsache manchmal gar nicht bewusst sind. Eine andere Möglichkeit ist, Schmuck im Pfandhaus zu erwerben. Die Auswahl ist hier meistens sehr groß, weil Schmuck oft verpfändet wird. Für Sie bietet das den Vorteil, dass Sie sich ein schönes Schmuckstück aussuchen können und dafür nur wenig bezahlen müssen. Denn in Pfandhäusern sind die Preise geringer als bei neuem Schmuck.

Preisagenturen
Sie wollen eine größere Anschaffung, zum Beispiel neue Möbel, tätigen und vergleichen daher schon seit Wochen die Angebote der verschiedenen Möbelhäuser, sind sich aber noch immer nicht sicher, ob Sie das günstigste Angebot gefunden haben? Zerbrechen Sie sich nicht den Kopf, sondern machen Sie es sich leicht: Beauftragen Sie eine Preisagentur. Das funktioniert simpel und spart Zeit und Kosten: Sie nennen der Agentur das genaue Produkt, das Sie erwerben möchten und den von Ihnen ermittelten Preis. Findet die Preisagentur das Produkt günstiger, zahlen Sie an die Agentur zwar zwischen 25 und 30 Prozent der Ersparnis, bei größeren Anschaffungen lohnt sich das aber in jedem Fall, denn ein paar Euro sparen Sie immer und jede Menge Nerven gleich mit.

Probeabo
Zeitschriften sind eine gute Möglichkeit zur Unterhaltung und zur Entspannung. Viele Menschen kaufen sich regelmäßig die gleichen Magazine. Wenn Sie Ihre Lieblingszeitschrift gefunden haben, sollten Sie darüber nachdenken, ob es nicht Sinn machen würde, ein Abo zu bestellen. Auf das Jahr gerechnet ist das meist viel günstiger. Außerdem locken viele Verlage mit tollen Prämien wie zum Beispiel Armbanduhren, Schmuck oder einem CD-Player. Selbst wenn Ihnen das Geschenk nicht gefällt, können Sie es noch immer weiterverschenken.

Auch gut: Vor allem Tageszeitungen bieten kostenlose Probe-abos an. Außerdem müssen Sie nicht jeden Tag zum Kiosk gehen und die Zeitung kaufen, das spart außerdem noch Zeit.

Reitbeteiligung  Ein eigenes Pferd ist wohl nicht nur ein Mädchentraum. Auch viele erwachsene Frauen finden das Glück der Erde auf dem Rücken der Pferde. So ein Pferd macht allerdings nicht nur Freude, sondern auch Arbeit, es kostet viel Geld, bedeutet Verantwortung und beansprucht Zeit. All dies sind Faktoren, die den Traum vom eigenen Pferd schnell platzen lassen. Sparfüchse kennen allerdings eine gute Alternative: Sie suchen sich eine sogenannte Reitbeteiligung. Denn viele Pferdebesitzer haben dieselben Probleme und kön-nen aus Zeit- oder Kostengründen ihr Pferd nicht jeden Tag reiten und pflegen. In der Reitbeteiligung übernehmen Sie an diesen Tagen die Verantwortung für das Tier und können es reiten, pflegen und füttern wie Ihr eigenes. Dafür zahlen Sie einen kleinen Betrag an den Besitzer. Das ist aber noch wesent-lich günstiger als Reitstunden oder gar ein eigenes Tier. So ist beiden Parteien geholfen: Jeder spart Zeit und Geld, und das Pferd freut sich auch.

Rohlinge  DVDs und CDs sind eine praktische Erfindung. Sie sind klein und es passen dennoch Unmengen von Daten drauf. Wenn Sie zum Beispiel Freunden die Bilder aus dem letzten Urlaub zeigen wollen, müssen Sie kein riesiges und schweres Album mehr mit sich herumschleppen, sondern brennen die Bilder einfach auf eine DVD oder CD, nehmen diese mit und können die Bilder auf dem Rechner der Freunde zeigen. Das Ganze hat leider einen Haken: Rohlinge kosten viel Geld. Brennen Sie also ständig DVDs oder CDs mit Fotos oder ähnli-chen Dateien, geht das auf die Dauer ins Geld. Der Technik sei Dank gibt es aber auch hierfür eine Lösung: Sie kaufen einfach Rohlinge, die sich mehrmals beschreiben lassen. Auf diesen Rohlingen können Sie Daten zunächst speichern, später aber

wieder löschen oder einfach überschreiben. Das spart Geld, weil Sie nicht ständig neue Rohlinge kaufen müssen. Alternativ können Sie auch einen USB-Stick kaufen. Auf diesem kann man oft noch mehr Dateien speichern, als auf einer CD, und der Stick lässt sich außerdem beliebig oft überschreiben.

 ## Saisonartikel
Schnäppchen sind in der Regel eine Frage des Timings. Denn nur zur richtigen Zeit erwischt man auch den richtigen Preis. Besonders lohnt es sich unmittelbar im Anschluss an große Feste wie Weihnachten oder Ostern. Denn dann sind viele Sachen, die übrig geblieben sind, reduziert. Das gilt vor allem für Schokolade, Dekorationsartikel und für typische Geschenke wie Spielsachen oder MP3-Player.

 ## Salzteig
Kinder lieben Knete. Was Kinder aber noch mehr lieben, ist das Kneten mit Salzteig. Denn die Figuren, die sie damit basteln, können sie anschließend im Backofen härten und bemalen und kreiern so ein Kunstwerk für die Ewigkeit. Die Eltern freuen sich ebenfalls über diese Idee, weil sie kein Geld für Knete ausgeben müssen, sondern den Salzteig leicht selbst herstellen können. Das Rezept dafür ist simpel: Sie mischen einfach Mehl und Salz im Verhältnis 2:1 und gießen das Ganze so lange mit Wasser auf, bis eine knetbare Masse entsteht. Fertig! Probieren Sie es aus und kneten Sie gleich los. Die fertigen Figuren legen Sie anschließend bei circa 150 Grad Celsius für 30 bis 40 Minuten in den Backofen. Sobald diese gehärtet und ausgekühlt sind, können sie bunt bemalt werden. Das ist ein günstiger Spaß für die ganze Familie.

   ## Schneeschieber
Die kleinen weißen Schneeflöckchen bringen nicht nur eine romantische Winterzauberstimmung, sondern leider auch jede Menge Arbeit. Verschneite Wege müssen geräumt werden, sonst kann es gefährlich werden. Auf einen Schneeschieber kann daher im Winter niemand verzichten. Zwischen den einzelnen Schnee-

schiebermodellen gibt es allerdings enorme Unterschiede. Die Luxusmodelle sind speziell beschichtet, sodass kein Schnee an ihnen kleben bleiben kann. Damit geht das Schneeschieben schneller und einfacher, Sie sparen also Zeit und Kraft – leider sind diese Luxusschieber aber sehr teuer. Schlaue Sparfüchse kennen daher einen Trick, wie sie auch mit wenig Geld an ein Luxusmodell kommen können. Sie kaufen sich einen herkömmlichen günstigen Schneeschieber und streichen ihn vor Gebrauch gründlich mit Speiseöl ein. Dadurch erhält der günstige Schieber eine Beschichtung, die verhindert, dass der Schnee an der Schaufel kleben bleibt. So schonen Sie nicht nur Ihre Kräfte, sondern sparen auch Zeit beim Schneeschieben und obendrein auch noch Geld.

Schulbücher

Ein neues Schuljahr bringt nicht nur Veränderung und Aufregung für die Kleinen mit sich, sondern auch Kosten für die Großen. Denn der Eigenanteil bei den Schulbüchern wird immer höher und kann eine echte Belastung für die Haushaltskasse sein. Das geht allen Eltern so. Deshalb macht es Sinn, wenn Sie sich mit anderen Eltern zusammenschließen. Werden die Bücher nämlich in einer Sammelbestellung geordert, bekommen Sie oft einen Rabatt von bis zu zehn Prozent, und das lohnt sich. Wenden Sie sich mit dieser Bitte an den Elternsprecher oder an den Schulförderverein. Die werden von Ihrem Vorschlag begeistert sein.

Schulsachen

Neues Schuljahr, neues Glück. Für die Kleinen ist es oft eine besondere Motivation, wenn sie zum Schuljahresbeginn neue Schulsachen (zum Beispiel einen hübschen Füller) bekommen. Gönnen Sie Ihren Kindern diese Freude – allerdings nicht unmittelbar zu Beginn des Schuljahres. Denn zu diesem Zeitpunkt sind die Sachen oft besonders teuer. Grund: Auch hier bestimmt die Nachfrage den Preis. Zu Schuljahresbeginn ist der Kaufbedarf an Schulsachen am höchsten und diese daher am teuersten. Warten Sie also ab, bis das Schuljahr schon ein paar Wochen alt ist und schlagen Sie dann zu. Die Händler müssen jetzt oft ihre Lager räumen und bieten günstige Rabattaktionen an. Das freut Ihr Kind und Ihren Geldbeutel gleichermaßen.

Schutzhüllen

Hightech-Geräte wie MP3-Player, Kameras oder Handys erfreuen sich vor allem bei den Herren der Schöpfung großer Beliebtheit. Umso trauriger macht es sie, wenn ihre elektronischen Freunde einen Kratzer oder Ähnliches haben. Ersparen Sie sich doch einfach diesen Ärger (und gegebenenfalls auch die Kosten für eine Reparatur), indem Sie die Gerätschaften in eine Schutzhülle stecken und so unerwünschten Einwirkungen entgehen. Solche Schutzhüllen gibt es in vielen Elektronikmärkten zu kaufen. Sparfüchse erwerben sie allerdings günstiger – und manchmal sogar ganz umsonst. Sie fragen nämlich einfach beim Optiker um die Ecke nach einer Schutzhülle für Brillen. Meistens haben diese Schutzhüllen zu Werbezwecken gratis zu vergeben. In der Regel sind sie groß genug, um darin auch technische Geräte unterzubringen. Sie ersparen sich also nicht nur Ärger und Geld, weil Ihr Gerät geschützt ist, sondern Sie müssen noch nicht einmal einen Cent für die Schutzhülle bezahlen. So haben Sie zwei Fliegen mit einer Klappe geschlagen.

Seifenblasen

Kindergeburtstage sind ein Spaß, aber auch eine Herausforderung für ihre Veranstalter. Eine wilde Horde Kinder will erst einmal beschäftigt werden. Am besten geben Sie den Kleinen eine Aufgabe, bei der jeder etwas zu tun hat und sich konzentrieren muss. Die Idee: Seifenblasen zum Selbermachen. Hierfür mischen Sie in einer großen Schüssel Wasser mit sehr viel Spülmittel. Auch die Seifenblasenstäbe können Sie kostengünstig selbst machen: Biegen Sie einen stabilen Draht zu einem Kreis und drehen die beiden Enden zu einem Griff zusammen. Je größer der Kreis, desto größer werden auch die Blasen. Wenn Sie befürchten, dass sich die Kinder an den Enden des Drahts verletzen, umwickeln Sie den Griff zusätzlich mit Klebeband, sodass die spitzen Enden unter dem Klebestreifen verschwinden. Ältere Kinder können sich ihren Seifenblasenstab auch schon selbst basteln.

Skiausrüstung

Skifahren ist ein Spaß für die ganze Familie. Das einzige Problem an der Sache: Sie brauchen für die ganze Familie eine Ausrüstung. Und diese kostet oft sehr viel Geld. Schließlich brauchen Sie eine ganze Menge an Ausrüstungsgegenständen: Skier, Skischuhe, Helm, Jacken, Unterwäsche und, und, und! Damit Ihnen die Kosten nicht den Spaß am Skifahren verderben, ist es sinnvoll, rechtzeitig einkaufen zu gehen. Bei Skisachen hängt der Preis nämlich entscheidend von der Jahreszeit ab. Im Sommer ist die Nachfrage nach Wintersportartikeln nicht sonderlich groß, deshalb geben viele Sportgeschäfte ordentlich Rabatt auf die Skisachen. Ähnlich ist es auch zum Ende der Skisaison, also etwa im April. Zu diesem Zeitpunkt befürchten die Händler, ihre Ware nur schlecht loszuwerden und geben sie daher günstiger ab. Jetzt ist der ideale Zeitpunkt für Schnäppchenjäger. Plus: Sie schonen außerdem Ihre Nerven, weil mitten in der Skisaison die Geschäfte ohnehin immer überfüllt sind und das Einkaufen bei diesem Gedrängel keinen Spaß macht. Wenn Sie für die ganze Familie neue Ausrüstungen kaufen, sollten Sie nach einem Mengenrabatt fragen.

Skonto

Der Volksmund sagt: Nur Bares ist Wahres. An dieser Redewendung ist wirklich etwas daran. Zumindest wenn man sie aus der Sicht eines Sparers betrachtet. Denn der weiß, wie man aus Barem, also aus Bargeld, noch mehr Bares herausholen kann. Er bezahlt größere Anschaffung nämlich mit Bargeld und fragt vorher den Verkäufer, ob dieser im Gegenzug nicht einen Rabatt gewähren will. Das Ganze nennt sich dann „Skonto" und ist handelsüblich. Die Regel sind drei Prozent Nachlass. Wer aber noch etwas feilscht, der kann durchaus noch mehr herausholen. Einen Versuch ist es jedenfalls wert.

SMS

Kurznachrichten, die Sie vom Handy aus verschicken können, sind eine praktische Sache: Sie gehen schnell, erreichen jeden überall und sind oft günstiger als ein Anruf. Zumindest wenn Sie nicht ununterbrochen SMS verschicken. Wenn es zu viele werden, macht sich das schnell auf der Telefonrechnung bemerkbar. Sparfüchse kennen eine kluge Lösung: Sie verschicken ihre SMS über das World Wide Web kostenlos. Es gibt haufenweise Anbieter, die einen kostenlosen SMS-Service anbieten und sich leicht über Suchmaschinen finden lassen. Wenn Sie ohnehin gerade vor dem Rechner sitzen, ist das eine kostengünstige und auch zeitsparende Alternative zur herkömmlichen SMS über das Handy. Ohnehin lässt sich der Text auf der Computertastatur viel leichter tippen als auf den kleinen Handytasten. Doppelter Bonus!

Solarenergie

Die Heizkosten machen in vielen Haushalten den größten Teil der Haushaltskosten aus. Wenn Sie hier langfristig eine Menge Geld sparen wollen, sollten Sie darüber nachdenken, ob Sie Ihr Haus nicht mit einer Solaranlage aufrüsten. Diese wird auf dem Dach installiert und wandelt Sonnenlicht in Energie um. Die Anschaffung ist zwar ein finanzieller Aufwand, dafür sparen Sie aber langfristig Heizkosten und schonen zudem noch die Umwelt. Außerdem vergibt der Staat für die Installation solcher Anlagen häufig Zuschüsse, sodass Sie gegebenenfalls die Anschaffungskosten senken können. Informieren Sie sich bei Ihrer Stadt über solche Möglichkeiten.

Sport

Wenn Sie sich beim Thema Sport vor allem eines sparen können, dann die Ausrede, Fitnessstudios seien zu teuer. Es gibt nämlich eine gute, günstige und vor allem gesunde Alternative zu kostspieligen Indoor-Fitnesstempeln: der gute alte „Trimm-dich-Pfad". An Seilen und Gerüsten hochklettern, im Bocksprung über Baumstämme hüpfen oder auf selbigen balancieren, sich klimm-zügig an Eisenstangen hochziehen oder an Ringen von Baum zu Baum hangeln. Dazwischen können Sie

Crunches und Liegestützen einbauen. Bis heute ist dieser ausgewogene Mix aus Ausdauer- und Krafttraining eine der effektivsten Kombinationen, um fit und in Form zu bleiben. Mehr noch: Auf watteweichen Waldböden läuft es sich besonders gelenkschonend, und die frische Waldluft enthält ein Extraportion Sauerstoff und schenkt grüne Gelassenheit. Und alles für lau!

Stoßlüften

Besonders im Winter stellt sich die Frage, wie oft und wie weit man das Fenster öffnen sollte – dies ist vor allem zwischen Männern und Frauen ein schwieriges Thema. Hier einen Kompromiss zu finden ist schwierig, die kostengünstigste Lösung heißt „Stoßlüften". Je nach Bedarf reißen Sie circa alle zwei Stunden die Fenster für fünf bis zehn Minuten sperrangelweit auf, sodass ausreichend frische Luft hereinkommt. Während der restlichen Zeit bleiben die Fenster geschlossen. Wenn Sie die Fenster dagegen dauernd auf Kipp geöffnet haben, verbrauchen Sie im Vergleich unnötig viel Strom und damit Geld. Es kommt laufend kalte Luft in den Raum, sodass die Heizung ständig versucht dagegen anzuheizen. Und wer weiß, vielleicht können Sie sich auf das Stoßlüften als Kompromiss einigen – dann sparen Sie nicht nur Geld, sondern schonen auch noch Nerven.

Streichhölzer

Besonders in den Wintermonaten tauchen Kerzen und Teelichter die Welt sofort in ein schöneres Licht und machen die Wohnung zur gemütlichen Kuschelzone. Schwierigkeiten gibt es allerdings häufig beim Anzünden. Vor allem Dochte großer Kerzen, die schon weit heruntergebrannt sind, oder Teelichter, die in einem engen, hohen Gefäß stehen, erreichen Sie mit einem gewöhnlichen Streichholz oder Feuerzeug nur schlecht. Wenn Sie keine Lust haben, sich beim Entzündungsversuch die Finger zu verbrennen, nehmen Sie anstelle eines normalen, kurzen Streichholzes einfach eine rohe Spaghetti. Diese zünden Sie mit einem Feuerzeug an, sodass das eine Ende brennt und entzünden damit die Kerzen. Durch die

Länge der Nudel kommen Sie problemlos auch an herunter-
gebrannte Kerzen, ohne dass Sie sich die Finger verkohlen.
Auch wenn Sie keine heruntergebrannten Kerzen anzünden
wollen, lohnt es sich, mit der Spaghetti zu arbeiten, da sie eine
längere Brenndauer hat als ein normales Streichholz und
Sie damit in kürzerer Zeit mehrere Kerzen anzünden können.

Tagesgeldkonto
Es ist ja inzwischen
selbstverständlich geworden, dass man größere Geldbeträge
und Erspartes fest auf ein separates Konto legt, um Zinserträge zu erwirtschaften. Nebenbei behalten die meisten ihr
Girokonto, von dem sie ihren alltäglichen Finanzbedarf bestrei-
ten. Was viele dabei aber nicht wissen, ist, dass sie auch aus
diesem Geld ein paar Zinsen gewinnen können – allerdings
nicht, wenn es auf dem Girokonto liegen bleibt. Dafür sind sogenannte Tagesgeldkonten gedacht. Auf ihnen ist das Geld
ebenfalls fest angelegt und verzinst, allerdings nur für den Zeitraum von einem Tag. Nach 24 Stunden ist es wieder für Sie
verfügbar, rühren Sie es aber nicht an, verlängert sich die Konto-
laufzeit (und die Zinswirkung) automatisch für weitere 24 Stunden. Und so weiter. Sie sollten also überlegen, ob Sie nicht einen
Teil Ihres Geldes vom Girokonto auf einem Tagesgeldkonto anlegen, da dieses bessere Zinserträge bringt. Da Sie täglich die
Möglichkeit haben auf das Geld zuzugreifen, bleibt Ihr Zahlungs-
verkehr flexibel und Sie erwirtschaften noch etwas Geld aus
Zinserträgen. Fragen Sie doch einfach mal Ihren Bankberater,
er kann Ihnen weiterhelfen.

Tauschringe
Jeder Mensch hat ein anderes
Talent. Der eine kann besonders gut tapezieren, der nächste ist
bei der Gartenarbeit eine Koryphäe und wieder andere passen
gern auf Kinder auf. Schlaue Sparfüchse wissen die Stärken der
anderen und ihre eigenen Talente sinnvoll miteinander zu verbinden. Sie motivieren ihre Nachbarschaft nämlich dazu, einen
sogenannten Tauschring zu gründen. Das heißt, dass jeder Nach-

bar eine Dienstleistung, die er besonders gut kann, im Tausch
gegen eine andere Dienstleistung in der Nachbarschaft anbietet.
Damit können Sie sich nicht nur Arbeit ersparen, weil ein anderer die Dinge für Sie erledigt, die Ihnen vielleicht zuwider sind,
sondern Sie können auch eine Menge Geld sparen, weil Sie zum
Beispiel darauf verzichten können, einen Malerbetrieb für das
Streichen Ihrer Wände zu beauftragen. Auf diese Weise ist mehreren Personen gleichzeitig geholfen – das nennt man Teamwork.

Telefonauskunft

Sie kennen das bestimmt:
Sie sitzen in der Arbeit und brauchen schnell die Telefonnummer
von Herrn XY. Sie greifen zum Hörer und rufen die Telefonaus-
kunft an. Doch anstelle schneller Hilfe hören Sie dort die Melodie
der Warteschleife. Nicht nur, dass Sie das Nerven und Zeit kostet –
es geht vor allem ins Geld. Denn die Sondernummern, die Sie für
solche Auskünfte anwählen, kosten horrende Gebühren. Sparsamer und einfacher kommen Sie an die gesuchte Telefonnummer,
wenn Sie im Internet danach suchen. Entweder benutzen Sie
dafür herkömmliche Suchmaschinen und geben dort den Namen
der betreffenden Person ein. Oder Sie gehen direkt auf die
Homepage eines Onlinetelefonbuchs. Hier bekommen Sie die Informationen binnen weniger Sekunden – schnell, simpel, sicher
und günstig. Manche Onlinetelefonbücher bieten auch an, dass
die Daten der gesuchten Person direkt in Ihr digitales Adress-
buch übertragen werden können. Das ist sinnvoll, denn so haben
Sie die Daten gespeichert und müssen Sie beim nächsten Mal
nicht erneut suchen.

Tiergehege

Ein Ausflug in den Zoo: Was für die
Kleinen ein riesiger Spaß ist, ist für die Großen oft ein riesiger
Stress. Lange Schlangen, drängelnde Familien, lautes Kinder-
geschrei und Eintrittspreise, bei denen einem schwindelig wird.
Nicht selten werden Mama und Papa da schnell selbst zum Tier.
Die entspanntere Variante: Besuchen Sie ein Tier-/Wildgehege.
Fast in jeder Stadt gibt es ein Gehege, das Sie meistens sogar

kostenlos besuchen können. Solche Tiergehege sind für kleine Kinder meist ohnehin geeigneter als ein Zoo, weil sie die Tiere dort auch streicheln und füttern dürfen. Gleichzeitig lernen die Kleinen etwas über die hiesigen Waldbewohner und deren Schutz. Es gibt überall Spielplätze und Wiesen zum Toben. Wildparks sind oft bei einem Stück Wald angesiedelt und damit sehr weitläufig und selten überlaufen. Sie sparen Geld und bekommen viel Freude und einen schönen Familienausflug. Besonderer Tipp: Ein gemeinsames Picknick macht den Tierparkbesuch auch für die Großen zum (romantischen) Naturerlebnis.

Überweisungen
Sparsamkeit ist oft nur eine Frage der Ordnung. Wer immer alles schön ordentlich sortiert und den Überblick über seine Finanzen hat, weiß, an welchen Stellen unnötig Geld verschwendet wird. Klingt leicht, ist es aber leider nicht immer. Im Alltag fallen schließlich so viele Rechnungen und andere Kosten an, dass man schnell den Überblick verlieren kann. Versuchen Sie deshalb Ordnung in Ihre Finanzen zu bringen. Eine Möglichkeit wäre, keine Daueraufträge mehr einzurichten, sondern stattdessen jede Überweisung selbst zu tätigen. Das können Sie bequem via Onlinebanking vom eigenen Rechner erledigen. Einzelüberweisungen kosten zwar etwas Zeit, auf den zweiten Blick sparen Sie aber viel Geld. Denn Sie haben immer genau im Blick, wie viel Geld wohin geht und können daran gegebenenfalls Sparmaßnahmen festmachen und Kostenfallen entdecken. Außerdem laufen die Finanzen geordneter ab und das schont schließlich die Nerven, da Sie nicht versuchen müssen, Ordnung in ein jahrelang angestautes Chaos zu bringen.

Umtausch
Es ist besonders ärgerlich, wenn Sie bei den gerade erst gekauften Lebensmitteln entdecken, dass das Verfallsdatum abgelaufen ist. Sich zu grämen bringt allerdings nicht viel. Nutzen Sie Ihren Ärger lieber sinnvoll, indem Sie eine Reklamation oder Beschwerde direkt an den Hersteller

(und nicht an den Supermarkt) senden. Hierfür genügt schon ein kleiner Brief mit allen Fakten, gegebenenfalls Beweisfotos und Ihren genauen Kontaktdaten. Die Hersteller sind in der Regel sehr an einer hohen Kundenzufriedenheit interessiert und reagieren auf Beschwerden mit einem Entschuldigungsschreiben und einer kostenlosen Auswahl kleinerer Produktproben. Das wird Ihren Ärger beschwichtigen, und kostenlose Waren bekommen Sie außerdem. Auch sparen Sie Zeit, da Sie die beschädigte Ware nicht umtauschen müssen. Damit schlagen Sie gleich mehrere Fliegen mit einer Klappe.

Versicherungen  Es ist ein angenehmes

Gefühl, gegen alle oder zumindest viele Eventualitäten im Leben abgesichert zu sein. Versicherungen sind daher eine sinnvolle Investition. Allerdings verlieren Sie auch schnell den Überblick, gegen was Sie versichert sind und wie viel Geld das kostet. Besonders wenn Sie als Paar zusammenziehen wollen, lohnt es sich daher, gemeinsam einen Blick auf Ihre Versicherungen zu werfen. Paare sind oft doppelt versichert und zahlen damit auch die doppelten Kosten. Aber auch wenn Sie nicht gerade erst zusammengezogen sind, lohnt es sich hin und wieder, die Versicherungen zu kontrollieren, da sich Lebensumstände ändern können und manche Versicherungen im Laufe der Zeit überflüssig werden. Sie können hier eine Menge Kosten sparen.

Werkzeug Jeder Mann besitzt einen stattlichen

Werkzeugkasten – das ist ja wohl keine Frage. Doch auch bei den ambitioniertesten Heimwerkern soll es vorkommen, dass sie für bestimmte Vorhaben werkzeugtechnisch nicht optimal ausgerüstet sind. Dabei handelt es sich meistens um solche Projekte, bei denen man besonders großes und teures Werkzeug wie zum Beispiel eine elektrische Laubsäge oder Ähnliches braucht. Auch wenn es in solchen Fällen in der Natur des Mannes liegt, loszuziehen und sich ein solches Schmuckstück zuzulegen, macht es meist mehr Sinn über folgenden Sparfuchstrick nachzudenken: Leihen Sie sich doch einfach das Gerät aus. Viele Baumärkte bieten einen Verleihservice an, bei dem Sie eine große Auswahl an Geräten für nicht allzu viel Geld ausleihen können. Das ist günstiger als selbst ein Werkzeug zu kaufen, vor allem, wenn Sie es nur selten brauchen. Sie sparen also Geld und außerdem Platz, weil Sie sich auf diese Weise den Keller nicht mit sperrigen Gerätschaften zustellen. Und ihre Arbeit erledigen geliehene Geräte genauso gut!

Zeitung Gemütliches Zeitunglesen beim Frühstück ist
eine schöne Tradition, aber leider oft nur am Sonntag möglich. Denn in der Arbeitswoche haben Sie normalerweise kaum Zeit dafür. Daher ist es nicht sinnvoll, wenn Sie sich ein Zeitungsabo bestellen, denn das kostet unnötig Geld. Trotzdem müssen Sie in Zeiten des World Wide Web auch ohne Abonnement noch lange nicht auf Ihre Nachrichten verzichten. Denn inzwischen stellt jede Tageszeitung ihre Berichte auch ins Internet. Sie können die Nachrichten also bequem vor dem Rechner lesen. Das spart nicht nur Geld für das Zeitungsabo, sondern unter der Woche auch jede Menge Zeit.

Kontostand

	So viel könnten Sie sparen:	So viel haben Sie gespart:
Geld	155 × 🐷	
Zeit	45 × 🕐	
Nerven	79 × 🙂	

Mobilität und Reisen

Adressschild

Wenn Sie schon einmal zur Haupturlaubszeit auf einem großen Flughafen waren, wissen Sie, wie viele tausend Leute sich am Tag dort aufhalten. Bei diesen Menschenmassen und dem enormen Flugverkehr passiert es leicht, dass ein Koffer versehentlich auf einem falschen Rollband landet oder ein fremder Passagier aus Versehen Ihr Gepäckstück greift. Das ist ziemlich ärgerlich, kostet Nerven und Zeit. Doch es kann noch schlimmer kommen: Stellen Sie sich vor, Ihr Koffer kommt abhanden und Sie haben kein Schild mit Ihrer Adresse oder Telefonnummer am Koffer befestigt. Dann ist er zwar meist nicht hoffnungslos verloren - aber es dauert viel länger, bis Sie ihn wiederbekommen. In Zukunft sollten Sie also daran denken, Ihre Daten an Ihrem Gepäck zu hinterlassen. Durch dieses kleine Zettelchen können Sie sich viel Zeit und Ärger ersparen. Es genügt, wenn Sie eine Telefonnummer angeben, unter der Sie gut zu erreichen sind. Sollten Sie in den Urlaub fahren, ist es auch sinnvoll, das Hotel anzugeben, in welchem Sie untergebracht sind. Ein ehrlicher Finder kann Sie so in jedem Fall leicht erreichen.

All-inclusive

Frei übersetzt heißt „all-inclusive", dass alle (!) Leistungen inklusive, also im Preis inbegriffen sind. Sparfüchse wissen allerdings inzwischen, dass diese Übersetzung keineswegs immer wörtlich zu nehmen ist. Auch bei All-inclusive-Reisen bleiben Sie manchmal vom sogenannten „Kleingedruckten" nicht verschont. Vor allem folgende Punkte sind irreführend und damit am Ende kostspielig: 1. Manche Veranstalter bieten Getränke nur zu den Essenszeiten und dann auch nur im Restaurantbereich kostenlos an – zu den übrigen Zeiten und an anderen Orten (zum Beispiel in der Hotelbar) müssen Sie dafür bezahlen. 2. Sport- und Freizeitaktivitäten sind oft exklusive – das heißt, diese müssen gesondert bezahlt werden, wenn Sie daran teilnehmen möchten. Manchmal sind solche Veranstaltungen auch an bestimmte Zeiten gebunden, wenn Sie andere Termine wahrnehmen möchten, müssen Sie bezahlen. 3. Manchmal sind auch nur besonders absurde Aktivitäten (zum Beispiel ein Tauchgang, der aber voraussetzt, dass Sie einen Tauchschein besitzen) im Preis inbegriffen. Unter dem Strich bezahlen Sie dafür, nutzen die Aktivität aber ohnehin nicht und verschwenden damit Geld. Schonen Sie daher Ihre Nerven und Ihren Geldbeutel, indem Sie sich die Bedingungen Ihres All-inclusive-Urlaubs vor der Buchung gründlich durchlesen. Sonst ist nämlich der Stress auch im Preis inbegriffen.

Alu-Felgen Männer lieben Autos. Aber nur,

wenn sie schön sauber sind. Besonders die schicken Alu-Felgen sollen blitzen und blinken und mit der Sonne um die Wette strahlen. Dabei ist es gar nicht so leicht die Felgen sauber zu bekommen. Hier setzen sich nämlich schnell Ölreste ab, die sich mit Staub und Straßendreck vermischen und so eine zähe, schmutzige Schmierschicht bilden. Spezielle Alu-Felgen-Reiniger haben sich dieses Problems angenommen: Sie lösen starke Verschmutzungen, sind aber oft sehr teuer. Die bessere Lösung ist ein herkömmliches Backofenspray. Es löst Fett und Verschmutzungen ebenso gründlich und ist dabei schonend zur Felge – und das Beste ist, es ist wesentlich preiswerter als Spezialreiniger und Sie müssen es nicht extra kaufen gehen.

Ansichtskarten

Urlaub ist doch etwas Schönes. Jedenfalls für die, die weggefahren sind und sich in der Sonne aalen können. Alle Daheimgebliebenen träumen ihrem Fernweh aus dem Büro oder von zu Hause hinterher. Da aber geteilte Freude immer doppelte Freude ist, sind die Verreisten oft so nett und schicken ihren Lieben Ansichtskarten aus der Ferne, damit diese sehen, wie schön es woanders ist. Den Verreisten bereitet der Gedanke, dass die Daheimgebliebenen beim Anblick der Karte noch mehr schmachten, große Freude. Das Einzige, was die Urlaubsstimmung drückt, ist der Umstand, dass Postkarten Geld kosten. Je mehr Sie verschicken, desto teurer wird der Spaß. Schlaue Sparer haben daher einen Trick: Sie kaufen keine Karten, sondern bedienen sich an den Gratisansichtskarten, die es in vielen staatlichen Kultureinrichtungen, zum Beispiel im Theater, in Gedenkstätten und in Museen, gibt. Das ist viel günstiger und lernen können Sie oft auch noch etwas.

Aufkleber

Sie kennen das bestimmt: Sticker und Aufkleber, die Sie vor langer Zeit auf Ihr Auto geklebt haben, gefallen Ihnen eines Tages nicht mehr und Sie möchten sie wieder loswerden. Das ist allerdings leichter gesagt als getan. Denn die Sticker können sehr hartnäckig sein und wollen sich partout nicht abziehen lassen. Die unschönen Folgen solcher Entfernungsversuche sind Kleberrückstände und schwarze Flecken auf dem teuren Autolack. Natürlich lassen sich solche Spuren mit Putzmitteln, die speziell für Autolacke entwickelt wurden, leicht entfernen. Sie können die Stelle aber ebenso gut mit Essigwasser abreiben. Das ist genauso effektiv gegen Aufkleberreste wie Spezialmittel, dabei aber weitaus günstiger. Sie müssen sich also weder über den Aufkleber noch über die Kosten für Entfernungsmittel ärgern. Das spart Zeit und Geld und schont gleichzeitig die Nerven.

Auslandsapotheke

Eine Reise lohnt sich immer. Nicht nur wegen des Erholungswertes, sondern

auch wegen des Spareffekts. Vor allem bei Reisen ins europä-
ische Ausland können Sie günstige Produkte kaufen. Ein gutes
Beispiel hierfür sind Medikamente. Oft werden im Ausland die
gleichen Produkte wie zu Hause angeboten, mit dem einzigen
Unterschied, dass diese anders verpackt, benannt und beschrif-
tet sind. Und dabei sind diese Produkte meistens billiger.
Schauen Sie doch einmal, was in Ihrer Haushaltsapotheke fehlt
– vielleicht Kopfschmerztabletten, Pflaster oder Entzündungs-
salbe. Sie können sich eine Liste machen und dann in der ausländischen Apotheke schauen, ob es dort nicht ähnliche oder
gar die gleichen Produkte gibt. Vergleichen Sie vor allem auch
die Preise – Sie werden sehen, dass viele Produkte im Ausland
günstiger zu erwerben ist.

Auslandsgespräche Reisen ist schon
teuer genug. Wenn Sie im Ausland aber außerdem noch mit
Ihrem Handy telefonieren möchten, belastet das richtig die
Urlaubskasse. Sparfüchse sprechen deshalb, bevor sie in ein
anderes Land fahren, mit ihrem Handyanbieter. Manche Telefonanbieter haben spezielle Auslandspakete im Angebot. Diese
bieten Ihnen als Zusatzleistung zu Ihrem gewöhnlichen Vertrag
günstige Auslandsgespräche und haben in der Regel eine
Gültigkeit von nur wenigen Wochen. Besonders wenn Sie aus geschäftlichen Gründen verreisen und auf Ihr Telefon angewiesen
sind, sollten Sie diese Option nutzen. Unterm Strich können Sie
damit eine Menge Geld sparen.

Autoantenne Es ist immer das gleiche Drama:
Sie stehen in der Reihe vor der Autowaschanlage und gerade
wenn Sie an der Reihe sind, fällt Ihnen ein, dass Sie vergessen
haben, die Radioantenne einzufahren. Jetzt aber schnell! Leider
passiert es genau in solchen Momenten, dass gar nichts mehr
geht – die Antenne will sich einfach nicht einfahren lassen. Die
Mechanik klemmt und lässt sich auch davon nicht überzeugen,
dass die Schlange hinter Ihnen schon ganz unruhig wird. Dieses

Szenario geht an die Nerven – und zwar nicht zu knapp. Beugen Sie solchen Stresssituationen auf eine simple und günstige Art und Weise vor, indem Sie Ihre Antenne regelmäßig mit etwas Kerzenwachs einreiben. Sie können dafür die Wachsreste verwenden, die von der Kerze heruntertropfen und am Kerzenständer hängen geblieben sind. Das Wachs macht die Antenne wieder gleitfähig und schützt sie gleichzeitig vor Feuchtigkeit und damit vor der Entstehung von Rost. Sie schonen auf diese Weise Ihre Nerven und sparen außerdem Zeit und Geld, da Sie nicht extra teures Antennenöl kaufen müssen.

Autobahngebühren

Wenn Sie mit dem Auto fahren, reisen Sie in der Regel kostengünstig – es sei denn, Sie kennen bestimmte Geldfallen nicht, die sich besonders auf ausländischen Autobahnen auftun können. Die Rede ist von sogenannten Mautgebühren. Wenn Sie zum Beispiel in Österreich die staatlichen Autobahnen nutzen wollen, müssen Sie dafür eine kleine Abgabe leisten. Das ist nicht viel – teuer wird es erst, wenn Sie vergessen haben die Mautgebühr zu bezahlen. Denn die Mautkontrolleure sind streng und lassen sich das Fehlen einer Plakette teuer bezahlen. Erkundigen Sie sich also, ob auf Ihrer Urlaubsstrecke mautpflichtige Autobahnen liegen. Sie entgehen so einer Menge Stress und Kosten.

Bargeld

Dank modernster Technik kommen Sie heute – sogar in fremden Ländern – fast ohne Bargeld aus, aber eben nur fast. In kleineren Souvenirläden oder Cafés geht es eben doch nicht ohne Bares. Doch auch hierfür hat die Technik eine bequeme Lösung parat. Sie können mit Ihrer EC-Karte auch im Ausland an jedem Geldautomaten Bargeld abheben. Das ist praktisch, aber auch teuer. Die Banken erheben Gebühren für Auslandsauszahlungen und diese sind nicht gerade unerheblich. Wenn Sie in der Ferne also Geld benötigen, sollten Sie so planen, dass Sie nur einmalig einen höheren Betrag abheben als ständig viele kleinere Summen. So zahlen Sie die

Gebühr nur einmal und haben außerdem nicht den zeitlichen und nervlichen Aufwand, ständig einen Automaten suchen zu müssen.

Beulen vermeiden

Unschöne Beulen an vierrädrigen Gefährten belasten nicht nur das Gemüt seines Besitzers, sondern vor allem auch dessen Geldbeutel. Denn das Entfernen kostet viel Geld. Unterlassen Sie es aber, bildet sich schnell Rost, und der Lack blättert ab. Die beste Lösung ist daher, Sie bekommen erst gar keine Beule. Zur Prävention gibt es einen einfachen Trick: Kleben Sie einen großen Teppichrest an die Seitenwand Ihrer Garage – genau auf Höhe der Autotür. Sollte die schwungvoll geöffnete Tür nun wieder einmal (versehentlich) gegen die Wand knallen, fängt der Teppich den Aufprall sanft ab und die Tür bleibt unversehrt. Sie sparen aufwendige Reparaturen. Und vor allem jede Menge stressige Zeit, die Sie in der Werkstatt verbringen müssen.

Billigflieger

Der Weg eines Sparers ist gepflastert mit Fallen. Denn nicht überall, wo Schnäppchen draufsteht, ist auch wirklich ein Schnäppchen drin. Es lohnt sich oft, genauer hinzuschauen und auch das Kleingedruckte zu lesen, vor allem bei Billigfliegern. Denn viele Airlines locken zwar mit besonders günstigen Flugpreisen – verraten aber nur im klein gedruckten Teil des Vertrages, dass die Sache einen Haken hat. Oft landen solche Billigflieger auf Flughäfen, die weit außerhalb des eigentlichen Zielortes liegen. Zusätzlich zum Flugpreis fallen daher Kosten dafür an, dass Sie vom Flughafen zum gewünschten Zielort kommen müssen. Dabei verschwenden Sie nicht nur Geld, sondern auch Zeit, da die Flughäfen teilweise so weit entfernt liegen, dass der Transport zum Zielort eine ganze Stunde dauern kann. Sparen Sie also Zeit und Geld, indem Sie sich vor der Buchung in Ruhe über die Reiseroute des Billigfliegers informieren. Manchmal ist der Flug, der auf den ersten Blick teurer erscheint, unterm Strich doch günstiger.

Brückentage

Urlaubstage sind für jeden Arbeitnehmer ein heiliges Gut – schließlich gibt es davon nicht so viele. Schlaue Sparfüchse machen aber das Beste aus der Situation und verlängern ihren Urlaub mit einem simplen Trick: Sie nutzen die sogenannten Brückentage. Das sind diese Wochentage zwischen einem Feiertag und dem Wochenende. Sollte ein Feiertag zum Beispiel auf einen Donnerstag fallen, nehmen Sie sich am Freitag Urlaub und schon haben Sie aus einem Urlaubstag insgesamt vier freie Tage am Stück gezaubert. So schonen Sie Ihre Nerven bei der Urlaubsplanung. Die Möglichkeit mit Brückentagen die freie Zeit zu verlängern, nutzen allerdings viele. Es ist daher nicht ratsam, in diesem Zeitraum eine Reise zu buchen, da die meisten Urlaubsziele jetzt überfüllt und überteuert sind. Nutzen Sie die Erholung lieber für ein paar schöne Tage zu Hause.

Corporate Rates

Werfen Sie mal ein Blick in Ihr Portemonnaie und seien Sie ehrlich: Wissen Sie, wofür Sie all diese kleinen Plastikkarten brauchen? Rabatt- und Vorteilskarten sowie Bank- und Kreditkarten gibt es wie Sand am Meer. Leider nutzen dies die wenigsten in vollen Zügen. Was viele nicht wissen, ist, dass die meisten großen Hotelketten sogenannte Corporate Rates anbieten. Das sind gesonderte Konditionen für Inhaber einer bestimmten Kredit- oder Vorteilskarte. Wenn Sie den Überblick über Ihre Karten verloren haben, macht das gar nichts. Fragen Sie einfach bei der nächsten Hotelbuchung, ob das Haus Corporate Rates anbietet, und dann werden Sie ja sehen, ob dieses Arrangement auf Sie zutrifft. Sollte es so sein, sparen Sie auf jeden Fall eine Menge Geld.

Day Spa

Welche Frau träumt nicht davon, sich im Urlaub mal richtig verwöhnen zu lassen. Denn angenehme Massagen und wohltuende Schönheitsbehandlungen entspannen Körper und Seele, aber leider erleichtern sie auch den Geldbeutel. Denn Hotels, die einen sogenannten Spa-Bereich haben, also eine Wohlfühlzone, wo Massagen und andere Schönheits-rituale angeboten werden, lassen sich diesen Luxus auch be-zahlen und haben daher meist besonders hohe Zimmerpreise. Wenn Sie nicht so viel Geld ausgeben, aber dennoch nicht auf Ihren Spa-Tag verzichten wollen, beherzigen Sie daher folgen-den Sparfuchstipp: Besuchen Sie einen Day Spa. Viele Hotels stellen ihren Spa-Bereich gegen Gebühr auch externen Gästen für einen Tag zur Verfügung. Auf diese Weise kommen Sie in den Genuss der Wohlfühlloase, ohne dass Sie die teuren Zimmer buchen müssen. Sie können in einem preiswerteren Hotel wohnen und dennoch den Spa-Luxus genießen. Das ist erholsam und sparsam.

Dichtungsgummis An kalten Winter-

tagen wollen Sie sich bestimmt so wenig wie möglich im Freien aufhalten, sondern lieber in der Nähe einer warmen Heizung sein. Bereits der Weg zum Auto macht Mühe und lässt Sie fast erfrieren. Wenn Sie endlich angekommen sind, wollen Sie so schnell wie möglich rein und die Autoheizung auf volle Pulle stellen. Daraus wird aber nichts, wenn die Tür mal wieder zu-gefroren ist und Sie erst mit Enteisungssprays oder mit einem festen Ruck arbeiten müssen, um ins Autoinnere zu gelangen. Zugefrorene Autotüren stellen nicht nur das Kälteempfinden, sondern auch die Nerven auf eine harte Probe. Zum Glück gibt es einen Trick, wie Sie sich solche Pannen sparen können. Schlaue Fahrer beugen nämlich rechtzeitig vor, indem sie die Dichtungsgummis ihrer Autotür regelmäßig mit Vaseline ein-fetten. Dadurch können sie nicht mehr aneinanderfrieren, und die Autotür lässt sich immer leicht öffnen und gewährt ohne zu zögern Einlass ins warme Innere. Sie schonen Ihre Nerven, sparen Geld für Enteisungssprays und sogar Zeit. So schlagen Sie drei Fliegen mit einer Klappe.

Duty-free-Shop Eine Fernreise lohnt sich
gleich doppelt. Nicht nur wegen des Erholungseffekts, sondern

auch, weil Sie günstig einkaufen können. An Flughäfen und teilweise auch im Flugzeug gibt es sogenannte „Duty-free-Shops". Hier können Sie Waren zollfrei einkaufen. Das spart eine Menge Geld, und Sie haben nicht nur etwas Tolles für sich gefunden, sondern auch ein günstiges und schönes Mitbringsel für die Lieben zu Hause ergattert.

Eiskratzer

Das Freikratzen von zugefrorenen Autoscheiben ist eines der Hauptprobleme des Autofahrers im Winter. Es ist mühsam, die Finger frieren dabei ein, und Zeit kostet es auch. Noch ärgerlicher ist es allerdings, wenn Sie es ohnehin schon eilig haben und Ihr Eiskratzer nicht richtig funktioniert, weil er im Laufe der Jahre stumpf geworden ist. Ärgern Sie sich nicht, damit verderben Sie sich nur einen schönen Wintertag. Behelfen Sie sich lieber selbst: Bearbeiten Sie die Kante des Eiskratzers mit etwas grobkörnigem Schleifpapier. Die Kratzfläche wird dadurch angeraut und so scharf gemacht, dass sie hartnäckige Eisflächen wieder besser bearbeiten kann. Das schont nicht nur Ihre Nerven, es spart auch Zeit, da das Kratzen wieder leichter und schneller vonstatten geht. Plus: Das Geld für einen neuen Kratzer können Sie sich auch sparen. Das sind die schönen Seiten des Winters.

Enteisung

Das typische Szenario: Es ist früh am Morgen, dunkel und klirrend kalt. Und es ist schon spät – Sie müssen schnell zur Arbeit, aber die Scheiben Ihres Autos sind komplett zugefroren. Stundenlanges und nervenraubendes Kratzen ist angesagt. Wenn Sie darauf keine Lust haben, greifen Sie zum Enteisungsspray. Doch diese sind meistens teuer und wirken nur bedingt. Unter einem „guten Morgen" versteht man wirklich etwas anderes. Damit Ihnen am nächsten Tag nicht das Gleiche passiert, beherzigen Sie folgenden Spartipp: Wenn Sie am Abend parken, reiben Sie die Scheiben des Autos mit einer Zwiebelhälfte ein. Zwiebeln haben einen niedrigeren Gefrierpunkt als Wasser und verhindern dadurch, dass sich Eis auf der Scheibe bildet. Die Belohnung dafür gibt es am nächsten Morgen: Sie sparen Zeit und Geld für teures Enteisungsspray und schonen Ihre Nerven.

Fahrgemeinschaften

Wenn Sie sich einmal die Mühe machen und im Straßenverkehr in die Autos schauen, werden Sie feststellen, dass oft nur der Fahrer, maximal noch ein Beifahrer, im Wagen sitzt. Das macht aus vielerlei Gründen wenig Sinn: Zum einen sind viel mehr Autos auf der Straße, sodass mehr Abgase ausgestoßen werden, die der Umwelt schaden. Zum anderen muss jeder sein verfahrenes Benzin allein bezahlen – und das ist bekanntlich teuer. Und letztlich muss auch jedes dieser Autos irgendwo abgestellt werden, sodass Parkplätze knapp und die Nerven angespannt sind. Die bessere Lösung sind daher Fahrgemeinschaften. Ob ins Büro, in die Schule oder sogar in den Urlaub, wer sich mit anderen zusammenschließt, kann nicht nur das Geld für den Sprit sparen, sondern auch die Zeit, die bei der nervigen Parkplatzsuche draufgeht. Und: Der Umwelt tut man dabei auch noch etwas Gutes.

Fahrradspeichen

Ein Drahtesel ist ein sehr zuverlässiger Gefährte. Er ist einem viele Jahre treu, hat niemals Schwierigkeiten anzuspringen und braucht auch nicht ständig teures Benzin. Wenn Sie also möglichst lange etwas von Ihrem zweirädrigen Freund haben wollen, sorgen Sie dafür, dass er immer gut gepflegt wird. Besondere Aufmerksamkeit verdienen dabei die Speichen. Diese beginnen leicht zu rosten und werden brüchig. Das ist nicht nur optisch unschön, sondern auch wirklich gefährlich. Beugen Sie diesem Malheur durch regelmäßige Pflege vor. Dafür müssen Sie aber nicht extra in ein Fahrradgeschäft gehen und teure Spezialpflegemittel kaufen. Herkömmliche Vaseline tut es auch und ist dabei um einiges günstiger. Schmieren Sie die Speichen regelmäßig mit Vaseline ein. Auf diese Weise verhindern Sie, dass sich

Feuchtigkeit an den Speichen absetzt und das Metall zu rosten beginnt. Ihr Drahtesel wird es Ihnen danken – und Ihr Geldbeutel auch.

Fahrradversteigerung

Ein Fahrrad ist eine lohnende Anschaffung. Sie halten sich fit und kommen überall schnell und günstig hin. Außerdem sparen Sie Zeit und schonen Ihre Nerven, da Sie auf das lästige Parkplatzsuchen verzichten können. Leider sind Fahrräder teuer und werden oft gestohlen. Die Anschaffung eines teuren Drahtesels will daher gut überlegt sein. Sparfuchstrick: Kaufen Sie Ihr Rad nicht in einem Fahrradgeschäft, sondern ersteigern Sie es besser auf einer Auktion. In vielen Großstädten werden solche Versteigerungen von der Polizei oder dem Ordnungsamt veranstaltet. Hier werden Fundfahrräder oder nicht zu identifizierendes Diebesgut zum kleinen Preis abgegeben. Sie zahlen in der Regel nicht mehr als 25 Prozent des Neupreises. Das ist ein echtes Schnäppchen, und Sie müssen sich nicht ärgern, wenn es doch einmal gestohlen wird. Ersteigern Sie Ihr Rad am besten im Winter. Zu dieser Zeit sind Fahrräder wegen des schlechten Wetters ohnehin nicht so begehrt, und wenn weniger Leute mitbieten, kostet des Rad weniger.

Ferienwohnung

Wenn Sie vorhaben, mit einer großen Familie oder einem großen Freundeskreis zu verreisen, sollten Sie überlegen, ob Sie anstatt eines Hotel nicht lieber eine Ferienwohnung buchen. Das hat nämlich gleich mehrere Vorteile: Zum einen sind solche Wohnungen in der Regel günstiger. Zum anderen ist es für die Gruppe schöner, weil man sich in einem gemeinsamen Wohnzimmer treffen und vollkommen unter sich sein kann. In einem Hotel ist man durch die verschiedenen Räume immer voneinander getrennt. Und dabei möchte man den gemeinsamen Urlaub doch gerade auch dafür nutzen, Zeit miteinander zu verbringen. In einer Wohnung sind Sie für sich und können sich richtig heimisch fühlen.

Außerdem haben Sie die Möglichkeit, gemeinsame Rituale wie das Vorbereiten der Mahlzeiten in Ruhe zu zelebrieren.

Fliegendreck

Beim Autofahren brauchen Sie vor allem eines: den vollen Durchblick! Verschmutzte Scheiben sind nicht nur unschön, sondern auch störend. Leider sind sie aber keine Seltenheit. Besonders im Sommer haben Sie nach jeder Fahrt Schmutz an der Scheibe – entweder hartnäckigen Blütenstaub oder unansehnlichen Fliegendreck. Was also tun? Wenn Sie jedes Mal durch die Waschstraße fahren, ist das zeitaufwendig und teuer. Die Scheiben ständig mit speziellen Glasreinigersprays säubern? Das geht auf die Dauer ins Geld. Schlaue Sparfüchse kennen eine bessere Lösung: Sie verwenden statt eines teuren Spezialreinigers einfach etwas Bullrichsalz (gibt es in der Drogerie oder Apotheke) und ein feuchtes Tuch. Davon wird die Scheibe ebenfalls glasklar, es entstehen keine Streifen, und günstig ist es auch. So leicht schonen Sie Ihre Nerven und sparen Geld. Wenn Sie außerdem noch Zeit sparen wollen, lagern Sie etwas von dem Salz (abgefüllt in eine verschließbare Dose oder eine kleine Tüte) gleich in Ihrem Auto – die nächsten Fliegen kommen bestimmt.

Flieger kombinieren

Besonders bei Billig-Airlines ist nicht alles preiswert, wo „billig" draufsteht. Auch diese Unternehmen haben ihre Tricks, wie sie am Ende doch noch ein paar Euro mehr verdienen. Eine häufige Kostenfalle ist zum Beispiel die Tatsache, dass die Hinflüge in eine bestimmte Reiseregion besonders preiswert sind, die Rückflüge aber dafür sehr teuer. Oder umgekehrt. Wenn Sie beide Flüge buchen, bezahlen Sie also doch mehr als Sie wollen – und Ihnen die Werbung versprochen hat. Bei Sparfüchsen ist das anders. Sie wissen diese Kostenfalle nämlich geschickt zu umgehen, denn sie buchen immer nur den günstigen Flug – den teuren dagegen nicht. Schließlich ist man nicht gezwungen Hin- und Rückflug mit ein- und derselben Airline zu fliegen.

Schauen Sie sich doch auch bei anderen Reiseanbietern um, ob es dort nicht vielleicht einen günstigeren Flug gibt. Das macht kaum Arbeit – spart aber eine Menge Geld. So simpel kann Sparen sein.

Flughafen  Bei Flügen verhält es sich wie mit allen Produkten: Ist die Nachfrage groß, steigt der Preis. Wenn Sie einen günstigen Flug ergattern wollen, müssen Sie also taktisch dann buchen, wenn viele nicht verreisen. Das ist auch der Grund, warum Flüge zu unangenehmen Uhrzeiten oft preiswerter sind. Ein anderer Trick ist, sein Flugverhalten an die Ferienzeit der jeweiligen Bundesländer anzupassen. Denn sind in einem Land gerade Schulferien, wollen viele Familien in den Urlaub reisen, und die Flüge sind besonders gefragt und damit teuer. Wenn Sie nicht auf die Schulferienzeit angewiesen sind, legen Sie Ihren Urlaub daher am besten so, dass er nicht in die Ferienzeit fällt. Wenn Sie aber selbst schulpflichtige Kinder haben und nur zur Ferienzeit verreisen können, sind Sie nicht zwingend im Nachteil. Mit einem simplen Trick können Sie nämlich auch einen günstigen Flug ergattern und Geld sparen. Sie müssen Ihren Abflug nur von einem Flughafen wählen, der nicht in dem Bundesland liegt, das gerade Schulferien hat. Hier ist die Nachfrage nicht so groß wie in dem Land, das derzeit Ferien hat, die Flüge sind also günstiger. Am besten wählen Sie das benachbarte Bundesland, damit Sie keine weiten Entfernungen in Kauf nehmen müssen.

Flughafenbus Ein Urlaub ist zwar Erholung pur, doch bis Sie am Ort Ihrer Träume sind, müssen Sie erst viel Stress über sich ergehen lassen. Besonders der Weg zum Flughafen ist eine Hürde, die gemeistert werden will. Oft ist er weit entfernt, sodass Sie eine lange Anfahrt einkalkulieren müssen, die nicht nur Nerven, sondern auch Benzin kostet. Dann startet der Flieger nicht selten mitten in der Nacht, sodass Sie auch noch kaum Schlaf bekommen. Am Flughafen

angekommen geht der Stress weiter: Die Parkgebühren rauben Ihnen den letzten Nerv. Sparfüchse wissen um den Stressfaktor „Flughafenfahrt", sie wissen aber richtig damit umzugehen. Sie sparen sich Zeit und Geld und schonen Ihre Nerven, indem Sie nicht selbst fahren, sondern sich einfach fahren lassen. Fast alle Flughäfen bieten einen sogenannten Airport-Transfer an. Hierbei werden oft Bullis und Busse eingesetzt, die gleichzeitig mehrere Passagiere aus dem Umland abholen und direkt zum Abflug bringen. Dafür verlangen sie zwar eine kleine Gebühr – diese ist aber noch immer günstiger, als die Benzinkosten, die Sie haben, wenn Sie allein fahren. Von den geschonten Nerven einmal ganz abgesehen.

Frühbucherrabatt Eine Reise sollten

Sie immer so früh wie möglich planen. Nicht nur weil Sie sich dann länger darauf freuen können. Sondern vor allem, weil Sie so wesentlich preiswerter in den Urlaub fahren können. Denn auf frühe Buchungen geben fast alle Reiseanbieter ordentlich Rabatt. Sie sparen zum einen Geld, zum anderen erleichtern Sie sich selbst die Organisation bei den Reisevorbereitungen. Und das wiederum schont Nerven. Denn bei einer frühzeitigen Planung können Sie in Ruhe alle Vorbereitungen treffen, zum Beispiel rechtzeitig den Urlaub beim Arbeitgeber bekannt geben oder dafür sorgen, dass die Haustiere in der Ferienzeit untergebracht sind. Frühbuchungen haben auch gegenüber Last-Minute-Reisen einen entscheidenden Vorteil: Sie können Ihr Urlaubsziel und das Hotel frei wählen und müssen nicht das nehmen, was übrig bleibt. Frühbucherrabatte gibt es nicht nur bei Fernreisen, auch wenn Sie zum Beispiel innerhalb Deutschlands mit der Bahn fahren wollen. Hier lohnt sich eine frühe Buchung – das ist günstiger.

Gangschaltung Ein schnelles Beschleunigen

macht nicht nur männlichen Autofahrern Spaß. Was dabei nur oft vergessen wird: Es kostet unnötig viel Sprit und damit Geld.

Denn eine hohe Beschleunigungskraft entsteht durch das Fahren in einem hohen Drehzahlbereich. In diesem Bereich muss das Auto allerdings mehr Kraft aufbringen und braucht dafür eben mehr Benzin. Schalten Sie daher besser frühzeitig einen Gang höher und achten Sie auch während der übrigen Fahrt darauf, dass sich der Motor in einem niedrigen Drehzahlbereich befindet. Sie kommen ebenso gut voran, nur verbrauchen Sie weniger Benzin und sparen so Geld.

Geld wechseln

Fremde Länder, fremde Währungen. Wenn Sie ins Ausland reisen, kommen Sie mit Euroscheinen oft nicht weit, besonders wenn Sie sich außerhalb Europas befinden. Deshalb müssen Sie Ihre Euro in das Geld des jeweiligen Landes umtauschen, wenn Sie vor Ort etwas kaufen oder bezahlen wollen. Das können Sie bei sogenannten Wechselstuben erledigen. Das sind Banken oder freie Unternehmen, die Sie in der Regel an Flughäfen oder in viel besuchten Fußgängerzonen finden. Es lohnt sich bei solchen Tauschbanken allerdings zu vergleichen. Denn diese Unternehmen veranschlagen für den Tausch von Geld Gebühren. Oft sind diese im Ausland günstiger als in Deutschland. Je mehr Geld Sie wechseln wollen, desto interessanter werden die Gebühren, weil sie oft prozentual zum Wechselbetrag erhoben werden. Informieren Sie sich daher über das Internet, welche Einrichtung zu welchen Konditionen Ihr Geld tauscht, bevor Sie in den Urlaub starten und sich die Freude durch horrende Wechselgebühren verderben lassen.

Gepäck

Ein Kofferraum eignet sich hervorragend als Zwischenlager für Gegenstände. Besonders Wasserkisten sind dort gut untergebracht, wenn Sie gerade keine Lust haben, die schweren Flaschen nach oben in die Wohnung zu schleppen. Der Haken: Wie so oft ist Bequemlichkeit teuer. Denn alles, was Sie nicht schleppen, schleppt automatisch Ihr Auto und das braucht dafür (genau wie Sie selbst) Energie, genauer gesagt Benzin.

Je mehr Gewicht es mit sich „herumfahren" muss, desto mehr Benzin verbraucht es. Schlaue Sparer lagern daher nicht unnötig viele Gegenstände in ihrem Fahrzeug. Ein besonders oft zu beobachtender Benzinfresser ist der nicht abmontierte, aber ungenutzte Dachgepäckträger. Er bedeutet unnötig Gewicht und erhöht so den Benzinverbrauch. Räumen Sie also besser alles aus Ihrem Auto heraus, was Sie nicht brauchen. Das ist nicht nur ordentlicher, sondern auch günstiger.

Gerüche im Auto
Unangenehme Gerüche im Auto stinken jedem Fahrer. Leider ist es schnell passiert, dass Ihnen zum Beispiel eine Flasche Saft ausläuft und trotz Reinigungsversuchen ein unangenehmer Geruch entsteht. Abhilfe versprechen Duft- und Erfrischungssprays, allerdings sind diese recht teuer und riechen manchmal noch penetranter als der Fleck selbst. Was wirklich hilft, ist ein Trick aus der Parfümherstellung: Parfümeure haben den ganzen Tag mit Düften zu tun, sodass ihre Nasen manchmal regelrecht überfordert sind. Wenn sie irgendwann keinen Geruch mehr aufnehmen können, riechen Parfümeure meist an frischem Kaffeepulver. Der Duft von Kaffee neutralisiert andere Gerüche, und der Parfumeur kann wieder neue Düfte wahrnehmen. Versuchen Sie das Gleiche in Ihrem Auto. Bestreuen Sie die übel riechende Stelle mit frischem Kaffeepulver, lassen Sie es über Nacht einwirken und saugen Sie das Pulver am nächsten Tag weg. Sie werden sehen: Der strenge Geruch hat sich verduftet, ohne dass Sie das auch nur einen Cent gekostet hätte.

Getunte Autos
Tiefer, schneller, breiter - das ist der Slogan, den sich die meisten Hobby-Tuner auf ihr Fähnchen geschrieben haben und nach welchem sie ihre Autos gestalten. Das mag vielleicht gut aussehen, wirtschaftlich ist es aber leider nicht. Besonders eine breite Bereifung und Heckspoiler sind Spritfresser der Extraklasse, denn beide Tuning-Accessoires erhöhen den Widerstand, den das Auto überwinden

muss, um voran zu kommen. Es braucht dafür mehr Kraft und damit letztlich mehr Sprit. Für Sparfüchse ist so ein getuntes Auto daher nicht das ideale Gefährt. Verzichten Sie auf Tuning-Accessoires (auch wenn sie noch so hübsch sind), denn dafür haben Sie am Ende mehr Geld im Portemonnaie.

Hagelschaden

Was ist schlimmer als eine Beule im Auto? Richtig: Viele Beulen im Auto. Auch wenn sie noch so klein sind, Hagelschäden bringen jeden Autobesitzer auf die Palme – nicht nur, weil sie unschön aussehen, sondern auch, weil die Reparatur aufwendig und teuer ist. Schlaue Sparer beugen daher vor. Sie besorgen sich einfach eine große Luft-polsterfolie aus dem Baumarkt und werfen diese über das Auto, sobald es zu hageln beginnt. Die Folie fängt die Hagelkörner ab und verhindert Schäden. So simpel können Sie Ihre Nerven schonen, Werkstattzeit und Geld sparen.

Handgepäck

Es gibt Bücherwürmer, die nur in den Urlaub fahren, um ein Buch nach dem anderen zu verschlingen. Außer Buchstaben wollen sie gar nicht viel sehen. Für solche Leseratten (aber auch für Leute, die nicht ganz so viel schmökern wollen) gilt diese goldene Urlaubsregel: Bücher gehören ins Handgepäck. Das hat zwar den kleinen Nachteil, dass Sie die Wälzer über den Flughafen schleppen müssen, bringt aber dafür den großen Vorteil, dass Sie eine Menge Geld sparen. Denn Gepäck, das Sie am Check-in-Schalter aufgeben, unterliegt einer Gewichts-begrenzung, die je nach Airline variiert. Diese Höchstgrenze ist jedoch schneller erreicht als Sie denken. Vor allem wenn Sie vorhaben für zwei Wochen zu verreisen und allerlei Kleidung und Kosmetikartikel dabei haben. Wenn Sie dann auch noch die Bü-cher in den Koffer legen, ist die zulässige Gewichtsgrenze schnell überschritten, und Sie müssen eine Gebühr für Übergepäck be-zahlen. Sparen Sie sich das Geld und den Ärger also, indem Sie die Bücher bei sich tragen. Denn diese wiegen eine Menge und wür-den den zulässigen Gewichtsrahmen schnell sprengen.

Handy im Urlaub
Karl Lagerfeld hat schon gesagt: „Handys sind eine praktische Erfindung – vor allem wenn sie andere für mich besitzen." Da ist etwas Wahres daran: Das ständige Klingeln des Mobiltelefons und die ständige Erreichbarkeit zählen zu den größten Stressfaktoren der heutigen Zeit. Wenigstens im Urlaub sollten Sie sich deshalb Ruhe vor dem Telefonterror gönnen. Nicht nur, weil das ein wichtiger Teil der Erholung und Luxus für Ihr Nervenkostüm ist, sondern auch, weil Sie damit eine Menge Geld sparen können. Telefonieren im Ausland kostet nämlich erhöhte Gebühren. Und das nicht nur, wenn Sie jemanden anrufen, sondern auch dann, wenn Sie angerufen werden. Verzichten Sie daher lieber auf Ihr Handy. Sie können es zur Sicherheit mitnehmen, aber schalten Sie es aus. Erst so machen Sie Ihren Urlaub zur Erholung.

Heckscheibenheizung
Ein Auto verbraucht nicht nur dadurch Benzin, dass Sie es fahren. Es sind außerdem noch viele andere Kostenfallen in einem Auto versteckt, die Sie auf den ersten Blick kaum wahrnehmen. Eine Falle ist die Heckscheibenheizung. Sie wird in der Regel dafür benutzt, die Scheibe frei zu bekommen, wenn sie beschlagen oder leicht vereist ist. Die Heizung muss hierfür eine Menge Energie aufbringen, damit sie besonders warm und intensiv ist. Folglich verbraucht das Auto auch mehr Benzin, damit es diesem Energiebedarf gerecht werden kann. Für Sparfüchse gilt daher die Devise: Heckscheibenheizung aus, sobald sie nicht mehr gebraucht wird. Sie müssen sich an diesen Vorsatz wirklich bewusst erinnern, weil Sie leicht vergessen können, dass die Heizung noch in Betrieb ist. Sie sparen aber letztlich Geld, wenn Sie konsequent darauf achten – und das dürfte wohl als Gedächtnisstütze genügen.

Hotelbewertungsportale
Der Urlaub sollte die schönste Zeit des Jahres werden. Die zahlreichen Reisekataloge präsentieren die Urlaubsorte und die Unterkünfte

deshalb in den buntesten Farben und mit den schillerndsten Beschreibungen. Die Realität kann leider manchmal ganz anders aussehen. Wenn Sie es schon erlebt haben, dass das Hotel der totale Flop war und überhaupt nicht mit den Katalogbeschreibungen übereingestimmt hat, wissen Sie nicht nur, wie viel Geld Sie letztlich mit diesem Urlaub gelassen haben, sondern auch, wie viel Nerven. Sparen Sie sich diesen Stress in Zukunft. Wenn Sie sicher sein wollen, dass Sie im Urlaubsparadies und nicht in der Holiday-Hölle landen, informieren Sie sich vor Reiseantritt über das Hotel, und zwar nicht nur im Katalog (dort ist schließlich alles perfekt dargestellt), sondern im Internet. In sogenannten Hotelbewertungsportalen berichten andere Urlauber über ihren Aufenthalt in dem jeweiligen Hotel. Sie erfahren hier Details, die Sie so im Katalog bestimmt nicht lesen könnten. Nach Ihrem Urlaub können Sie selbst auch anderen Reisenden einen Gefallen tun und Ihre Meinung über Ihren Urlaub schreiben. So können Sie andere Urlauber vor einem derartigen Reinfall bewahren.

Hoteleröffnungen  Neue Hotels haben

gleich zwei Vorteile: Sie sind immer auf dem neuesten Standard, was Design, Ausstattung und Komfort angeht und sie sind preiswert. Besonders unmittelbar nach der Eröffnung haben neue Hotels oft das Problem, dass es ihnen noch an Bekanntheit mangelt und sie daher meist nicht ganz ausgebucht sind. Um die Zimmer voll zu bekommen, locken neue Hotels daher oft mit besonders preiswerten Eröffnungsangeboten. Sparfüchse profitieren also nicht nur von den Neuerungen, sondern auch von den günstigen Preisen, die neue Hotels zu bieten haben. Fragen Sie entweder im Reisebüro nach oder suchen Sie im Internet, wo demnächst ein schönes Hotel eröffnet wird.

Internetbuchungen Inzwischen gibt

es fast nichts mehr, was Sie nicht über das Internet erledigen können. Manchen ist diese Entwicklung zwar noch unheimlich,

Skeptikern sei jedoch gesagt, dass es durchaus eine Menge Vorteile bringt, das Internet mit all seinen Möglichkeiten zu nutzen, und das nicht nur aus Gründen der Bequemlichkeit (Sie können schließlich alles vom Rechner von zu Hause aus erledigen), sondern auch aus finanzieller Sicht. Probieren Sie es doch einmal aus und buchen Sie Ihre nächste Reise im Internet. Inzwischen gibt es unzählige Onlinereisebüros, die die Reisen günstiger anbieten können als „echte" Reisebüros, da sie keine Ausgaben wie Miete oder Personalkosten haben. Sollten Sie der Sache jedoch trotzdem nicht trauen, können Sie sich zunächst eingehend über das jeweilige Onlinereisebüro informieren. Es gibt zahlreiche Foren, in denen Bewertungen vorgenommen wurden. Stöbern Sie doch einfach mal durchs Netz – dann kommt das Fernweh von ganz alleine.

Kinderbetreuung im Urlaub

Im Urlaub will man seine Ruhe haben – und das manchmal sogar vor den eigenen Kindern. Schließlich kann man sich schlecht entspannen, wenn dauernd einer der Knirpse quengelt oder spielen will. Das ist Stress pur. Aber auch für die Kinder ist es keine Erholung, wenn sie brav und still auf der Liege liegen sollen. Eine ideale Lösung für dieses Problem bieten Hotels, die einen Kinderbetreuungsservice anbieten. Achten Sie bei der Buchung auf dieses Detail. Bei diesen Betreuungsangeboten sind Kinder jedes Alters willkommen. Hier werden ein buntes Spielprogramm und teilweise sogar Ausflüge angeboten. In der Regel ist dieser Service im regulären Zimmerpreis inbegriffen. Der Vorteil: Die Kinder haben ihren Spaß und Sie Ihre Ruhe – und genau das macht doch einen perfekten Urlaub aus.

Klimaanlage
Klimaanlagen im Auto sind kühl und kostspielig. Denn für die frische Brise im Wagen bezahlen Sie mit einem erhöhten Spritverbrauch. Bis zu 0,6 Liter Benzin werden auf 100 Kilometer mehr verbraucht, wenn Sie klimatisiert fahren. Bei nur 15.000 Kilometern im Jahr sind das bereits

90 Liter. Multipliziert mit den aktuellen Spritpreisen ist das schon eine stolze Summe für ein bisschen kühlen Wind. Fahren Sie deshalb lieber mit leicht geöffnetem Fenster anstatt die Klimaanlage einzuschalten. Das ist ohnehin gesünder für die Schleimhäute und die Atemwege. Die trockene Luft von Klimaanlagen verursacht bei vielen nämlich ein Halskratzen oder gerötete Augen.

Koffer

Das Kofferpacken ist die schönste Reisevorbereitung. Sie können genau überlegen, was Sie anziehen und schon von schönen Abendessen und Strandspaziergängen träumen. Das Einzige, was Sie aus diesen vorfreudigen Gedanken zurück in die Realität holt, ist der muffige Geruch, der Ihnen beim Öffnen der Koffer entgegenkommt. Wurden die Reisetaschen und Koffer längere Zeit nicht genutzt, entsteht ein unangenehmer Mief. Und das ist besonders dann ärgerlich, wenn Sie keine Zeit mehr haben, den Koffer zu lüften, und die Lieblingssachen, die Sie darin einpacken, diesen unangenehmen Geruch annehmen. Sparen Sie sich diesen Stress, denn mit einem simplen Trick schnuppern Sie beim Packen nur noch das Fernweh und garantiert keinen Mief mehr. Legen Sie einfach mehrere kleine Stückchen Seife in den Koffer, bevor Sie ihn einlagern. So nimmt dieser auch bei längeren Lagerzeiten den angenehmen Seifenduft statt des Modergeruchs an. Das ist eine simple und günstige Möglichkeit, um sich Stress bei den Reisevorbereitungen zu sparen.

Kostenrückerstattung

Es ist ärgerlich, wenn Sie einen Flug gebucht haben und ihn dann aus irgendwelchen Gründen nicht antreten können. Noch ärgerlicher ist es allerdings, wenn Sie dafür nicht mal einen Cent zurückerstattet bekommen. Das ist nicht nur eine Geldverschwendung, sondern oft auch nicht zulässig. Denn in den meisten Geschäftsbedingungen der Fluglinien ist im Falle eines Verfalls des Fluges nur vorgesehen, dass die Kosten für die Leistung selbst (also für den Flug) von der Airline einbehalten werden dürfen. Die

Summe, die für Steuern und Gebühren fällig wurde, darf dagegen in der Regel nicht einbehalten werden. Informieren Sie sich darüber und scheuen Sie sich nicht, Ihrer Airline eine schriftliche Frist zur Rückerstattung zu setzen. Das erspart Ihnen Ärger und Geld.

Kratzer

Man kann noch so sehr aufpassen – manchmal passiert es eben doch: ein Kratzer im Autolack. Das ist ärgerlich und teuer, aber leider nicht immer vermeidbar. Ärgern hilft jetzt nicht viel. Schreiten Sie besser gleich zur Tat und bessern Sie den Kratzer aus. Nein, nicht indem Sie ihn zur Reparatur in die Werkstatt bringen und dafür viel Geld bezahlen. Kleine Kratzer können Sie selbst ausbessern. Dafür brauchen Sie nur einen Wachsmalstift in derselben Farbe wie der Lack Ihres Autos und etwas durchsichtigen Nagellack. Und los geht's: Mit dem Wachsmalstift zeichnen Sie vorsichtig den Kratzer nach, sodass keine weißen Stellen mehr zu sehen sind. Anschließend dichten Sie diese Stelle mit dem klaren Nagellack ab. So bleibt die Farbe erhalten und die Stelle ist vor Wasser und Rost geschützt. Keine Sorge: Sollten Sie sich später doch noch entscheiden den Kratzer von einem Profi entfernen zu lassen, kann dieser die Stelle leicht abschleifen. Bis dahin ersparen Sie sich aber eine Menge Geld, Werkstattzeit und Ärger.

Kurzstrecken

Zugegeben – es ist recht angenehm mit dem Auto zum Bäcker nebenan zu fahren, vor allem wenn es draußen kalt ist. Oder man keine Zeit hat. Oder man müde ist. Oder, oder, oder… Irgendein Grund fällt einem immer ein, um auch für kurze Strecken das Auto zu benutzen. Es gibt aber auch einen Grund, der Sie daran hindern sollte: Es ist teuer. Denn im kalten Zustand verbraucht der Motor noch mehr Benzin als im angewärmten. Mini-Fahrten (zum Bäcker, zum Kindergarten oder zum Briefkasten) werden daher sinnvollerweise mit dem Fahrrad erledigt. Das ist nicht nur günstiger, sondern auch gesünder. Wenn Sie nicht auf Ihren vierrädrigen

Gefährten verzichten wollen, organisieren Sie Ihre Kurzfahrten so, dass Sie mehrere kleine Strecken miteinander verbinden. Das spart nicht nur Sprit, sondern auch Zeit, weil Sie nicht immer wieder losfahren müssen.

Kurztrip

Ein Tapetenwechsel tut immer gut, egal wie lange er dauert. Manchmal genügt es schon, wenn Sie für ein paar Tage eine andere Umgebung und fremde Gesichter sehen. Kurztrips und Städtereisen sind eine Art Erholungs-Quickie. Gönnen Sie sich doch hin und wieder eine solche Unternehmung. Wenn Sie dabei besonders schlau vorgehen wollen, legen Sie Ihren Urlaub einfach so, dass er nicht über ein Wochenende, sondern an normalen Wochentagen stattfindet. Das hat nämlich zwei entscheidende Vorteile: Zum einen sind die Hotelgebühren und andere Eintrittspreise an den Wochenenden grundsätzlich höher, zum anderen sind Städte und Erholungsziele an diesen Tagen oft überlaufen – und das bringt eher Stress als Erholung. Schlagen Sie deshalb zwei Fliegen mit einer Klappe und verreisen Sie unter der Woche. Weiteres Plus: Sie haben dann noch ein entspanntes Wochenende daheim zur Verfügung.

Landestypische Küche

Zu einer Reise in ferne Länder gehört es auch, dass Sie etwas von der Kultur erleben. Keine Sorge: Das muss nicht zwingend immer ein öder Museumsbesuch sein. Besonders die alltäglichen Dinge der Einheimischen, wie zum Beispiel das Essen, sind extrem spannend. Besonders in Ländern, die für ihre köstliche Küche bekannt sind (zum Beispiel Thailand oder Indien) sollten Sie daher im Hotel nur das Frühstück mitbuchen. Abends besuchen Sie lieber kleine, landestypische Restaurants. So lernen Sie Ihr Urlaubsland nicht nur gut kennen, sondern auch genießen. Weiterer Vorteil: Sie sparen eine Menge Geld. Denn häufig bekommen Sie das Essen in kleinen Lokalen außerhalb des Hotels für einen Spottpreis.

Landstraße

Es ist schon eine ganz schöne Tortur, eine längere Strecke mit dem Auto reisen zu müssen. Und zwar nicht nur unter Kostengesichtspunkten, denn Benzin ist nicht gerade günstig, sondern auch, was den Stressfaktor auf deutschen Autobahnen betrifft. Gestalten Sie Ihre Reise deshalb so angenehm wie möglich. Eine Möglichkeit hierfür ist, statt der Autobahn die Landstraße zu wählen. Zum einen sind die Strecken hübscher und von der Fahrweise entspannter, zum anderen können Sie erheblich Sprit sparen. Die Richtgeschwindigkeit auf Landstraßen ist nämlich deutlich geringer als auf Autobahnen. Fahren Sie langsamer, verbrauchen Sie auch weniger Benzin und haben damit weniger Kosten. Sie tun damit nicht nur etwas für Ihren Geldbeutel und Ihre Nerven, sondern letztlich auch für die Umwelt.

Marderabwehr

Man kann noch so tierlieb sein – bei einem bestimmten Vierbeiner platzt jedem der Kragen. Marder sind der Albtraum jedes Autofahrers. Denn besonders zur kalten Jahreszeit suchen sie sich im Inneren von Automotoren ein lauschig warmes Plätzchen zum Schlafen und zerfressen dabei Schläuche und Kabel. Damit verursachen sie nicht nur Kosten, sondern auch Ärger. Deshalb ist mit dieser Gastfreundschaft jetzt Schluss. Machen Sie den kleinen gefräßigen Tierchen einen Strich durch die Rechnung, indem Sie einen laut tickenden Wecker in den Motorraum legen. Marder fühlen sich von diesem Geräusch gestört und suchen sich deshalb eine andere Schlafgelegenheit. Ihr Auto und Ihre Nerven bleiben unversehrt. Wichtig: Vergessen Sie nicht, den Wecker wieder zu entfernen, wenn Sie mit dem Auto fahren wollen.

Mietwagen

Ein Mietwagen gibt Ihnen im Urlaub ein Stück mehr Unabhängigkeit. Sie können Ihr Ferienziel in Ruhe und selbstständig erkunden und sparen dabei in der Regel noch Geld, da Sie auf teure Taxifahrten oder Rundtouren verzichten können. Das setzt allerdings voraus, dass Sie ein günstiges Angebot für Ihren Mietwagen ergattern konnten, und genau das ist die Krux. Die Autovermieter vor Ort lassen sich ihre Dienstleistung teilweise sehr gut bezahlen, denn sie wissen genau, dass der Urlauber nicht die Lust und die Möglichkeiten hat, Preisvergleiche anzustellen. Seien Sie künftig schlauer als die Autovermieter. Informieren Sie sich vor Reiseantritt über die örtlichen Mietkonditionen. Im Internet können Sie bequem herausfinden, welcher Anbieter welche Angebote hat, und sich in Ruhe das Günstigste heraussuchen. Bei frühzeitigen Buchungen gibt es außerdem oft einen gesonderten Rabatt. So sparen Sie nicht nur Geld, sondern auch Zeit und schonen Ihre Nerven, da Sie sich im Urlaub keine Gedanken mehr über die Suche nach einem bezahlbaren Mietwagen machen müssen. So soll ein Urlaub schließlich sein.

Minibar Die Minibars, die es in Hotelzimmern gibt, haben ihren Namen bestimmt nicht deshalb, weil sie immer so kleine Preise haben. Im Gegenteil: Die Kosten können sehr hoch sein, wenn Sie sich aus diesen kleinen Kühlschränken bedienen. Für Sparfüchse gilt daher die Regel: Finger weg vom Mini-Kühlschrank. Auch wenn die Naschereien und Getränke dort noch so köstlich aussehen. Sorgen Sie lieber für Ihre eigenen Köstlichkeiten und nehmen Sie sich ein paar Getränke und Knabbereien mit auf Ihr Zimmer. Das wird von der Hotelleitung zwar nicht gern gesehen – verboten ist es aber nicht. Sie müssen ja nicht gleich kistenweise Getränke mitnehmen, aber gegen ein paar Flaschen Wasser oder Wein wird niemand etwas einzuwenden haben.

Mitfahrzentrale Wenn Sie längere Strecken bewältigen müssen oder aus beruflichen oder privaten Gründen häufig zwischen zwei Städten pendeln, spüren Sie das auf Dauer in Ihrem Geldbeutel. Denn Langstrecken mit dem Auto zu absolvieren, kostet viel Benzingeld und ist dabei besonders anstrengend für den Fahrer. Fahren Sie dagegen mit der Bahn,

reisen Sie zwar komfortabler, allerdings nicht unbedingt günstiger. In diesen Fällen ist es sinnvoll, sich bei sogenannten Mitfahrzentralen zu melden. Diese Einrichtungen finden Sie im Internet. Über solche Zentralen finden sich verschiedene Leute zusammen, die die gleichen Strecken zu bewältigen haben. Sie fahren dann gemeinsam mit einem Auto und teilen sich den Sprit. Je mehr Leute zusammenkommen, desto günstiger wird es. Außerdem haben Sie eine nette Unterhaltung während der Reise und schonen Ihre Nerven.

Motor aus

Ein häufiger Irrglaube ist, dass man meint, ein Auto verbrauche nur dann Sprit, wenn es fährt. Das ist falsch. Das Auto verbraucht immer dann Sprit, wenn der Motor an ist. Auch wenn man kein Gas gibt, zieht dieser nämlich Benzin. Selbstverständlich ist der Spritverbrauch während der Fahrt höher, doch auch im Stand sollten Sie den Verbrauch nicht unterschätzen. Moderne Autos haben daher eine Funktion eingebaut, die den Motor an der Ampel ausschaltet und bei der Anfahrt wieder startet. Auf diese Weise sparen Sie Benzinkosten und verhindern, dass unnötig Abgase in die Umwelt gestoßen werden. Aber auch wenn Sie kein Sparauto besitzen, können Sie Geld sparen. Achten Sie darauf, dass Sie den Motor abstellen, wenn Sie abschätzen können, dass Sie länger als zehn Sekunden halten. Bei einer gewöhnlichen roten Ampel wird sich das zwar kaum lohnen, aber wenn zum Beispiel ein Müllwagen die Fahrbahn blockiert oder Sie aus anderen Gründen warten müssen, macht es durchaus Sinn, den Wagen auszuschalten.

Motorroller

In Werbungen für italienische Parfums sieht es immer so lässig aus, wenn der smarte Italo-Mann mit seinem Motorroller durch die Innenstadt braust und dabei verstohlene Blicke hübscher Frauen erhascht. Die gute Nachricht ist: Das können Sie auch! Auf einem Motorroller sehen Sie nicht nur automatisch cool aus, sondern sparen auch Zeit, Geld und Nerven. Besonders wenn Sie Single sind oder in der Innenstadt wohnen, sind Sie mit diesem zweirädrigen Flitzer gut beraten. Denn zum einen verbraucht ein Roller deutlich weniger Benzin als ein Auto. Das schont Ihr Portemonnaie. In der engen Innenstadt sind Sie mit einem Roller außerdem deutlich flexibler und schneller unterwegs als mit einem sperrigen Auto – das spart Zeit und schont Ihre Nerven. Denn mit einem Roller finden Sie immer (!) einen Parkplatz. Die italienische Lässigkeit kommt dann von ganz allein.

Neue Reiseregionen Mal ehrlich: Die

zehnte Reise nach Mallorca ist zwar schön, schließlich kennen Sie inzwischen jeden Grashalm, aber wirklich aufregend ist das nicht mehr. Probieren Sie doch mal etwas Neues aus. Fragen Sie in Ihrem Reisebüro einfach mal nach, welche Reiseregionen gerade im Kommen sind, wo also noch nicht allzu viele Leute hinfahren. Das hat gleich mehrere Vorteile: Sie lernen zum einen ein neues Reisegebiet kennen, das macht das Verreisen gleich wieder spannender. Zum anderen ist es aber auch aus finanzieller Sicht lohnenswert, neue Gebiete zu erkunden. Denn solange dort noch kein Massentourismus herrscht, halten sich auch die Preise noch im Rahmen. Die Hotels und Restaurants können erst dann hohe Preise verlangen, wenn sie wissen, dass viele Menschen ihren Ort besuchen wollen. Und letztlich sparen Sie auch jede Menge Stress, wenn Sie in Gebiete jenseits des Massentourismus fahren. Diese Orte sind noch nicht so überlaufen. Es ist insgesamt ruhiger und erholsamer, und Sie haben die Gelegenheit, die Einheimischen unbeeinflusst vom Tourismus kennenzulernen.

Neuwagenkauf  Der Kauf eines neuen

Autos ist nicht nur eine große Freude, sondern auch eine große Herausforderung. Es gibt so viel zu entscheiden und zu bedenken, dass Ihnen schnell alles über den Kopf wachsen kann. Damit Sie sich wenigstens um den Preis keine Sorgen machen müssen, sollten Sie einen Tipp beherzigen: Kaufen Sie Ihr neues

Auto immer erst zum Ende des Kalenderjahres, die Autos sind dann günstiger. Händler und Herstellerniederlassungen haben oft Vorgaben zu erfüllen, eine gewisse Stückzahl an Autos pro Jahr verkaufen zu müssen. Um diese Zahlen noch zu erreichen bzw. aufzubessern, geben die Verkäufer die Autos kurz vor Ende des Jahres mit besonders großen Nachlässen ab. Damit ist den Verkäufern geholfen, da sie ihre Verkaufsvorgaben erreichen, und Sie haben auch etwas davon: Sie bekommen ein neues Auto für weniger Geld.

Newsletter Früher waren nur die Briefkästen
prall gefüllt mit Werbezetteln und Aktionsblättern verschiedener Unternehmen. Heute läuft das alles auch noch elektronisch, denn inzwischen werden auch die virtuellen Briefkästen mit Werbung bombardiert. Viele Leute sind davon sehr genervt. Sparfüchse dagegen nicht – sie freuen sich vor allem über die Newsletter von Fluggesellschaften. Denn über diese Schreiben erfahren sie von großen Angebotsaktionen, die ausschließlich in diesen Newslettern angeboten werden. Oft werden dort Flüge günstig versteigert oder es gibt sogenannte Happy-Hour-Aktionen, bei denen Flüge besonders günstig sind, wenn man sie zu einer bestimmten Uhrzeit bucht. Durch solche Aktionen können Sie eine Menge Geld sparen – Sie erfahren allerdings nur dann von ihnen, wenn Sie den Newsletter der Fluggesellschaft abonniert haben. Um daran teilzunehmen, müssen Sie sich einfach auf den Homepages der verschiedenen Fluggesellschaften für den Newsletter anmelden. Mit einem Klick sparen Sie so eine Menge Geld.

Online-Check-in Wenn Sie viel fliegen,
wissen Sie sicher: Das, was so viel Zeit (und wohlgemerkt auch Nerven) kostet, ist nicht der Flug als solcher. Die reine Flugzeit fällt – aus zeitlicher und nervlicher Sicht – oft gar nicht störend ins Gewicht. Viel unangenehmer und langwieriger sind das Gedränge am Flughafen und die ewige Warterei. Bevor Sie

das Flugzeug überhaupt betreten können, müssen Sie viele Stationen durchlaufen: Ticketkauf und Abholung, Check-in, Sicherheitskontrolle, Boarding, und dann sitzen Sie irgendwann endlich auf Ihrem Platz im Flugzeug. Das ist lästig und kostet Zeit. Vor allem Businessflieger kennen daher einen Trick, um die Reise wenigstens etwas zu erleichtern. Sie erledigen einfach einige der nötigen Schritte im Internet. Zum Beispiel können Sie das Flugticket bequem über das Internet kaufen und zu Hause ausdrucken. Das spart Zeit und schont Nerven. Noch praktischer ist es, dass Sie neuerdings auch Ihren Boardingpass im Internet ausdrucken können. Sie checken sich also selbst in den Flieger ein und wählen einen Sitzplatz – alles simpel, bequem und von zu Hause aus. Den Boardingpass drucken Sie dann einfach aus und zeigen ihn beim Check-in vor. Lange Schlangen vor den Schaltern waren gestern. Sie und Ihre Nerven landen sicher und entspannt.

Park & Ride

Wenn Sie nicht gerade mit einem Ultra-Kleinwagen gesegnet sind, haben Sie es als Autofahrer in der Stadt nicht leicht. Bei der Parkplatzsuche können Sie die menschliche Psyche (und ihre Abgründe) studieren – ein Stress, den sich schlaue Sparer nicht antun. Sie gehen diesen Parkplatzkonflikten einfach aus dem Weg, indem sie die sogenannten „Park & Ride"-Angebote der Städte nutzen. Die meisten Großstädte verfügen über ein solches Angebot, wo Sie Ihr Auto auf großen Parkplätzen abstellen, die ein wenig außerhalb des Stadtkerns liegen. Von dort aus werden Sie mit einem Bustransfer ins Zentrum gebracht. Die Parkgebühren sind hier wesentlich günstiger und den Ärger, einen Parkplatz zu finden, umgehen Sie auch. Autofahren kann doch so entspannt sein.

Parken

Wenn Sie dachten, Fliegen sei teuer, haben Sie garantiert noch nicht am Flughafen geparkt. Die Gebühren, die in den Parkhäusern und Stellflächen am Flughafen verlangt werden, sollten Sie bei der Reisekostenplanung nicht vergessen, denn sie machen einen nicht unerheblichen Teil aus. Vor allem wenn Sie vorhaben, das Auto für mehrere Tage oder gar Wochen dort abzustellen, sollten Sie sich auf eine saftige Rechnung gefasst machen. An dieser Stelle gibt es zwei Möglichkeiten: Entweder Sie ärgern sich und geben eine Menge Geld aus. Oder Sie beherzigen einen simplen Sparfuchstrick, der Ihnen Ärger und Geld erspart. Parken Sie nicht in der unmittelbaren Nähe des Flughafens, sondern im nächst gelegenen Wohngebiet. Dort suchen Sie sich am besten eine Haltebucht, in der das Parken kostenfrei ist und lassen sich dann mit einem Taxi direkt zum Flughafen bringen. Das Geld, das Sie für das Taxi bezahlen müssen, ist lange nicht so viel wie die Parkgebühren. Sie sparen also Geld und Nerven.

Prämienmeilen
Rabattsysteme gibt es überall – im Supermarkt, beim Tanken und sogar beim Fliegen. Große Fluggesellschaften honorieren ihre Kunden, dass sie viel fliegen, indem sie ihnen pro Flug eine gewisse Anzahl an Prämienmeilen gutschreiben. Haben Sie irgendwann genug Meilen gesammelt, bekommen Sie dafür einen Freiflug. Wie bei allen Rabattsystemen lohnt es sich auch hier, einmal genauer hinzusehen. Denn die Krux an der Sache ist, dass viele Meilensammelsysteme so aufgebaut sind, dass es für den teuersten Flug die meisten Meilen gibt. Die gutgeschriebenen Meilen nützen Ihnen aber nichts, wenn Sie sich diese teuer erkaufen müssen. Bevor Sie einen Flug buchen, der zwar viele Meilen bringt, aber auch viel Geld kostet, vergleichen Sie doch lieber, ob nicht eine andere Airline günstigere Konditionen anbietet. Auch wenn Sie dann vielleicht keine Meilen sammeln, sparen Sie langfristig gesehen einen Haufen Geld.

Präventionsreisen
Vorsicht ist besser als Nachsicht. Dieses Sprichwort bewährt sich wirklich in allen Lebensbereichen – vor allem aber, wenn es um die Gesundheit geht. Wenn Sie frühzeitig auf Ihren Körper achten, können Sie

spätere Schäden häufig vermeiden. Genau das ist auch der Grund, warum manche Krankenkassen ihre Kunden bei sogenannten Präventionsreisen finanziell unterstützen. Sie besuchen sogenannte Kurhotels, in denen Sie nicht nur faulenzen, sondern auch eine gesundheitliche Vorsorge in Anspruch nehmen können. Sie können zum Beispiel an einer Ernährungsberatung teilnehmen oder bestimmte Entspannungstechniken erlernen. Oft wird in solchen Hotels auch eine besonders gesunde und schonend zubereitete Kost angeboten. Sie haben dadurch gleich mehrere Vorteile: Zum einen bleiben Sie fit und lernen wie Sie auch im Alltag auf Ihre Gesundheit achten können. Zum anderen können Sie Geld sparen, da sich einige Krankenkassen an diesen Reisen finanziell beteiligen. Informieren Sie sich bei Ihrer Kasse – es wird Ihnen guttun.

Reifendruck  Der sparsame Umgang mit Benzin
ist inzwischen für fast jeden Autofahrer zur Selbstverständlichkeit geworden. Schließlich ist der Treibstoff nicht nur sündhaft teuer geworden, ein übermäßiger Verbrauch belastet auch unnötig die Umwelt. Umso raffinierter sind Sparfüchse geworden, wenn es ums Thema Spritsparen geht. Schlaue Sparer sorgen zum Beispiel dafür, dass ihre Reifen immer den richtigen Druck haben. Grund: Pralle Reifen rollen besser. Ein Auto mit gut gefüllten Reifen kommt leichter voran, weil es gegen weniger Widerstand angehen muss. Das wiederum reduziert die aufzuwendende Energie und damit den Spritverbrauch. Außerdem führt ein verminderter Reifendruck zu einer früheren Abnutzung des Reifens, sodass Sie schneller neue Reifen kaufen müssen. Beugen Sie also lieber vor und sparen Sie auf diese simple Weise Geld.

Reifenwechsel  Nehmen Sie sich ein Beispiel
an den Formel-1-Profis. Michael Schuhmacher zum Beispiel wechselte die Reifen seines Formel-1-Flitzers bereits, wenn er nur wenige Runden gefahren war. So ähnlich sollten Sie das in

Zukunft auch machen, wenn Sie Nerven schonen und Geld sparen wollen. Sie müssen ja nicht nach jeder Fahrt die Reifen wechseln, aber nach circa 10.000 Kilometern. Keine Sorge, Sie sollen nicht ständig einen komplett neuen Radsatz aufziehen, sondern nur die Vorderräder gegen die Hinterräder tauschen. Denn die vorderen Räder fahren sich, vor allem beim weitverbreiteten Vorderradantrieb, schneller ab als die hinteren. Wenn Sie die Reifen jedoch regelmäßig gegeneinander tauschen, können Sie diesem Verschleiß vorbeugen. Die Reifen fahren sich gleichmäßiger ab und bleiben Ihnen insgesamt länger erhalten. Und das zahlt sich auf lange Sicht aus.

Reisekosmetik
Wenn Sie einmal ehrlich sind, müssen Sie in den Sonnenurlaub gar nicht viel mitnehmen. Am Tag brauchen Sie hauptsächlich Badesachen und für den Abend packen Sie ein paar schicke Outfits ein. Trotzdem ist der Koffer immer wieder randvoll und extrem schwer zu tragen. In der Regel liegt das an den Kosmetikartikeln, die Sie mitnehmen. Shampoo, Hautcreme, Make-up, Parfüm, Deo usw. – da kommt schon einiges zusammen. Wenn Sie Gewicht und Platz in Ihrem Koffer sparen möchten, beginnen Sie daher rechtzeitig, die kleinen Kosmetikproben, die es in Zeitschriften oder in Parfümerien gibt, zu sammeln. Ihr Inhalt genügt für die Dauer der Reise und sie sind wesentlich platzsparender und leichter als Normalgrößen, außerdem sind sie umsonst. Sie schonen also nicht nur Ihre Nerven, sondern sparen auch Geld.

Reiseprospekte
Vergleichen lohnt sich vor allem bei der Urlaubsplanung. Es ist nämlich keine Seltenheit, dass die gleichen Reisen bei verschiedenen Anbietern zu unterschiedlichen Preisen angeboten werden. Die Schwankungen sind dabei teilweise so extrem, dass sie ein paar hundert Euro ausmachen können. Bevor Sie also einen Urlaub buchen, sollten Sie in verschiedene Reisebüros gehen und sich dort die Kataloge und Angebotsprospekte geben zu lassen. Bei einem gemütlichen

Abend zu Hause können Sie dann in Ruhe alle Angebote durchgehen und vergleichen. Das Geld, das Sie dabei sparen, können Sie als Urlaubstaschengeld bestimmt gut gebrauchen.

Reiserücktrittsversicherung

Wer einen Urlaub bucht, möchte diesen natürlich auch wahrnehmen. Im euphorischen Moment der Buchung steckt man voller Vorfreude, dass man schon einmal die Realität vergisst. Denn es kommt manchmal vor, dass man die Reise aus diversen Gründen doch nicht antreten kann, auch wenn man sich noch so sehr darauf gefreut hat. Wenn dieser Fall eintritt, ist das nicht nur ärgerlich, sondern auch teuer. Jedenfalls dann, wenn man nicht schlau genug war und eine sogenannte Reiserücktrittsversicherung abgeschlossen hat. Im Moment der Buchung denken die Wenigsten daran, sich derart zu versichern oder scheuen die Kosten für den Versicherungsbeitrag. Dabei kostet eine solche Versicherung maximal ein paar Euro. Und das ist eine Summe, die sich im Fall der Fälle schnell rentiert. Denken Sie also in Zukunft daran: Auch wenn Sie sich noch so sehr freuen, kann immer etwas passieren, sodass Sie nicht verreisen können. In diesem Fall schonen Sie Ihre Nerven und sparen Geld, wenn Sie sich gut versichert haben.

Rostflecken

Auch der schnellste Flitzer kommt irgendwann in die Jahre. Kleine Blessuren bleiben da nun mal nicht aus. Häufige Alterserscheinungen bei Autos sind Rostflecken. Diese braunen, rauen Stellen sind deshalb besonders ärgerlich, weil sie zwar klein beginnen, sich aber schnell ausweiten und dann zu Materialermüdungen führen können. Das bedeutet dann nicht nur unnötigen Stress, sondern auch unnötige Kosten. Beugen Sie besser vor. Sobald Sie auch nur die geringste Roststelle entdecken, sollten Sie sie mit etwas Schmirgelpapier vorsichtig glatt reiben und den abblätternden Rost entfernen. Anschließend reiben Sie diese Stelle mit einer dicken Schicht Vaseline ein. Die Fettpaste verhindert, dass Feuchtigkeit an die

Roststelle gelangt und zur Vergrößerung des Flecks führt. Wichtig: Wiederholen Sie diesen Vorgang nach jeder Autowäsche oder nach einem starken Regenguss.

Saisonzeiten

Gut geplant ist schon halb gewonnen. Das gilt vor allem beim Reisen. Denn Hotels haben Saisonzeiten, und wenn Sie diese kennen und richtig nutzen, können Sie eine Menge sparen. Die wichtigste Regel dabei lautet: Schwimmen Sie immer gegen den Strom. Das heißt: Buchen Sie in der sogenannten toten Saison, also in Zeiten, in denen am wenigsten los ist. An der Côte d'Azur sind das zum Beispiel die Wintermonate, denn um diese Zeit fahren die Touristen lieber in den Skiurlaub. Apropos: Skiorte sind zwar auch im Sommer absolut schön und malerisch, aber meistens nicht gut besucht. Die Hotels wissen das und senken zu diesen Zeiten ihre Preise. Ihre Reise wird dadurch nicht nur günstig, sondern besonders erholsam, weil Sie dem dichten Gedränge und den stressigen Touristenströmen entgehen. Zur Nebensaison können Sie richtige Schnäppchen machen. Wenn Sie mögen, schauen Sie sogar in einem Luxushotel, ob es zu den toten Saisonzeiten nicht erschwingliche Zimmerpreise hat.

Scheibenwischwasser

Auf der Straße brauchen Sie einen klaren Blick. Das ist glasklar. Allerdings sind Reinigungsmittel, welche Sie für die Scheibenwischanlage im Auto kaufen können, immer teuer. Es geht auch günstiger, aber ebenso sauber: Vermischen Sie normales Wasser mit ein paar Tropfen Spülmittel. Fertig ist das Wischwasser. Befüllen Sie damit wie gewohnt Ihren Wischwassertank. Alternativ zu normalem Spülmittel können Sie auch einen guten Schuss Glasreiniger verwenden. Im Winter sollten Sie ein paar Tropfen hochprozentigen Alkohol hinzutun – damit verhindern Sie, dass das Wasser gefriert. Das macht den Kauf teurer Spezialmittel überflüssig. Sie sparen Geld und Zeit, und Ihre Scheibe wird trotzdem sauber.

Schrottplatz

Wer mit seinem Auto einen Unfall hatte, ärgert sich ohnehin schon genug. Wenn er dann aber noch die Werkstattrechnung sieht, bringt ihn das endgültig auf die Palme. Die Kostenpunkte, die ins Gewicht fallen, sind dabei nicht einmal die Löhne für die Kfz-Meister, sondern die Kosten für die Ersatzteile. Schlaue Sparfüchse haben diesen Umstand erkannt und einen Weg gefunden, wie sie die Kosten senken können. Sie bestellen die Ersatzteile nicht beim Händler oder Hersteller, sondern fahren auf den nächstgelegenen Schrottplatz und schauen sich dort um, ob es nicht ein passendes Teil gibt. Auch wenn der Name darauf hindeutet – auf Schrottplätzen ist keineswegs alles Schrott. Im Gegenteil: Dazwischen finden sich immer wieder Gegenstände, die nagelneu sind. Wenn Sie ein passendes Ersatzteil gefunden haben, sollten Sie selbstverständlich mit Ihrer Werkstatt besprechen, ob das Teil wirklich einwandfrei ist und sich für den Einbau eignet. Wenn das aber der Fall ist, haben Sie eine Menge Geld gespart.

Sicherungsschein

Im Fernsehen sieht man immer wieder Berichte darüber, dass Reiseveranstalter in Konkurs gegangen sind und die Kunden dadurch nicht nur ihre Reise, sondern auch eine Menge Geld und Nerven verloren haben. Im Fernsehen sieht das immer alles schön weit weg aus, bis es einen selbst einmal trifft. Dann ist Schluss mit lustig. Nur gut, dass schlaue Sparer erst gar nicht in eine solche Bredouille kommen. Sie wissen nämlich, dass der Reiseveranstalter dazu verpflichtet ist, ihnen einen sogenannten Sicherungsschein auszuhändigen. Und zwar noch bevor sie überhaupt eine (An-)Zahlung geleistet haben. Dieses Formular bestätigt, dass der Reiseveranstalter einer Pauschalreise gegen eine eventuelle Insolvenz oder andere Zahlungsunfähigkeit versichert ist. Das gilt auch für Last-Minute-Reisen. Als Kunde ist man so im Fall der Pleite des Veranstalters indirekt mitversichert. Wichtig: Prüfen Sie, ob alle Angaben auf dem Sicherungsschein wahrheitsgemäß ausgefüllt sind. Bei ungültigen Angaben ist auch der Schein ungültig. Sollten Sie diese Fehler allerdings nicht unverzüglich reklamieren, gelten die falschen Angaben als stillschweigend genehmigt.

Stauwarner

Auch wenn man den Führerschein bereits einige Jahre besitzt, bereitet einem das Autofahren meist noch immer eine große Freude. Jedenfalls dann, wenn man wirklich fahren kann. Wer im Stau stehen muss, ist dagegen weniger gut gelaunt und verschwendet nicht nur wertvolle Zeit, sondern strapaziert auch seine Nerven. Diesen Stress können Sie umgehen, wenn Sie vor Fahrtantritt einen kurzen Blick ins Internet werfen. Es gibt ja inzwischen nichts, was das World Wide Web nicht kann. Es kann sie auch vor einem Stau warnen. Geben Sie in einer Suchmaschine einfach den Begriff „Stauwarner" ein – schnell werden Ihnen entsprechende Seiten aufgezeigt. Sie müssen auf der jeweiligen Seite einfach nur die Strecke eingeben, die Sie fahren wollen, und im Nu werden Sie feststellen, ob dort ein Stau oder eine Baustelle ist.

Stecker ziehen

Sie kennen das bestimmt: Sie sitzen im Flieger oder im Auto auf dem Weg in den Urlaub und plötzlich überkommt Sie die quälende Frage, ob Sie auch wirklich die Kaffeemaschine oder das Bügeleisen abgestellt haben? Meistens haben Sie das erledigt – sicher können Sie sich aber nur sein, wenn Sie folgenden Sparfuchstipp beherzigen: Gehen Sie unmittelbar vor der Abreise nochmals durch Ihre Wohnung und ziehen Sie die Stecker sämtlicher elektronischer Geräte. Damit schlagen Sie nämlich gleich zwei Fliegen mit einer Klappe. Zum einen schonen Sie Ihre Nerven, da Sie ganz sicher wissen, dass weder Bügeleisen noch Kaffeemaschine am Strom hängen und etwas passieren könnte. Des Weiteren sparen Sie Geld. Denn viele Geräte, die an das Stromnetz angeschlossen sind, ziehen auch dann Energie, wenn sie ausgeschaltet sind. Um diesen permanenten Energieverbrauch zu unterdrücken, ziehen Sie den Stecker am besten ganz aus der Dose.

Straßenkarten

Inzwischen haben viele Autos bereits ein eingebautes Navigationssystem – aber eben noch nicht alle. Es gibt noch genug Menschen, die ihre Autofahrt nach der alten Rallye-Weisheit „Der Fahrer lenkt, der Beifahrer denkt" gestalten. Und genau dafür braucht der Beifahrer eine Straßenkarte. Besonders schlaue Beifahrer wissen allerdings, wie sie sich selbige auf günstigem Wege besorgen können. Nämlich so: Entweder Sie fragen bei Ihrem Automobilclub – dort gibt es die aktuellsten Karten nämlich immer gratis – oder Sie werfen einen Blick ins Internet. Unter dem Suchbegriff „Routenplaner" werden Sie schnell fündig. Es gibt unzählige Internetseiten, auf denen Sie Ihren Standort und Ihr Fahrtziel eingeben können, und der Rechner spuckt Ihnen zwei Sekunden später die günstigste und schnellste Route aus – inklusive exakter Wegbeschreibung und Straßenkarte. Das Ganze ist nicht nur gratis, sondern spart auch Nerven und Zeit beim Autofahren.

Supermarkt-Reisen

Moderne Supermärkte sind inzwischen mehr als reine Lebensmittelhändler. Sie bieten alles an, was Sie brauchen. Und was brauchen Sie am dringendsten? Richtig: Urlaub! Sogar Reisen können Sie hin und wieder im Supermarkt erstehen. Achten Sie auf die Angebote. Besonders Discount-Ketten bieten manchmal günstige Reisen an. Sie können eine Menge Geld sparen. Schauen Sie auch hin und wieder auf die Homepage verschiedener Discount-Supermärkte, denn manche Verkaufsaktionen werden nur online angeboten. Ein Blick bzw. Klick lohnt sich aber in jedem Fall, Sie finden sicher noch ein anderes gutes Angebot.

Tanken

Den Wagen vollzutanken, macht schon aus finanzieller Sicht wenig Sinn, da die Benzinpreise täglich stark schwanken und Sie am nächsten Tag vielleicht einen günstigeren Benzinpreis erwischen könnten. Doch auch wegen des Benzinverbrauchs macht es keinen Sinn, den Tank zur Gänze zu füllen. Denn besonders bei großen Autos fasst der Tank eine Menge

Benzin, das Auto gewinnt dadurch an Gewicht. Je höher das Gewicht, desto höher ist aber auch der Spritverbrauch. Ein voller Tank wirkt sich also negativ auf den Spritverbrauch aus und ist daher auch aus finanzieller Sicht uneffizient.

Terminwahl
Manche Sparfüchse kennen einen Trick, wie sie ihren Urlaub besonders preiswert gestalten. Und zwar indem Sie die Frühbucheroptionen verschiedener Reiseanbieter nutzen, ohne bereits ein genaues Reisedatum festgelegt zu haben. Sie buchen also eine günstige Reise zu einem beliebigen Datum und sobald sie den Urlaubszeitraum mit der Familie abgestimmt haben, bitten sie ihren Reiseanbieter, die Reise auf den neuen Termin zu verschieben. Das ist zwar möglich, aber leider alles andere als sparsam. Denn für die Umbuchung verlangen die Reiseveranstalter nicht unwesentliche Gebühren. Die Kosten, die für die Umbuchung eines Urlaubs mit mehreren Personen anfallen, können die Ersparnis, die man durch den Frühbucherrabatt erlangt hat, leicht übersteigen. Bei dem Trick der Frühbuchung ohne Termin beißt sich die Katze daher in den Schwanz. Das tut dann nicht nur der sprichwörtlichen Katze weh, sondern auch Ihren Mäusen, sprich Ihrem Geld. Planen Sie also erst Ihren Urlaubstermin und buchen Sie dann.

Türschlossenteisung
Der Winter hat seine Tücken. Nicht nur, dass Sie selbst den ganzen Tag frieren. Auch Gegenstände frieren ein, besonders Autos sind von den nächtlichen Kälteeinbrüchen betroffen. Wenn die Autotüren zugefroren sind, kostet das nicht nur Nerven, sondern auch Zeit. Abhilfe schaffen spezielle Enteisungssprays. Doch die sind zum einen teuer, zum anderen haben Sie oft das Problem, dass die Enteisungssprays im Inneren des Autos liegen und Sie ja genau dort nicht herankommen. Ärgern Sie sich nicht. Beugen Sie solchen Situationen lieber mit einem einfachen Trick vor: Kleben Sie einen Streifen Klebeband über das Türschloss, wenn Sie das Auto am Abend abstellen. So verhindern Sie, dass das

Schloss zufriert und Sie am nächsten Tag Zeit und Nerven verschwenden. Auf die Enteisungssprays können Sie in Zukunft auch verzichten – Klebeband ist ohnehin viel günstiger.

TÜV Als Laie können Sie schlecht kontrollieren, was die

Werkstatt am eigenen Auto repariert und vor allem, ob diese Reparatur nötig gewesen ist. Wurden Reparaturen durchgeführt, die nicht unbedingt erforderlich waren, ist das nicht nur ärgerlich, sondern auch teuer. Wenn Sie diese Ärgernisse und Kostenfallen vermeiden wollen, sollten Sie Ihr Auto zum TÜV geben, ehe Sie es in die Reparaturwerkstatt bringen. Der TÜV schreibt Ihnen eine konkrete Liste mit allen Mängeln und hilft Ihnen dabei zu unterscheiden, welche davon unbedingt reparaturbedürftig sind und bei welchen es sich eher um unnötige Schönheitsreparaturen handelt. Mit dieser Liste können Sie dann in Ihre Werkstatt fahren und den Mitarbeitern dort konkret sagen, was am Auto ausgebessert werden muss. Das Erstellen der TÜV-Liste kostet zwar eine Kleinigkeit; Sie können sich dafür aber teure Reparaturen sparen, die Ihnen Ihre Werkstatt vielleicht aufzubürden versucht hätte. So schonen Sie Ihre Nerven, sparen Geld und der anstehende TÜV-Check wird auch reibungslos funktionieren.

Urlaubsausflüge Wer in fremde Länder

reist, ist in der Regel daran interessiert mehr zu sehen, als nur den Pool seines Hotels. Vor Ort werden daher oft Ausflüge zu bestimmten Sehenswürdigkeiten oder zu berühmten Plätzen des Landes angeboten. Diese Ausflüge sind spannend und lehrreich, bleiben aber leider nicht nur als schönes Erlebnis in Erinnerung, sondern oft auch als großes Loch in der Urlaubskasse. Denn die Teilnahme an solchen Sightseeing-Ausflügen kostet in der Regel viel Geld, das nicht in den Reisekosten inkludiert ist. Die schlechte Nachricht: Um die Kosten kommen Sie leider nicht herum. Die gute Nachricht lautet aber: Sie können sich Ärger und wertvolle Urlaubszeit ersparen, indem Sie die Ausflüge nicht erst vor Ort buchen, sondern sich im Vorfeld bei Ihrem Reiseveranstalter informieren, welche Unternehmungen er anbietet und diese dann bei ihm buchen. Preislich wird diese Vorgehensweise zwar kaum einen Unterschied machen, dafür haben Sie aber den Vorteil, dass im Schadensfall der Reiseveranstalter haftet, zum Beispiel weil der Ausflug mangelhaft war oder nicht stattfand. Bei den im Ausland gebuchten Unternehmungen haben Sie zwar auch rechtliche Möglichkeiten etwas zu beanstanden, meist ist das aber viel mühsamer und zeitaufwendiger. Leichter ist es in jedem Fall, wenn Sie sich an einen deutschen Ansprechpartner wenden können. Im Schadensfall wird Ihr Geld so leichter erstattet.

Variables Ziel
Seien Sie doch einfach einmal spontan und lassen Sie den Zufall entscheiden, wo Sie Ihren nächsten Urlaub verbringen. Suchen Sie sich im Internet einen Anbieter für Last-Minute-Reisen und geben Sie bei der Suche nur den Zeitraum an, in dem Sie verreisen wollen, das Reiseziel lassen Sie dagegen offen. Auf diese Weise werden Ihnen die günstigsten Angebote zu den verschiedensten Orten angezeigt. Sie haben dann nur noch die Qual der Wahl, wo es hingehen soll. Auf diese Weise können Sie eine Menge Geld sparen und außerdem einige tolle Überraschungen erleben. Probieren Sie es doch gleich einmal aus.

Verkehrsregeln im Ausland
Wer denkt, dass Autofahren gleich Autofahren ist, irrt sich. Zwar funktionieren alle Autos der Welt gleich, die Verkehrssysteme, in denen sie zugelassen sind, ticken dafür unterschiedlich. Andere Länder, andere Verkehrssitten – so ist das. Wenn Sie im Urlaub ein Auto mieten wollen, informieren Sie sich am besten im Vorfeld über die wichtigsten Verkehrsregeln. Vor allem bei den zulässigen Höchstgeschwindigkeiten gibt es enorme länderspezifische Unterschiede. Und wenn Sie diese nicht kennen, verlieren Sie im ausländischen Straßenverkehr nicht nur leicht Ihre

Nerven, sondern schlimmstenfalls sogar Ihren Führerschein und einen Haufen Geld. Damit wären Sie dann nicht nur im Urlaub sprichwörtlich „aus dem Verkehr gezogen", sondern spüren auch zu Hause noch die Folgen.

Versorgung im Flieger Wenn die

Vorfreude auf den Urlaub groß ist, vergeht die Wartezeit im Flieger meist umso langsamer. Gegen Langeweile im Flugzeug hilft es, sich ein paar Knabbereien mit an Bord zu nehmen, die Ihnen die Flugzeit sprichwörtlich versüßen. Es macht aber nicht nur zum Zeitvertreib, sondern auch aus Kostengründen, Sinn, sich etwas Essbares mit an Bord zu nehmen. Denn inzwischen bieten viele Airlines Speisen und Getränke nicht mehr gratis, sondern gegen Aufpreis an. Besonders auf langen Flugstrecken ist es ärgerlich und teuer, wenn Sie für das Flugzeugessen bezahlen müssen. Schlaue Sparer nehmen sich daher ihren eigenen Proviant mit an Bord. Es macht allerdings keinen Sinn, sich zu Hause Brote zu schmieren oder andere Nahrungsmittel einzupacken, da Ihnen bei den Sicherheitskontrollen am Flughafen diese Dinge in der Regel wieder abgenommen werden. Sinnvoller ist es, Knabbereien und belegte Brötchen zu kaufen, die auf den Gates (also nach Passieren der Sicherheitskontrollen) angeboten werden. Hierfür müssen Sie zwar auch bezahlen, die Kosten sind aber meist noch immer geringer als im Flieger.

Warmer Motor Genau wie sich ein Sportler

aufwärmt, ehe er Spitzenleistungen vollbringt, muss auch ein Auto erst seine Betriebstemperatur erreichen, damit es voll leistungsfähig ist. Beachten Sie diese Tatsache, wenn Sie das nächste Mal Ihr Auto starten. Wenn Sie den Motor im kalten Zustand nämlich zu sehr belasten, verbraucht dieser nicht nur überdurchschnittlich viel Sprit, sondern Sie riskieren auch, dass es zu vorzeitigen Verschleißerscheinungen kommt. In einem kalten Motor sind die Schmierflüssigkeiten noch hart und funktionieren daher nicht richtig. Zu Beginn der Fahrt sollten Sie deshalb in einem niedrigen Drehzahlbereich fahren. Das heißt, Sie sollten nicht zu schnell beschleunigen und frühzeitig in den nächsthöheren Gang schalten. So wird der Motor geschont und Ihr Portemonnaie auch, da Sie Sprit sparen.

Waschstraße

Die Autowäsche in einer Waschstraße ist simpel, sauber und zeitsparend. Einziger Haken: Sie ist teuer. Besonders die vielen Zusatzprogramme (Schaumwäsche, Unterbodenwäsche etc.) kosten extra. Schlaue Sparfüchse verzichten trotzdem nicht auf diesen Luxus. Sie kennen einen Trick, wie sie bequem und günstig die Waschstraße nutzen können: Sie wählen schlichtweg das einfachste und günstigste Waschprogramm. Oft wird hierbei kein Seifenzusatz, sondern nur Wasser verwendet – dafür ist es aber auch günstiger. Sie müssen aber nicht befürchten, dass Ihr Auto dabei nicht sauber wird. Denn in der Regel sind die Bürsten in der Waschstraße ohnehin noch voller Seife. Besonders wenn Ihr Vorgänger ein Schaumprogramm gewählt hat, sind genug Rückstände in den Bürsten, die auch Ihren Wagen blitzblank putzen.

Werbung

In den Augen eines Werbefachmanns besteht ein Auto aus viel leerer Fläche, die eigentlich sehr gut für Werbung genutzt werden könnte. Viele Autos sind deshalb mit Reklame beklebt. Für die Werbeagentur hat das den Vorteil, dass ihr Produkt an Bekanntheit gewinnt, da es häufig auf der Straße zu sehen ist. Für Sparfüchse hat das aber auch einen Vorteil: Sie können einen finanziellen Nutzen daraus ziehen, wenn Sie zulassen, dass auf Ihrem Auto Werbung platziert wird. Denn viele Werbeagenturen beteiligen sich als Gegenleistung dafür, dass man ihre Werbung spazieren fährt, an der Leasingrate des Wagens oder überweisen einen monatlichen Betrag auf Ihr Konto. Wenn das interessant für Sie klingt, dann gehen Sie gezielt auf Werbeagenturen in Ihrer Umgebung zu und sprechen Sie die zuständigen Personen auf diese Möglichkeit an. Fragen kostet schließlich nichts.

Werkstatt

Ein Auto ist eine wahre Luxusanschaffung. Es will ständig betankt, zur Inspektion gebracht werden, und dann geht hin und wieder auch noch etwas kaputt. Schlaue Sparer verzichten aber trotzdem nicht auf den Luxus „Auto". Sie wissen einfach, wie man die Kosten gering hält. Zum Beispiel mit diesem simplen Tick: Bringen Sie Ihr Auto im Fall der Fälle nicht in eine Vertragswerkstatt, sondern in eine freie Reparaturwerkstatt. Freie Werkstätten arbeiten ebenso zuverlässig wie Vertragswerkstätten und haben sogar dieselben Ersatzteile. Trotzdem sind diese im Durchschnitt rund 25 Prozent günstiger. Vor allem bei größeren Reparaturmaßnahmen ist dies eine große Ersparnis.

Wischblätter

Diese Situation kennt jeder: Sie fahren mit dem Auto, plötzlich fängt es in Strömen an zu regnen und Sie können kaum noch erkennen, was auf der Straße passiert. Die Lösung ist eigentlich simpel: Sie stellen den Scheibenwischer an. Von wegen – dieser ist oft derart verschmutzt, dass er nur Schlieren zieht und Sie noch weniger sehen als vorher. Das ist nicht nur ärgerlich, sondern auch gefährlich. Wenn Sie jetzt einfach einen Satz neuer Wischblätter für den Wagen kaufen, dann ist das leider auch noch teuer und unnötig. Verschmutzte oder in die Jahre gekommene Wischblätter können Sie nämlich mit einem simplen Trick retten: Sie bearbeiten die Gummis der Wischblätter mit einem feinkörnigen Schmirgelpapier. Durch die Reibung werden hartnäckige Verkrustungen entfernt, die Wischfläche ist wieder glatt und die Wischer funktionieren wie neu. Simpel, günstig, sicher! Aber der Regen darf trotzdem fernbleiben.

Wohnungstausch

Urlaub ist immer ein Abenteuer. Noch aufregender und dabei sogar noch günstiger wird es allerdings, wenn man nicht, wie gewöhnlich, ein Hotelzimmer mietet. Schlaue und aufgeschlossene Sparer quartieren sich nämlich einfach in einer fremden Wohnung oder in einem fremden Haus ein. Es gibt sogenannte Wohnungstauschbörsen im Internet, in denen Familien, Paare oder auch Singles ihre Wohnungen und Häuser im Tausch anbieten. Sie fahren in die Wohnung der fremden Leute und umgekehrt. Natürlich können sich die Parteien vorher im Internet (oder auch durch ein Treffen) kennenlernen. Ein Wohnungstausch ist eine spannende und preisgünstige Urlaubsidee.

Zeitschaltuhr
Urlaubszeit ist Einbruchzeit. Vor Diebstählen und Einbrüchen sind Sie zwar nie wirklich sicher, Sie können aber wenigstens versuchen, sich bestmöglich zu schützen. Das machen Sie am besten, indem Sie den Eindruck erwecken, die Wohnung oder das Haus sei bewohnt, auch wenn Sie eigentlich verreist sind. Wie das funktioniert? Ganz simpel. Sie besorgen sich aus dem Baumarkt ein paar sogenannte Zeitschaltuhren. Das sind Adapter, die Sie zwischen den Stecker einer Lampe und die Steckdose stecken können und die – je nach Programmierung – die Lampe zu einer gewissen Uhrzeit ein- und wieder ausschalten. Von außen sieht das dann so aus als sei jemand zu Hause, der das Licht betätigt. Damit schützen Sie sich vor Einbrechern und ersparen sich eine Menge Ärger und gegebenenfalls auch Geld. Bringen Sie die Zeitschaltuhren in verschiedenen Zimmern an und programmieren Sie sie auf verschiedene Zeiten. Das wirkt glaubhafter als wenn nur eine einzelne Lampe betätigt wird.

Zeitungsabo
Leider sind Sie selbst nicht immer die Einzigen, die sich über Ihren wohlverdienten Urlaub freuen. Auch Einbrecher sind entzückt, wenn Sie für ein paar Tage verreisen. Unbewohnte Häuser und Wohnungen sind für Diebe ein leichtes Spiel, um an Beute zu kommen. Sorgen Sie daher dafür, dass Ihre Wohnung oder Ihr Haus nicht den Anschein macht, als sei es derzeit unbewohnt, damit potenzielle Einbrecher gar nicht erst auf dumme Gedanken kommen. Ein deutliches Anzeichen dafür, dass die Bewohner verreist sind,

sind übervolle Briefkästen. Vor allem die tägliche Zeitung verstopft den Briefkasten und verrät, dass niemand daheim ist. Gegenmaßnahme: Lassen Sie Ihr Zeitungsabo während der Urlaubszeit einfach ruhen. Dafür müssen Sie nur kurz in der Abonnementverwaltung Ihrer Tageszeitung anrufen und dort die Urlaubsdaten bekannt geben. Manche Zeitungsunternehmen bieten auch an, die Zeitung während der Urlaubszeit an Bedürftige zu spenden. Beide Varianten sind eine sinnvolle Lösung, um sich vor Einbrechern zu schützen und einen überfüllten Briefkasten zu vermeiden.

Zimmerkategorie Auch das schönste und

teuerste Hotel hat seine günstigen Nischen. Denn in großen Häusern werden die Zimmer in der Regel nach verschiedenen Kategorien sortiert. Diese bemessen sich nach der Größe, der Lage oder am Ausblick. Große Zimmer mit einem schönen Blick kosten natürlich entsprechend mehr als kleine Räume, die zum Innenhof oder Parkplatz gelegen sind. Letztere sind deshalb nicht zwingend weniger hübsch oder komfortabel, dafür sind sie aber wesentlich günstiger. Wenn Sie also ein paar Tage in einem Luxushotel verbringen wollen, erkundigen Sie sich nach den verschiedenen Zimmerkategorien. Sie können damit eine Menge Geld sparen – und verbringen Ihren Urlaub trotzdem in einem Luxushotel.

Zugefrorene Scheiben Durch das

Freikratzen zugefrorener Scheiben verlieren Sie nicht nur wertvolle Zeit, es kostet auch Nerven, da die Scheiben meist ausgerechnet dann zugefroren sind, wenn Sie es besonders eilig haben. Schlaue Sparfüchse beugen daher vor: Sie klemmen einfach eine Pappe, die etwa so groß ist wie die Scheibe, zwischen die Wischblätter und die Autoscheibe. Auf diese Weise kann nichts mehr einfrieren – man spart Zeit und schont Nerven. Verwenden Sie eine Blanko-Pappe, also eine, die nicht mit Schrift oder Bildern bedruckt ist. Denn die Druckerfarbe kann sich durch die Verbindung mit Wasser lösen und sich an der Scheibe festsetzen. Dann haben Sie zwar nicht mehr den Ärger, dass Sie kratzen müssen. Dafür müssen Sie aber mühsam die Farbe entfernen und haben dadurch nichts gewonnen.

Zugverspätungen
Eine Verspätung des Zuges ist nicht nur ärgerlich, wenn Sie einen wichtigen, geschäftlichen Termin verpassen, sondern auch, wenn Sie in klirrender Kälte am Bahnhof stehen und warten müssen. Schlaue Sparfüchse wissen zwar nicht, wie man es schafft, dass Züge endlich pünktlich kommen, sie wissen aber, wie man das Beste aus so einer ärgerlichen Verspätung macht. Man bittet nämlich einfach den Schaffner, dass er einem die Verspätung quittieren möge. Dieses Dokument zeigt man dann beim nächsten Kartenkauf vor und bekommt automatisch einen Preisnachlass auf die neue Fahrkarte. Das ist von der Bahn so vorgesehen und soll den Schaden, der durch die Verspätung entstanden ist, ausgleichen. Ihr Vorteil: Sie sparen Geld bei der nächsten Bahnfahrt, und der Ärger wird bei Ihnen dadurch auch noch ein bisschen gemindert.

Kontostand

	So viel könnten Sie sparen:	So viel haben Sie gespart:
Geld	209 ×	
Zeit	56 ×	
Nerven	123 ×	

Register